尋覓，荀祕

先秦時代最後一位大儒

即使禮崩樂壞，世界還是會照常運轉

高專誠 ———— 著

讓我們將時光倒流回戰國去「找荀」。

- 揭密，先秦最神祕的儒家大師
- 荀子可能根本沒當過「祭酒」，你相信嗎？
- 跟著荀子看戰爭：作為政治家的另一副面孔
- 生為趙人，為何選擇在楚國終老？

目錄

序論

第一章　儒學家：傳承子夏儒學，鍛成三晉風骨

晉人、晉地，早期學術歷程……014

儒者的品類及其功用……027

儒家的道德修身……040

儒家本位的禮義之道……069

第二章　哲學家：交流思想學術，縱論人性之惡

在「稷下學宮」的歲月……096

哲學理念和理論……103

人心人情人性，性惡之論……125

天人之分，人有群分……143

第三章　政治家：遍觀天下政治，融合禮法王霸

遊歷各國，遊仕、遊學的生涯……162

法治之國……181

目錄

國家經濟……201
君臣關係……218

第四章　教育家：傳述儒家經典，終老回歸學術
從政楚國，著述蘭陵……256
教育思想和教育成就……262
結語：人生尤重身後事……280

參考文獻

附錄一　荀卿年表

附錄二　荀卿傳

序論

中國古代傑出的思想家荀子

荀子是先秦時代的思想鉅子、中國古代的傑出思想家。荀子思想是對先秦學術的總結，也是秦漢以來中國古代思想的重要源頭。從思想史角度來看，荀子也許並不是中國古代最偉大思想家，但是，從對社會現實和歷史進程產生影響的角度來看，荀子必是中國古代極有貢獻的思想家。

荀子姓荀名況，後人尊稱荀子。他在齊國做過客卿，又被稱為荀卿子。荀子是戰國中後期趙國郇邑人，郇邑地望在河東地區，具體指今山西西南部臨猗、安澤和新絳一帶。荀子大約生活於西元前三四〇年至西元前二三五年之間，年壽在百歲左右。

年輕的荀子主要在家鄉生活研習儒術，學宗孔子弟子子夏之學。子夏是三晉儒學的創立者，荀子思想把子夏的三晉儒學推到了一個新高度。

荀子的思想貢獻之一，是繼承、調整、深化和發揚孔子、孟子以來的傳統儒家思想。荀子堅持了孔子、孟子以來儒家思想的基本主張，即把道德修身、道德教化、道德約束政治放在其思想首位，強調以先王之道、聖人之道或仁義之道治理天下。儘管荀子非常重視法治的作用，但在法治的每一個環節都沒有忘記強調「禮」的核心地位。

荀子調整孔孟之道理想化的內容，對於孔孟之道簡約之處加以細化。對於孔子的德政和孟子的仁政思想，荀子一方面以德政和仁政思想為基礎，提出了王道思想；同時，他也立足現實，強調了傳統霸道思想的現實有效性。傳統儒家看重聖人、仁人和君子，孔子和孟子對此都是一概而論，荀子則細分為若干層次，主張應該有各種類型、不同層次的聖人、仁人和君子，以便更好地發揮儒家道德修身體系的作用。

荀子思想對儒學最突出的貢獻，也是對孔孟之道的補充，是用法治精神補充儒家思想對社會現實的作用力度，推動傳統儒家更有效地應對現實。透過對社會現實的全面考察和深入思考，荀子明確肯定了法治的有效性，並從正面討論了如何推進法治，以及如何以儒家的禮義約束和提升依法治國的方略。其對儒家以德治國和法家依法治國的深入思考，既是對儒家思想的提升，也是大一統帝國必須具有的治國之道。

西元前三二〇至前三一一年燕王噲在位期間，荀子曾在燕國求仕，這是荀子二十幾歲期間發生的事情。求仕未得，荀子返回家鄉。

西元前二九〇至前二五九年之間，荀子與齊國之相、趙孝成王、秦昭襄王、范雎等人有過面對面交流。荀子離開家鄉，遊仕和遊學天下，大致就在這幾十年之間。這個時期，荀子大約是在五十到九十歲左右。

荀子五十歲時離開家鄉，開始周遊天下。荀子遊仕的第一站是齊國，主要活動區域在齊國都城臨淄。齊湣王（西元前三〇一到前二八四年在位）和齊襄王（西元前二八四到前二六四年在位）時代，是所謂「稷下之學」昌盛的時代，荀子在此期間與天下學術流派的相關人物交流，對許多學術流派思想提出批評。荀子與齊國的一位丞相有過交談，對於齊國政治的各個方面都有議論。有人向齊王建（西元前二六四年至前二二一年在位）進荀子讒言，荀子被迫離開齊國。粗略估計，荀子此次在齊國生活有二十五年左右，這是他的學術思想成熟期。

在趙國，荀子與趙國將軍臨武君在趙孝成王面前有過一場對話。趙孝成王於西元前二六五年至前二四五年在位。雖然無法確定荀子到達趙國的確切時間，但應該是在西元前二六四年之後、西元前二五九年離開秦國之前的某個時間。與趙孝成王對話主要討論軍事問題，雙方明顯意見相左，所以荀子並未在趙國久留。

在秦國，荀子會見了相國范雎和秦昭襄王（西元前三〇六年至前二五〇年在位）。范雎是三晉人氏，在魏國受到排擠，逃往秦國。因為受封於秦國應地，亦稱應侯。范雎受封應侯、任秦國之相在秦昭王四十一年（西元前二六六年），至秦昭王四十八年（西元前二五九年）辭相國之位。荀子訪秦，大約在西元前二六六年—前二五九年之間。在秦國的訪問和考察，對荀子思想影響很大，使荀子強烈感受到法家治國理政的效力，認真思考法家思想的作用。但是，荀子與秦國君臣政治理念不同，不能留在秦國。

荀子思想的最大貢獻，是提出了儒、法相容並存的思想。這一思想的形成，與荀子考察各國政治，特別是考察秦國政治的得與失有關。

荀子從理論上全面而合理地論證了儒家思想和法家思想如何能夠並存於社會現實和政治現實之中的問題，世稱荀子思想「雜王、霸之道」或「禮、法並重」，雖然也是從這個角度作出的觀察，但並沒有強調荀子所主張的儒、法可以並存，可以共同作用於現實，甚至相得益彰的問題。

如同所有深刻影響歷史的偉大思想家一樣，荀子思想雖然沒有被當世完全採納或遵從，但在他身後兩千多年的中國社會裡，儒、法共存的政治願景，儒、法共同作用於現實的時代，終於從西漢中期開始實施。

荀子最晚在西元前二五九年離開秦國。荀子離開秦國，到了楚國，沒想到終老於此，使楚國成為他的第二故鄉。

到達楚國後，荀子被當政者春申君黃歇賞識，在西元前二五五年擔任楚國蘭陵（在今山東省南部蒼山縣蘭陵鎮）的行政長官（蘭陵令）。

西元前二三八年（楚考烈王二十五年），楚考烈王去世，陰謀家李園謀殺了春申君。荀子失去蘭陵令職位，但還是在蘭陵安家，生活在那裡，直到去世。

在楚國期間，楚國人李斯和韓國人韓非跟隨荀子學習。西元前二四六年，秦莊襄王去世，秦王政繼位，李斯在這一年辭別老師，進入秦國，後做到秦國丞相。韓非是最有影響力的法家思想家，李斯是最有成就的法家實幹家。

荀子的一生與三晉文化關係密切。越來越多的研究表明，三晉地區的思想發展，在先秦思想史和學術史上的地位不僅重要，而且有著獨特發展脈絡和整體成就。從這個角度去審視，能夠更好地為荀子思想和學術成就做歷史定位。

荀子的思想和學術成就，是先秦文化整體的一部分，是人類文化遺產的一部分。但是，因為荀子的思想和學術成就源於晉文化，深受晉文化啟迪和塑造，所以，從晉文化角度看待荀子的思想和學術成就，既是重要的，也是必要的。

孔子弟子子夏（卜商）是三晉人氏，子夏從三晉地區進入孔門，又在孔子去世後回到三晉地區。子夏以其在孔子門下的學術所得，整合性地推動了三晉文化的發展，應該可以說是全面推動晉文化發展的第一人。子夏之學在三晉地區的傳播，最終形成三晉儒學。三晉之儒始於子夏，到戰國中後期出現了荀子之儒，最終形成三晉儒學的整體脈絡。先秦時期的晉文化發展，從學術史的角度來看，始於子夏，終於荀子。

荀子的出生地是緊鄰魏國東部的趙國郇邑（在今山西西南部），他五十歲之前，也主要活動在以郇邑為中心的三晉地區。荀子在郇邑的活動年代，距子夏去世大約百年左右，從地域和時間上講，荀子有大量的機會接觸子夏之學，受到子夏之學的影響。子夏思想在魏國的重要繼承者之一，是弟子李悝。李悝的主要貢獻在經濟思想和法治思想方面，前者是子夏思想的重點，後者則是荀子思想的重點。可以說，李悝思想，是子夏思想與荀子思想之間的傳遞環節。

荀子把子夏創立的三晉儒學推至高峰。儒家堅持以道德治國，認為道德標準是千古不易的法則。這種中心思想使其容易漠視對實際政治形勢的分析和理解。子夏出自孔子之門，但他對於孔子的政治追求，並不是完全繼承或一味模仿，而是結合三晉實際情況，而做出了新的調整，取得了可觀成效，荀子儒學思想也鮮明體現了子夏儒學思想的這種精神。三晉儒學從子夏開始，到荀子時代走向成熟。荀子儒學思想不僅適應了天下政治和社會的需求，也奠定了三晉儒學和三晉法家的思想基礎，把子夏儒學思想的核心精神提升到了一個新高度，甚至可以說是三晉儒學發展的至高點。

戰國時代最具進步特色的是法家思想，而戰國法家直接來源於三晉地區，並在三晉地區發展壯大。三晉法家既有注重實際的法家政治家，也有成就非凡的法家思想家。三晉法家的起源，既與晉和三晉不斷進行的變法活動有關，也與三晉地區不斷湧現的思想家有關。在這些思想家中，最早的是子夏，最晚的是韓非，在子夏與韓非之間的則主要是荀子。

在子夏注重實踐的儒學思想中，主要是發展經濟、選用賢人、學以致用等內容，這些思想是荀子思想的主要內容。子夏和荀子的思想雖然本質上是儒家的，但卻為法家思想的產生和發展提供了各個時期的思想準備。子夏思想是法家思想的開端，由李悝和吳起等人發揚光大。後來，荀子思想繼承了子夏重法思想中的積極部分，並由他的弟子、法家思想的集大成者韓非最後完成。

在荀子的禮學思想中，最為人稱道的是他的「隆禮重法」學說，這與子夏儒學是一脈相承的。在荀子看來，早期儒家偏重於禮，致使奸邪之人有機可乘，容易犯上作亂，難以約束其行為。為了糾正這樣的偏頗，法家一味強調法治，又容易使人表面上規規矩矩，內心卻始終潛伏著犯罪動機，一有機會就有可能爆發。所以，荀子提出「隆禮重法」思想，就是想彌補傳統儒、法兩家的不足之處。事實上，在戰國初期魏文侯的治國精神中，禮法並重的思想已經初步形成，而子夏對魏文侯思想的影響是不可忽視的。子夏本人對禮樂制度頗有心得，他在西河設教，是孔子儒學重禮的具體表現。子夏又有太多的著名弟子歸於法家，說明了子夏思想中重法的傾向是存在的。

荀子的政治思想雖然以禮為根本，但由於對法治的重視和全面論述，使人們感覺到他的思想重點更在法而不在禮。他和兩位重要弟子，韓非和李斯，一位成為法家思想的集大成者，一位成為秦國和秦朝立法和執法的主要人物，應該說都與荀子思想的這種傾向有關。

荀子的法治思想表現了荀子思想中始終如一的戰鬥精神，這正是三晉思想家一貫的思想作風。某種程度來說，孔子的思想是比較理想化的，而子夏和荀子的思想則相當注重實際。子夏思想孕育了早期三晉法家，荀子思想則為法家思想的最後完成奠定了理論基礎。

荀子去世的確切時間無法得知，秦始皇在西元前二二一年統一天下，荀子著述中未談及與此有關的事情，說明荀子的壽數應在這一年之前。荀子去世後，被弟子們安葬在蘭陵。

第一章　儒學家：傳承子夏儒學，鍛成三晉風骨

晉人、晉地，早期學術歷程

如同先秦時期幾乎所有思想家一樣，由於記載闕如且混亂，荀子的生平事蹟，能讓後人確知的內容也是少之又少。歷史上首次為荀子寫傳記的《史記》，在解決了極其有限的荀子生平的幾個問題之後，又給後人留下了更多問題。不過，無論《史記．孟子荀卿列傳》有多少不足之處，它仍然是一個基礎。在此基礎上，我們可以建立起盡量可信的有關這位傑出思想家的生平記載。

姓名尊號、生卒之年和出生之地

對於任何一位思想家來說，其姓名、壽數和籍貫等外在標記，有其可有可無的一面，也有其必不可少的一面。我們在探尋荀子相關外在標記時，也深深感受到了這一點。荀子的姓名，與他的思想對於後世的影響關係密切；荀子的生卒年和出生地，與他的思想形成和影響，也有極大的關係。

⑴名字和尊號

根據史料記載和歷代研究，荀子的姓名、字氏和尊號等，歧見較多。比如，荀子姓荀，或曰姓孫；名況，或曰名卿；尊稱為荀子，或曰荀卿子，或曰孫卿子、孫子等等。

《漢書．藝文志》稱荀子「名況」，因為說得很確定，後人多予承認。《史記》一直稱「荀卿」而不稱「荀況」，讓後人頗費思索。觀司馬遷之意，將「荀卿」與「孟子」並稱，似以「卿」字為尊稱，並不以為是名；而後人又有「孫卿子」「荀卿子」的說法，顯然又是以「卿」為名。但是，有一點是確定的，即因為《史記》的影響力所在，自司馬遷稱荀卿以來，荀姓之說漸占上風，並最終取得正統地位。

在先秦時代，「卿」是朝廷高級官員的稱呼，是大夫之中的高層人物，故有「卿大夫」之稱。在戰國時代，齊國設有客卿，有待遇，沒有實權，是一種政治地位和榮譽。司馬遷認為荀子在齊國稷下學宮做祭酒，享有客卿之待遇。這種說法為司馬遷《史記》所獨創，所以司馬遷在《史記》中絕不提及荀子時代早已通行的以「子」為尊的習慣，不使用「荀子」之尊稱，而只使用「荀卿」之尊稱。

從歷史上來看，儘管人們更願意接受「荀子」的尊稱，但是，透過上述分析，也能真切感受到不同姓名和尊號所透露出的文化歷史內涵。比如，「荀」與「孫」的不同，很可能會說明荀子的不同家世，而在那個時代，家世對人的影響是巨大的；「況」與「卿」的不同，反映出後世學者對於某種歷史文化現象的不同解讀。所以，在這個問題上雖然不必糾纏不休，也沒有必要一定要提出一個人人都能接受的標準答案，但必要的探究還是有價值的。

(2) 生年和壽數

荀子的生卒之年，歷史典籍不僅沒有明確記載，而且相關線索只足以讓人在迷宮裡打轉。在我們相對比較可信的《荀子》一書中，並沒有關於荀子生卒之年的記載或正面提示，只有與荀子有過直接交往的人，能提出一些這方面的間接思考線索。我們也不得不參考《史記》提供的材料。總之，人們只能利用《荀子》和《史記》提供的一些時間節點，大致確定荀子的在世之年。

根據《史記》記載，荀子五十歲時離開家鄉，在西元前二三七年楚國春申君（黃歇）死後的某年去世。結合《荀子》所記，荀子很可能生活於西元前三四〇年至西元二三五前年之間。世傳荀子長壽，應該能夠達到百年左右。

《韓非子》記載荀子曾經到過燕國，那應該是荀子二十歲之後的一段短暫經歷。由《荀子》所記可知，在西元前二九〇至西元前二五〇年之間，荀子與秦昭王、范雎、趙孝成王等人有過面對面交流，那麼，荀子離開家鄉趙國，開始遊仕和遊學天下之後，其活動時間大致在這四十年之間。其餘十多年間，荀子在楚國蘭陵度過晚年。

根據學者們的研究結果，荀子的年壽之長，在先秦學者中間是相當引人注目的。儘管壽數之長短屬私人之事，但是，在荀子這裡卻與所謂「世運之升降，史跡之轉換，人物之進退，學術之流變」，都有很大關係。這充分說明，作為傑出思想家的荀子及其思想，確實是三晉文化和中華文化的重要組成部分。

（3）姓氏和籍貫

《史記．孟子荀卿列傳》說到荀子的籍貫時，稱「荀卿，趙人」，即戰國後期的趙國之人。戰國時代，三晉國家的地域範圍變化最大，僅說荀子是趙國人，很難確定其籍貫。後人主要是根據其荀姓，追溯郇國、郇地，以此來確定司馬遷所說「趙人」的具體區域。

司馬遷撰寫《史記．孟子荀卿列傳》時，荀子的趙人之地的地望已經不是很明確了。《左傳》

屢有郇地出現，說家認為在晉國河東之地，即現在晉西南地區，這裡是晉國的核心地域。

晉國後期卿大夫左右朝政，其中的荀氏家族也曾盛極一時。而荀子之荀姓，與古郇國、郇地、荀氏家族中的某一方面必有關聯。古郇國在今山西臨猗境內，在戰國時代屬趙國，所以才說荀子是晉國故地趙國人氏。《史記》認為荀子「年五十始來遊學於齊」，那就是說，荀子在五十歲之前一直生活在家鄉趙國。

至於這個作為荀子家鄉的趙國之地，究竟在現在的哪個地區，歷來多認為在現在的山西運城市臨猗縣境內。近些年來，又有學者認為與臨猗相近的安澤縣是古郇國和郇地的所在地，而安澤縣也利用多種機會和方法紀念和祭祀荀子，使荀子大有被確定為安澤之人的趨勢。還有一些考證認為，荀子的家鄉在山西運城市的新絳縣境內。

晉國有郇地是沒有問題的，晉國有荀姓大族也是沒有問題的。關鍵是，荀子之為三晉人氏，其荀姓究竟是與古郇國有關，與郇地有關，還是與荀姓大族有關，或者與三者都有關係，殊難斷然確定。至於「郇」字與「荀」字的關係，或者是古、今字的不同，或者是別字、通假字之關系，學者們也是莫衷一是。

綜合各家之說，荀子出生在趙國郇邑。郇地是西周早期封國，受封者是周文王的一個兒子。晉武公擴張領土，郇地為晉國所有，並賜封給原氏，原氏因封地而改為荀氏。因為郇地西近秦國，在晉國歷史上一直是軍事重鎮。

在晉國後期，與姬姓晉公室不同的異姓卿大夫執政，逐漸形成若干個大家族執掌晉國政治的局面，這些大家族中就有荀氏，後分化出中行氏和智氏。荀氏、中行氏和智氏均被趙氏所滅，郇地為趙氏占有。趙氏家族後來被封諸侯，就是戰國時期的趙國。

荀氏的政治地位和權力雖然被趙氏剝奪，但荀氏家族卻代有人才出現，在趙國政治舞臺上不斷表現。荀子本人的身世，由於缺乏記載，後人無法知曉。對於荀子之前晉地荀氏家族的詳情，在此也沒有必要作太多考證。

早期思想歷程，學術師承 <b/>

一般來說，思想家的思想發展都有一個過程，有各種階段，荀子也不例外。《荀子》雖有十多萬字，但關於他的思想分期並沒有明確記載，只能依據必要的分析來決斷。另一方面，既然學術思想的發展有階段，也就應該有一些相對明確的時間節點，比如孔子所說的「三十而立，四十不惑」之類。但是，荀子本人和《荀子》一書都沒有類似說法，只能根據相關記載做一些必要推測，以便更加全面和深入地認識荀子及其思想發展歷程。

以《史記．孟子荀卿列傳》為基礎，結合《荀子》透露出的資訊，本書把荀子思想發展階段分為四個，即：首次離開家鄉的早期階段、在齊國稷下學宮的中期前一階段、遊歷各國的中期後一階段和終老蘭陵的晚期階段。

(1)「五十」與「十五」

荀子思想發展第一階段與第二階段之間的時間節點，應該是荀子五十歲離開趙國，開始在各諸侯國之間遊仕和遊歷的時間。荀子家鄉河東地區是一個相對獨立的生活環境，荀子的思想在這個區域內基本定型和成熟，此後，他才下決心遊學天下。

關於荀子早期的思想和學術活動，相關文獻沒有明確記載。荀子二十多歲時離開趙國，到北方燕國遊仕。在位的燕王噲無能而好大喜功，號稱遵循上古明君堯、舜「禪讓」之德，把王位讓給了相國子之，導致內政一片混亂。燕王噲的太子與子之爭奪王位，更使燕國陷入長期內戰。

年輕的荀子雖然尊崇儒學，卻認為，被儒生津津樂道的堯、舜禪讓王位的故事純粹是「虛言」，這讓燕王噲非常惱火。又因為反對子之執政，荀子受到燕王噲和子之的排斥。於是，荀子憤然離開燕國。

《史記．孟子荀卿列傳》說：「荀卿，趙人，年五十始來遊學於齊。」這一記載，看上去明明白白，是說趙國人荀卿在五十歲的時候離開趙國，到齊國來遊學。然而，清代乾嘉以來，頗有學者懷疑「年五十」之說，認為有可能是「年十五」的失誤。不過，《史記》先說「年五十」，接著就說「始」，從文法上講，這個「始」就是「才開始」的意思。正是司馬遷認為荀子五十出遊有些太晚，所以才使用「始」字。

撇開「五十」與「十五」的爭執不談，以情理言之，「十五遊學」確有難度。

第一，如果說荀子十五歲時離開趙國赴齊國遊學，且不說那是個戰亂的年代，即如和平年代，由趙到齊，從現在的山西西南部山區到達山東東部齊國都城臨淄，千里迢迢，翻過太行山，渡過黃河，對於一個十五歲的少年應該是有相當難度的。

第二，儘管孔子自謂「十有五而志於學」，十五歲的少年可以立志於學習，但要去「遊學」，就要有相當深厚學養了，而一個十五歲的少年能不能具有深厚的學養，以至於有資格去遊學，確實是個問題。

第三，從《荀子》來看，荀子是堅定的儒生，荀子思想是建立在深厚的儒家思想基礎上的，而這樣的基礎顯然不是一個十五歲少年所能具備的。如果說荀子十五歲開始遊學天下，他的思想就只能在此後的遊學生涯中形成了，而在當時學術界，儒家思想並不盛行，也沒有出現過學術思想深厚的儒家學者，更不用說儒學大師，那麼，荀子儒家思想的素養從何而來，殊難想像。荀子只有在五十歲時離開趙國，並在離開趙國的晉南故地時已經形成堅定的儒家立場，才會在隨後遊學天下的過程中，對各家思想提出深刻而嚴厲的批判。

總之，荀子「五十始來遊學於齊」的記載還是比較在理、比較可靠的。五十歲之前的荀子在家鄉深受儒家思想浸淫，並在學成之後離開家鄉，與百家之學相互砥礪，從而使他的思想上升到了更高層次。

（2）所師與所友

五十歲之前的荀子，在家鄉是如何奠定其儒家思想的深厚基礎的呢？說到這裡，不得不探討與荀子師承相關的問題了。

荀子思想發展有兩個顯著特徵。一是儒家思想始終占據主導地位；二是在離開晉地，遊歷天下之前，荀子的儒家思想主幹已經形成。無論是他獨立表達思想的時候，還是在評論和批評其他思想學說的時候，甚至是在與其他人物特別是政治人物爭辯的時候，荀子的主張從來都是以儒家思想為核心。這樣一來，就必須釐清楚，荀子思想在走向成熟的過程中，其所師所友為何人？

荀子對於師友關係和師友功用非常重視，這一方面說明荀子承認師友關係對他的思想發展具有重要影響，同時也為全面理解荀子思想提供了重要依據。

荀子舉例說，自古以來，有許多精良的弓箭、刀劍和駿馬，但是，這些聲名顯赫的器物，無不是經過百般錘鍊和訓練才成為世間追捧的寶物。沒有必要的矯正，就不可能製成良弓；不經過必需的鍛造和砥礪，就不可能造就良劍；沒有必要的馴化和鞭策，就不可能出現良馬。

同理可證，一個人，即使有著美善的本質，有著正常甚至是超常的智力，也一定要向賢能的老師學習，與益友為伴。在賢能老師那裡，才能聽到古來的聖王之道；在益友那裡，才能感受到高尚言行。就是在與這樣的師和友的相處中，人才會不知不覺地造就高尚人格、不斷取得進步。

荀子之所以特別強調師友的功用，看重的是相互透過日常生活的習染，從思想上根本性地改變一個人，而不是只看重對人的外在行為的強制性約束。這種觀念，顯然是傳統儒家的。如果有這樣一個人，捨棄正直的師友，而與不善之人日常相處，他聽到的便都是欺騙誣妄、詐騙偽造之類的言語和事情，看到的也是些汙穢散漫、極端奸邪、貪婪謀利的行為，那麼，他就會逐漸走向犯罪之路，甚至身處囹圄還不知道原因在哪裡。

荀子明確指出，如果沒有條件去直接了解一個人，就去看他交往什麼樣的朋友；如果不能直接了解一位君主，就去看他任用什麼樣的主要大臣。這都是在說，要從日常所作所為中認識一個人，從不經意的習染中了解一個人。

荀子思想的基礎和基本要素是以孔子思想為代表的儒家思想。從荀子對其思想的正面表述中可以了解到這一點，從荀子在不同程度、以不同口吻所稱讚的人物和事件中也可以了解到這一點。在孔子心目中，最偉大的人物是古來的聖王，堯舜禹文武周公等等，這些人物也同樣在荀子的極度崇拜者之列。

另一方面，能夠直接影響荀子思想的形成和發展的，主要是荀子生活時代的人物及其思想，尤其是荀子五十歲之前能夠接觸到的思想。為此，必須把目光聚焦在當時的晉地思想界。

（3）子弓與子夏

荀子與子弓的關係，最為研究荀子師承、師友者所重視。在《荀子．非十二子》這篇著名文章中，荀子對當時天下有名的思想學說都予以了嚴厲批判，唯獨對孔子和子弓的儒學思想極度讚賞，並聲明他遵從的就是孔子和子弓之學。更重要的是，荀子把子弓與堯、舜、文王、周公、孔子並列，並稱之為聖人、仁人、大儒等，顯然，其地位在荀子心目中是非常崇高的。

從時間順序上看，這位子弓明顯是在孔子之後，應該說是離荀子時代最近的聖哲之人。如果說子弓與孔子一樣深刻影響了荀子思想，甚至說就是荀子之師，也不為過。

但是，真正困惑後人的，不是子弓對荀子的影響有多大，而是這位子弓究竟是什麼樣的人？是典籍失傳的聖賢呢？還是與傳世的某位聖哲就是同一人呢？由於《荀子》只提到「子弓」二字，再沒有交代其姓氏和事蹟，致使這位荀子之師，千百年來一直是公案中的人物，其身分始終沒有令人信服的定論，因為《荀子》及其他典籍並沒有記載子弓的思想成就，

後世考證者，就只能在名姓上做文章，而名姓問題關乎基本事實，最需要確鑿證據。可是

無論如何考證，在現有材料的基礎上，都難以準確道出子弓是誰人。所以，在討論荀子思想來源的時候，應該把重點放在那些在思想成就上能夠與荀子思想建立起內在聯繫的人物身上，這就是孔子弟子子夏。

綜合各種因素，《荀子》中所提到的子弓，最有可能是孔子晚年的弟子卜子夏（姓卜名商，字子夏）。子夏是晉國溫地（今河南溫縣）人，年輕時追隨孔子，是孔子後期弟子中的佼佼者。在孔子弟子中，子夏對儒家早期經典最有研究，成為孔子時代儒家典籍的主要傳承者，比如《詩經》、《春秋》和《尚書》等，在後世的流傳中，都得從子夏說起。

孔子於西元前四七九年去世後，孔子弟子之間的思想分歧開始明朗化。《論語．子張》詳細記載了孔子弟子們的那場偉大的思想辯論，而子夏受到的批評最為劇烈。從孔子儒學的角度來看，子夏思想表現出明顯的「離經叛道」傾向。孔子在世時，批評子夏的為政之道有「欲速」和「見小利」的傾向。這兩方面的內容，表現在治國之道中，就是追求革新和注重發展經濟。

在老師去世後與同門的論辯中，子夏明確提出，正像工匠一定要做出成品來證明其才能一樣，儒家君子也要把所思所想運用在社會實踐中，為社會服務，以證明其價值所在。在當時，子夏的選擇就是謀「小利」，即與儒學大道之利相對而言的經濟利益，也就是發展經濟、改善民生。為此，子夏甚至強調在堅持孔子思想的同時，可以根據社會實際，對孔子儒學做出適時調整。具體說來，社會管理者必須首先取得民眾信任，然後才能管理他們，否則，任何管理措施都有可能被民眾視為當政者有意壓迫他們、殘害他們。要取得民眾信任，最根本的就是要保證他們正常的生產和生活，而這必須在發展經濟的基礎上得以實現。

魏文侯於西元前四四六年即位，是戰國時期魏國歷史上最有作為的君主。魏文侯拜子夏為師，確立了以子夏儒學為核心的國家意識形態。魏文侯之所以拜子夏為師，除了子夏的孔子弟子身分，以及他是晉國溫地人之外，最重要的原因，恐怕還是子夏的上述思想更為契合戰國初期，魏國上下勵精圖治的治國精神。為了更好地學習和理解子夏思想，並以子夏思想為指導，使魏國盡快實現民富國強，魏文侯甚至在年輕時做世子（太子）的時候，就去魯國向子夏學習，並在繼位之後把子夏請回魏國，讓子夏思想能夠對於魏國社會產生更有力的影響。

子夏思想非常適合三晉地區的實際，加之魏文侯全力支持，子夏之學很快在三晉地區傳播開來，並吸引了一大批有才能、有志向、有作為的人物，比如魏文侯的主要大臣李悝、吳起，後來成為著名道家人物的田子方、段干木，以及著名墨家人物禽滑釐等。

子夏之學在西河地區的傳播，最終形成三晉儒學。西河地方與荀子的出生地郇邑毗鄰，子夏之學的廣泛傳播，肯定會使好學的荀子有機會接觸子夏儒學。荀子之所以成為儒學大師，與子夏儒學的影響是分不開的。

戰國時代最具進步特色的是法家思想，而戰國法家直接來源於三晉地區。法家著名人物，如李悝、吳起、商鞅、申不害、慎到、韓非等人，或者是三晉人物，或者是主要活動在三晉地區。三晉法家的起源，既與晉和三晉不斷進行的變法活動有關，也與三晉地區不斷湧現的法家思想家有關。在這些思想家中，最早的是子夏，最晚的是韓非，在子夏與韓非之間的則是荀子。

在子夏注重實踐的儒學思想中，主要是發展經濟、選用賢人、學以致用等，這些思想既是法家思想的核心，也是荀子思想的主要內容。子夏和荀子的思想雖然本質上是儒家的，但卻為法家思想的產生和發展提供了各個時期的思想準備。在戰國前期，子夏思想是法家思想的開端，並由李悝和吳起等人發揚光大。到了戰國後期，荀子傳承子夏思想，並由他的弟子、法家思想集大成者韓非最後完成。

子夏所居西河，正在魏國境內，主要區域是現在山西呂梁和臨汾地區的黃河沿岸。孔子去世時，子夏二十九歲，根據孔子弟子間的思想分歧程度來看，子夏不可能於孔子去世之後在魯國久留，其到達魏國，當在三十歲之後的幾年之內。世傳子夏壽過八十，他在三十歲之後不久來到魏國，並且老死在這塊土地上，那麼，子夏在魏國傳教輔政有四五十年的時間。子夏在西元前四三〇年左右去世，這與荀子出生還有百年左右的時間，其間的思想傳遞者，是子夏弟子李悝。

李悝是三晉法家在政治實踐領域的開創者。李悝不僅是法家的政治實踐者，而且持有法家主張和思想，他的法家思想的重要來源就是他的思想導師子夏。

在儒、法並重的用人之道方面，李悝明確主張，有功勞的人，即為國家做出實際貢獻的人，才有資格享受物質獎賞，才有資格得到爵位。李悝痛斥「無功而食」之人，他們對國家沒有實際貢獻，只是享受祖輩父輩的功業而已。對於這種傳統的既得利益者，李悝主張取消他們的祿位，以便吸引和任用「四方之士」，最終實現有效利用社會資源、推動社會進步的改革目的。

子夏與李悝師徒二人都是儒、法思想並重的思想家，只是子夏更偏重於儒，李悝更偏重於法。李悝是魏文侯重臣，又是魏文侯變法的主導者。李悝創《法經》，使他的思想更具有法家思想色彩。

李悝是子夏思想的實踐者。作為子夏弟子，如果說子夏思想中已經形成以法補儒或由儒入法的傾向，那麼，李悝就是這一傾向的現實推行者。秦漢以後的中國古代社會逐步形成儒家思想主導意識形態、法家人物掌握國家治理的格局，就是濫觴於魏文侯時代，而李悝則是法家人物主導現實政治的第一人。至少從三晉法家的角度看去，李悝無疑是戰國時期晉法家的鼻祖。

就戰國早期的晉法家而言，子夏是其思想領袖，李悝是其行動領袖。當時的魏國，因為子夏和李悝而影響巨大，因為魏文侯而國勢強盛。這些歷史過往不可能不對半個世紀之後降生於斯地的荀子產生巨大影響。荀子在五十歲之後才離開晉地，而他長期生活的河東地區正是子夏和李悝思想影響巨大的區域。荀子以儒為主、儒法並重的思想特色，在子夏和李悝思想中表現得最為明顯。這樣一來，從思想繼承和發展的角度來看，荀子思想的來源就非子夏思想和李悝思想莫屬了。

荀子不僅繼承和發展了子夏思想，而且在早期儒家重要典籍的傳承方面，荀子也是子夏一派的主要繼承者。特別是《詩經》和《春秋》，更有明確的傳承線索，證明了荀子之學對子夏之學的繼承和發展。《荀子》說的荀子所崇敬的「子弓」，極有可能是「子夏」之誤，是《荀子》傳抄過程中的文字錯訛。正是這樣的錯訛，才使後人弄不明白荀子所說的「子弓」到底是什麼人。也有研究認為，子夏之「夏」字有一種訛變之形與「弓」字近似，這方面有待於文字學研究的進一步證實。

荀子思想並不是無源之水，也不應該是無源之水。從荀子生長地域、思想成熟時間，特別是其思想特色來看，毫無疑問應該是來自晉地。荀子的思想來源，在有所繼承和發展方面，遠端是孔子的儒家思想，近端則是子夏和李悝的思想。正是在此意義上，才可以說荀子是在晉地成長起來的思想家。

從客觀情勢上來看，西元前三〇〇年左右，距離秦國統一天下不過半個多世紀的時間，這個時候，趙國都城在太行山以東的邯鄲，對於太行山以西、特別是鄰近秦國的山西西南部，趙國已經無力控制，這片土地經常處在秦軍襲擾之下，被秦國吞併是遲早的事情。在這樣動盪的形勢下，已經五十歲的荀子不得不選擇離開戰亂之地，順勢遊學天下，或許還能得到一展其政治抱負的機會。

就這樣，荀子離開家鄉趙國的郇邑，來到了距離秦國最遠，相對安寧的齊國。

儒者的品類及其功用

五十歲之前的荀子在故鄉深受子夏儒學思想影響，建立純正的儒家思想；五十歲之後遊歷天下，在首先到達的齊國和隨後遊歷的其他各國，荀子都與各派思想家有過深入交流，在認識別家思想的同時，自身儒家思想也有所調整和發展。整體上講，雖然各家思想都有長處，但在荀子看來，與他所宗從的儒家思想相比，各家思想的短處更加明顯。所以，與各家思想的碰撞結果，使得荀子對於儒家思想更加深信不疑，認為天下之亂就在於沒有遵從孔子所創立的儒家思想。本章所述荀子對儒者的全面論述，雖然很難確定什麼時候完成，但在晉地的儒學思想的形成依然是其最深厚的基礎。

荀子的儒家思想是相當全面的，其中，對於儒者的全面認識是非常重要的方面。令人意想不到的是，正是在與一位對儒者缺乏好感的大國君主的對話中，荀子才系統論述了儒者的地位、功用以及不同層次的儒者的表現。這位君主，就是秦始皇的祖父秦昭襄王，《荀子》中稱秦昭王。

荀子一生中的重大事件之一，就是他的西行入秦，並與秦昭王（西元前三〇六至西元前二五〇年在位）和丞相范睢面對面交談。范睢也是三晉人氏，由於在魏國受到政治迫害，逃亡到秦國，受到秦昭王重用，並在秦昭王四十一年（西元前二六六年）受拜為丞相，封以應地，號為應侯。荀子得以面見秦昭王，也許還是由范睢所引見，但史籍對此並無明確記載。

此次在秦國的實地考察和訪談，對荀子思想觸動很大。真正的思想家，他們的思想並不完全是在書齋裡思索出來的，而是在與現實的激烈碰撞中逐漸形成的。在秦國所見所聞，使荀子在親眼所見法家思想之效力的同時，更加深入思考儒家思想價值，重新定位儒家思想在現實政治中、在歷史洪流中的功用，最終使自己的儒家思想登上了一個新臺階。

儒者：「貴道誠存」

荀子與秦昭王討論的主題是「儒效」，即儒生和儒家思想對國家到底有無實際益處。

秦國自秦孝公時進行「商鞅變法」，到秦昭王已經是第四世，秦國已由戰國前期的中等國家，發展成為從戰國中後期開始傲視山東六國的大國。秦國在政治軍事上的崛起，確實與儒學沒有明顯關係，所以，秦國上下一向認為儒學無益於治國，秦昭王也不例外。當秦昭王與荀子見面時，就直截了當地告訴荀子：「儒無益於人之國。」即：儒學對於治國並無益處。

荀子的應對也在人們的意料之中。荀子以善辯著稱，秦昭王當然不是對手。對於荀子的一番辯白，秦昭王也只能是稱「善」。不過，表示同意是一回事，實際採納卻是另一回事。荀子眼見與秦昭王意見不合，並且對秦國的政治方向也不贊成，自然就不會在秦國謀求發展，只能選擇離去。可是，秦國以至秦朝的政治發展的結果，卻沒有出乎荀子的預料。

儒家思想以及儒者的價值是個千古難以定論的問題。

不同時代背景下，不同的評說者和認識者，總是有著不同觀點，甚至是相反觀點。在荀子與秦昭王的對話中就生動反映了這種狀況。

秦昭王對儒家思想不感興趣，又用法家思想把秦國治理得井井有條。這個時候，他很肯定地說，「儒」無益於諸侯之國，也是順理成章的事情。秦昭王知道荀子之所學，也知道荀子的主張，因為荀子的同鄉范雎就在秦國朝廷之上，他在向秦昭王介紹荀子的時候，重點肯定是要介紹荀子的思想和主張，因為荀子再沒有其他可以被引薦的情況了。客觀地說，秦昭王見荀子，也是看中荀子的思想。在這種情況下，秦昭王明確地否定儒家的價值，也是想知道荀子心目中的儒家到底是個什麼樣子。所以，荀子就平心靜氣地向秦昭王介紹了儒家的主要思想，於是才有了荀子非常著名的一通對儒者的論說。

荀子沒有客氣，以他的學養和氣度，首先給了儒者一個明確定義。他告訴秦昭王說，儒者效法先王、隆崇禮義，身為臣子是謹慎的，對在上者是極度尊敬的。荀子如此開宗明義，主要是因為他面對的是一國之主，而且是強大且不乏暴虐的秦國君主。荀子以儒者謹守禮義等級為開端，是宣示儒家的政治立場，直接回答儒家是否有益於國家的問題，以便讓秦昭王能夠安心傾聽荀子接下來的主張。

身為秦國君主，評價一個人或一種人的有益與無益，當然是指政治上的。所以，荀子就針對性地展開論述了儒者在一個國家的政治價值。荀子指出，一位儒者，如果任用他，他就會是一個稱職的官員；如果不能被任用，就會是一個安分守己的老百姓。即使窮困潦倒，也不會為非作歹，而是仍然持守大義；即使無人理睬，照樣堅持為百姓著想。一旦地位升高，儒者做個王公貴戚也沒有問題；地位下降，做一個社稷之臣，也會是國君之寶；再下降，隱居民間，也會贏得人們的廣泛尊敬。為什麼會是這樣呢？荀子的答案是，「貴道誠存！」所謂「貴道」，是以道為貴；所謂「誠存」，是誠信長存。有這兩項原則，所謂「儒者無益」的說法就不攻自破了！

為了證明自己的觀點，荀子以孔子為例，說明身為普通人的儒者，其道德影響力會有多大。孔子五十多歲時，曾經在魯國從政五年，官至司寇，大概相當於司法負責人。荀子說，就在孔子即將出任司寇的時候，魯國民風發生了巨大變化。有沈猶氏，在市場上賣羊，以前總會故意在早上讓羊多喝水，以增加羊的體重，現在聽說孔子要回來當司寇，馬上停止了這種不道德的造假行為；又有公慎氏，馬上休掉了妻子，因為其妻行為不檢點；還有慎潰氏，因為生活奢侈，超出了法度規定，就倉皇出逃，遷居到其他國家了。另外，魯國市場上販賣牛馬者往往集體哄抬物價，現在也馬上收斂了；更可喜的是孔子鄰里的年輕人，他們打上魚之後，也不再平分，而是多分一些給家中的老人，以盡孝養之道。這些改變固然與司法長官的權力有關，但荀子認為更重要的是，孔子是講求道德之人，人們預期他掌權之後，肯定會把道德要求化為具體措施，普遍推行到魯國社會，這才提前加以改變。以上事例說明，正是因為孔子堅持了儒者的做人標準，才推動了魯國風俗的好轉。荀子的結論是，作為臣下的儒者，既能提高一國的政治水準，也能改變社會風俗。

當荀子昭告了上述事實和結論之後，秦昭王馬上追問道：「儒者做了一國之君會怎麼辦？」對於這類問題，荀子照樣心中有數。

荀子宣稱，當儒者身為人君之時，其影響力是廣大無邊的。因為他內有意志，外修禮節，會用嚴格的法度管理官員，用忠信愛利對待百姓。在得天下的過程中，即使是透過做一件不義之事、殺一個無罪之人就能實現目的，這個天下也不應當得到。這份信義，通行於普天之下，當然能使天下之人都來歡呼應和。這是為什麼呢？就是因為儒者把讓自己的好名聲大白於天下作為唯一追求，讓天下人都能從中受益。結果就是，在他已經統治的區域之內，人們萬般歌頌他，在他還沒有實現統治的地方，那裡的人們都不顧一切地奔他而來，從而使四海之內的人們如同一家人在一起生活，凡是通情達理之人無不順從他的統治。這樣的儒者，荀子尊稱為「人師」，即人類的師長，老師和尊長。

說到這裡，荀子反過來質問秦昭王，像這樣的儒者，做人臣時是那樣，做君主時是這樣，怎麼能說他們無益於國家和社會呢？不用說，秦王只好服軟，以「善」字結束了這場論爭。

儒者有品類

荀子是孔子創立的儒家思想的繼承者、發展者，是真正的儒者。

孔子創立了儒家學派，並不是說孔子在世時就刻意建立一個思想派別，並稱其為「儒」，而是說，孔子思想奠定了儒家思想基礎，是儒家思想的創始人，孔子與門下弟子及其他思想追隨者形成了最早的儒家集群。事實上，在孔子時代，對於「儒」的定義還處在眾說紛紜階段。孔子告誡弟子子夏，要做「君子儒」，不要做「小人儒」。這給人的感覺是，做個「儒」並不是不可以，只是不要做「小人儒」罷了。不過，既然「儒」可以分為「君子儒」和「小人儒」，那麼，「儒」的基本內涵應該還是比較中性的。在先秦之後，特別是漢武帝「獨尊儒術」以後，「儒」就變成神聖的名詞，不再有「君子儒」和「小人儒」之類的區分了。

實際上，在荀子筆下，「儒」的中性內涵並沒有徹底改變。儘管荀子在與秦昭王的論爭中肯定了儒者的價值，但綜合荀子對儒者的看法，他眼中的所有儒者並不都是一樣的，也並不都是能夠有益於一國的。在荀子看來，同樣是儒者，他們的才能和品格是有高下之分的。

大儒。荀子所說「大儒」是儒者的最高端，無論人身修養，還是各種能力，特別是治理天下的能力，都是至高無上的。身為大儒，如果得到治理天下的機會，就會成為聖人。荀子從比喻入手描繪大儒，先要告訴人們，大儒是能做什麼的。

荀子先舉出兩位人盡皆知的能人，即周穆王時代的造父和夏代的羿，前者是公認的最善於駕車者，後者是最負盛名的射手，要想真正領教他們的才能，必須給造父準備好車馬，給羿準備好弓箭；而所謂大儒，就是最善於調治和一統天下之人，若要見識大儒的才能，至少要給他提供百里之地。百里之地是周文王建功的基礎。這就是說，如果條件合適，大儒有能力建立像周文王一樣的功業。

反過來講，如果合適的馬和車都備好了，卻不能跑出一日千里的水準，那必定不是造父在駕車；弓已調校好，箭也是筆直的，卻不能射中遠處的微小之物，那必定不是羿在射箭。同樣地，如果已經擁有百里之地，還不能實現調治、一統天下，也未能制伏強權和暴政，其統治者就肯定不是大儒了。這其中，對現實統治者的批判是顯然的。在荀子時代，戰國七雄的土地都在百里甚至千里之上，但天下混亂、戰事連綿也達到無以復加的程度，所以，期待大儒的出現，甚至把大位讓給大儒，沒有任何一個時候比此時更迫切。

在敘述了大儒能夠完成的功業之後，荀子描述了大儒的主要特徵。荀子認為，大儒即使是極度地窮困潦倒，王公大人也無法跟大儒獲得同樣的名聲；大儒即使只有百里之地，千里之地的諸侯也不是對手；至於大儒懲罰那些暴虐的國家，一統天下，更是無人能及。用後世儒家的話來說，大儒就是治國、平天下的最佳人選，這是大儒的整體特徵。

說到大儒的具體表現，荀子認為，大儒言行有規矩、守禮法，不做令人遺憾的事情，處理危機、應付事變的辦法很恰當，緊跟時勢變化，不論做什麼都是遵循大道的。其實，大儒的行為，最關鍵就是「其言有類，其行有禮」，這是做人的最高境界。言有類，是指當說則說，說則適當；行有禮，是指行為遵循儒家思想，而儒家思想正是大道的體現。

進而言之，大儒效法儒家崇敬的先王，統合於儒家禮義制度，以儒家思想對待萬事萬物。因為有儒家禮義的統攝，即使奇異事物突然出現在某個地方，也能從容應對。由此可見，在荀子那裡，大儒形象之崇高，已經到了相對神祕的境地了。

儘管大儒言行無可挑剔，但他們作為個人，卻有「窮、通」之時。在儒家理念中，「窮」是指政治上的窮途，沒有施展政治才能的機會，「通」是政治上的通達。在對大儒的描述中，荀子專門討論了「窮、通」問題。在這個問題上，大儒最容易受到非議，包括荀子在內的大儒，在他們的時代基本上是不得志的，他們也經常在這個問題上掙扎。

大儒在不得志的時候，會受到俗儒的譏笑；可在他們政治通達的時候，英傑之人也會受到教化，猥瑣之徒會逃之夭夭，持歪理邪說者會感到畏懼，那些曾經瞧不起他們的人則深感羞愧。總之，通達的時候要把自己全部奉獻給天下，窮困的時候則堅持原則、愛惜「大儒」的名號，直至「天不能死，地不能埋」，即使身處桀王和盜跖那樣的混亂時代，也只有像孔子和子弓（夏）這樣的大儒，才能堅持儒家的立場。

可以想見，當荀子講述大儒的精神和品格的時候，必是熱血沸騰的時候。在荀子時代，眼看儒者的精神正在被埋沒，如果沒有這樣的氣勢，儒家思想就會消亡。正是因為有了像荀子這樣的大儒的堅持，儒家思想才如浩蕩洪流，在歷史的長河中永流不絕。

為了確定大儒的地位、證明大儒的功用、明示大儒的能力，荀子以周公旦的事蹟為例，再次強調「大儒之效」。周武王滅亡商朝，建立了周朝，但周武王在西周王朝建立不久之後即去世，而當時的周人並沒有建立起很穩固的政權。這時候，周公旦，也是周武王的弟弟，挺身而出，擔當起了穩固政權，進而建立制度的責任。但是這時候還有個大問題，那就是繼承王位的周武王兒子周成王還是個少年，沒有能力掌控大局。所以，周公旦在西周早期主持大局的做法，在歷史上一直有種種說法，最主要的是攝政說與篡位說兩種截然不同的觀點。

荀子主張攝政說。他認為，周公旦為了完成周武王未竟事業，保護周成王地位，這才代行周天子權力。因為有多種勢力背叛周天子，想乘機奪取權力，所以，天下人並不認為周公旦是貪取天子的位置。這些反對勢力中，在周人內部是周武王的另外幾個弟弟，主要是管叔、蔡叔和霍叔，在外部則是殷商遺民中那些不服從周人的力量。周公旦毅然殺滅了「三叔」，把那些叛亂的殷商遺民遷離原住地，同時進一步實行分封之制，建立了七十一個新的諸侯國，其中周王的姬姓獨占五十三國，對此，天下之人並不認為周公旦有偏心。

在執政過程中，周公旦還教導周成王，讓周成王逐漸認識和學習治國之道。當周公旦把上述大事完成之後，周成王也到了成人年齡，於是，周公旦順利地把政權歸還給周成王，自己又回到了大臣位置。

顯然，周公旦只是攝政，代行天子之政，並不是真正成為天子，即不是篡奪天子之位。但歷史上確實還有其他說法，比如篡位說，認為周公旦篡奪天子之位，把周成王放逐到某個地方，到後來，只是由於天下人反對，在迫不得已之下，才把政權歸還周成王。此類說法應該在荀子時代已經不少，所以，荀子才大聲地為周公旦辯護。

荀子認為，天子的稱號、天子的位置是不可以隨便由他人代替或代管的。如果是理所當然的天子，天下人就會歸順，否則天下人就會遠離而去。周公旦只是代行天子之政，天子還是周成王。所以，天下人不僅沒有離去，還追隨周公旦，完成了周武王沒有完成的事業。周成王成人之後，周公旦馬上把天子之權歸還周成王，顯然沒有蔑視周成王，更沒有攫取天下的意思。周公旦只是把權力歸還周成王，並不是禪讓王位。周成王一直掌握著天子之權，不存在奪回王位的事情。他們只是順應時勢的要求，有理有節地調整和變通而已。

由於沒有更可靠的文獻記載，周公旦到底是篡位還是攝政的問題，應該是還會繼續討論下去的。不過，荀子的辯護也還是能夠站得住腳的。在此基礎上，荀子得出結論說，周公旦不過是以旁枝之族代行宗主之職，並不是實際的僭越；以弟弟的身分誅殺管、蔡等兄長，是因為他們有罪在身，並不是施行暴政；君、臣之間只是替換職位，不是改變身分，並不是逆行之事。順應天下和諧的要求，完成周文王和周武王的功業，最終還是明確了宗主和旁枝之族的大義，這是一種權變的做法，並且被天下人安然接受。周公旦的這一做法以及最終取得的成效，在荀子看來，只有聖人才能做得到。因為周公旦是儒家公認的大儒，所以，周公旦的攝政和歸政、大亂和大治，充分證明了大儒的功用。

周公旦是周禮的制定者，而周禮是孔子思想的政治基礎，所以，在儒學發展史上，周公旦也被視為儒家思想的重要源頭之一。荀子在此把周公旦稱為大儒，從思想文化發展的角度來看，是完全合理和正確的。

俗儒、雅儒。在談及人的修養時，荀子有過民、士、君子、聖人四類區分，重點在於世俗的行為或成就。在論及儒者的時候，荀子又從對儒家思想的理解和遵循方面入手，把人分為俗人、俗儒、雅儒、大儒。

什麼是荀子眼中的俗人呢？不學習儒家思想，沒有端正義利之辨，只看重物質利益，這就是俗人。顯然，俗人就是不學習、沒有頭腦，只顧獲得錢財的人。看重錢財是沒有問題的，關鍵是不學習，沒有培養出正確的義利觀。

荀子對俗儒的批評甚至攻擊，是從他們的穿戴開始的。在荀子看來，俗儒穿著寬大的衣服、紮著寬厚的腰帶、戴著高峻的帽子，看上去像個儒生的樣子，但內心卻完全等同於世俗之人。他們在學問上只是約略效法一下先王，結果卻足以擾亂正常道術；他們對於當代之事，視而不見，卻醉心於學習儒家之外的各種雜學，不理會《詩經》和《尚書》之類的儒家經典。已經到了這步田地，他們還是不知道錯在哪裡。所以，荀子對他們的思想做了這樣的總結：他們的言論已經與儒家反對的墨家之說無異，自己卻無法區別；他們只是利用先王之名混吃混喝，卻還洋洋得意；他們追隨達官顯貴，絲毫不敢表達自己的意志。

如同任何時代的傑出思想家一樣，對他們形成最大傷害的並不是那些公開與他們對抗的反對派，而是本派之內的那些似是而非的投機鑽營者。俗儒就是這樣的一些人。他們穿著儒者服裝，口中講說的也是儒家語言，但他們內心所想與行動所現，卻是另外一副模樣。他們這樣做的最大惡果，就是敗壞了儒家思想的真正價值，損壞了儒家學者的真實形象。對他們表達憤怒，進行批評，可以說是做到什麼程度都不算過分。

俗人和俗儒都是反面教材，荀子接下來描述雅儒。雅儒的表現與俗儒正好相反，他們效法後王，以制度規定一切，尊崇儒家禮義，重視《詩經》和《尚書》等儒家經典。不過，嚴格說來，雅儒雖然已經擁有了儒家經世大法，然而只是心中明瞭，但無法用以濟世。更重要的是，凡是儒家思想沒有講到的地方，以及他們沒有實地了解的事物，他們就無法去規範了。他們的優點正如孔子所說，「知之為知之，不知為不知」，對於不知道的思想和事物，不自欺，也不欺人。他們尊崇賢人、敬畏道法，一切言行不敢怠慢。

無論從他的人生經歷來講，還是從他的學術歷程來看，荀子都是非常注意實效的。在上文與秦昭王的對話中，荀子不僅介紹了儒者思想，還強調了儒者所作所為的實際功用。當他比較了俗人、俗儒、雅儒和大儒的思想和行為之後，也指出了他們能夠做出的不同的實際貢獻。

荀子斷言，君主如果任用俗人，萬乘之國也會滅亡；任用俗儒，萬乘之國僅能自存，不至於滅亡而已；而如果任用雅儒，千乘之國可以平安無事。那麼，如果任用大儒，即使百里之地也能持久發展。荀子以此使用的萬乘、千乘、百里等說法，與春秋時代萬乘代指天子、千乘代指諸侯、百里代稱大夫的封地等用法不同，指的是一國本有的力量。「乘」是四馬所拉的戰車。一國的軍事力量的多寡足以代表該國的強大與否。擁有萬乘之軍，力量應該相當強大了，但在俗人和俗儒手中，不是滅亡，就是苟存。千乘之國雖然力量不及萬乘之國，雅儒卻能保證其平安，證明雅儒的才能遠在俗人和俗儒之上。至於大儒，即使只有百里之地，也能保證其長久生存。再進一步說，大儒在這百里之地上，還能夠做到使天下人聽從號令，讓諸侯稱臣。如果大儒能夠在萬乘之國主政，則能在短時間內稱霸天下。很顯然，這其中的不同，並不在於外在物質力量上，而是在於內在精神力量和實際才能方面。

儒者「曲辨」

作為整體的儒者，或者說原本意義上的儒者，是有遠見、有追求的，也是有責任心、有節操的。在荀子看來，當全社會從上到下輕視禮義的時候，「儒者為之不然，必將曲辨」。此所謂「曲辨」，是說曲折辯白，即用盡一切辦法加以解釋和辯解的意思。當儒家堅持的禮義處，在不被社會各階層積極接受，即人們普遍認為是儒家的禮義之道出了問題的時候，儒者是難以正面應對的，也就是說，現實中存在的許多問題，確實是儒家思想一時難以解釋、儒家人物一時難以解決的。儘管如此，儒者還是要努力去辯白，設法去辯白，從而堅持自己的主張、堅持自己的方向。在荀子思想中，則是仍然堅持儒者對於儒家政治理想的追求。

荀子指出，最高統治階層必須尊崇禮義、等級嚴明，士大夫才會看重節操、拼死維護制度。各級官員遵守制度、看重職責，普通公職人員才會敬畏法度、遵章守紀。市場上稅收合理、條律明確，商賈之人才不會欺詐摻假。工匠能夠按時服勞役，有條件發揮巧思，他們就會踏踏實實地做工。政府能夠減輕農民的稅賦和徭役，不要侵占農時，農夫就會勤勉種田，不去想其他事情。國家在道德教化、政治制度、工商管理、農業生產等方面都有章可循、合理運作，就會成為儒者眼中的理想國度。

荀子進一步推導說，士大夫有節操，國家軍力才會強大。官吏守法，國家才能安定。商賈誠信，經濟供給才不會出問題。百工踏實肯幹，財用就不會匱乏。農夫勤勉，國家的各項事業才能成功。在這種情形下，必會達到政令通行、風俗淳美。結果就是，國家選擇自守則穩固，要去征伐則強大，安居時有名望，行動時會建功。「此儒之所謂曲辨也」，這就是荀子所謂的儒者「曲辨」的主旨。

身為大儒，荀子既有深切的榮譽感，又有緊迫的責任感。當荀子在晉地宗從子夏儒學，最終形成完整的儒家思想之後，他並不是固守前輩學人的主張，而是根據時勢要求，對傳統儒家思想進行了理性的調整。

儒學從孔子開創到荀子接續，已經過去了近三百年，而這三百年又是中國古代歷史上思想最活躍、學說最創新、現實最複雜的三百年。儒學從一家之說，成為百家的眾矢之的，加之社會現實的考驗，儒生群體必然會發生各種各樣的集中和分化、上升和下降、進步和墮落，所以，當荀子對儒生進行分類時，確實不是聳人聽聞之舉，而是對現實的全面描述。

荀子對儒學本身一直是有信心的，對於大儒的存在和功用也是有信心的，為此，他不得不「曲折」，不得不「辯說」。荀子不僅全面發展了儒家思想，而且最終得出儒家和法家思想可以並存兼用的結論，為儒、法思想共同主導此後兩千年的中國古代社會做了必要的理論準備。荀子的「曲辨」成果是中國古代社會和思想發展的重要里程碑。

儒家的道德修身

生逢動盪之世，各種思想紛至遝來，荀子又是極包容之人，所以，荀子思想看上去內容很多，涉及面很廣。特別是著眼於現實，中後期的荀子思想深受法家治國之道影響，對於法家思想不得不做出積極回應，甚至對於法家思想中一些行之有效的合理觀點加以肯定和闡發，直至相容法家思想的諸多合理之處，因此，便有人認為荀子不是純粹儒家思想家。事實上，從先秦儒家的真實情況來看，最全面最深入地正面論述儒家思想的，不是孔子和孟子，而是荀子。

或許是由於書寫和傳播手段的限制，孔子並沒有給後人留下太詳盡的思想述說，在所有問題上只有完整框架，具體內容並不夠豐富，更談不上豐滿。孟子時代的情況有所改善，孟子本人也說得夠多，但未免失之於偏。到了荀子時代，思想家的數量、活動區域、思想傳播和記載的手段，相關方面都有了極大改善，加之荀子本人遊學廣泛、善於思考，所以，荀子作品就表現出了更為廣博和深邃的思想。

在傳統儒家看來，社會的動盪、政治的混亂，源之於人們被外在名利左右，忽視了個人內在修養，所以，傳統儒學便把個人道德修養放在首位。每個人只有成為一個有價值的個體，才能談得上為社會大眾服務，而有價值個體的核心，就是講道德、有修養。

修身有道術

強調道德修身是先秦時代儒家思想特色，嚴格來說甚至是儒家獨有的思想內容。是不是重視道德修身，可以作為判斷一個人是不是儒家學者的重要標準。在這方面，荀子思想是非常明確的。

所謂修身，就是向善。見善而自存養，見不善而自省；善在身而自然喜好，不善在身而自然厭惡。這是人必須修身的自然基礎。為了實現修身向善，一個人既需要別人的批評，也需要別人的表揚，關鍵是一個「當」字，即適當與否。不以適當為標準，就是諂諛，就是對人的傷害。修身之人需要別人的批評和表揚，並把正確批評我的人視為老師，把正確表揚我的人視為朋友。

當與不當的標準是什麼呢?荀子明確地提出了「禮」。孟子把孔子思想總結為仁、義、禮、智、信「五德」，使得這五個字對後世的影響不可估量。「五德」之中，只有禮是有可操作的具體內容和具體規約的，是既有內在規定，又有外在條文的。仁、義、智、信等四項，都必須透過恰當的禮的形式即禮儀來表現。一個人修身的水準如何，或有沒有修養，給人的最直接印象首先是禮儀方面的外在表現。荀子提到了飲食、衣服、居處、動靜、容貌、態度、進退、趨行，這都是一眼就能看到的外在表現。由外在表現做深入觀察，又可以發現人的血氣、意志、知慮，把這些綜合起來，就決定了一個人是能夠通達於世，還是在政治上走投無路。循禮則進則通，不循禮則退則窮。人是如此，由人組成的社會和國家亦複如是。人無禮則無法生存，事無禮則無法完成，國無禮則不得安寧。

修身的標準決定了之後，荀子還提出了修身的具體要求。

教：用善引導人。

順：用善對待人。

諂：用不善誘導人。

諛：用不善附和人。

智：釐清是非。

愚：是非不明。

讒：中傷賢良；賊：禍害賢良。

直：是就是是，非就是非。

詐：藏匿行蹤；誕：言語輕浮。

無常：取向不定。

至賊：為得利而捨棄義。

博：多聞；淺：少聞。

嫻：多見；陋：少見。

倨：怠惰；漏：漫不經心。

治：舉措少而有條理；秏：舉措多而雜亂。

這些有關修身的正反概念或要求，都是人們慣用或習見的。這說明，荀子基於儒家思想而宣導的修身的具體要求，是與現實生活緊密相關的，而不是出於思想家的想像。荀子不僅對相關美德有正面要求，也有負面提醒，甚至對負面行為的描述更多一些，這表現出了思想家的現實批判精神。這些雖然不是修身的全部要求，但至少也是修身之所急。

傳統儒家所謂修身之道，荀子也稱之為「治氣、養心之術」。這樣的提法明顯受到戰國後期陰陽家思想的影響。人是一個整體，傳統儒家更多的是講「身」，即自身，不是分為氣和心，所以要說修身之道。這種思想的受眾主要是接受過相當文化教育的階層，不利於向社會其他階層傳布。到了戰國後期，各種思想的傳播日益廣泛，社會各個階層都成為被動員和爭取的對象。在現實中，能夠接受道的人顯然少於能夠接受術的人。多數人急功近利，致使術行而道敝，以至於荀子這樣的大思想家也不得不隨俗，也得從術的角度闡述修道之道，以期有更多的人向儒家的修身要求靠攏。

在上述主要修身概念的基礎上，面對人的不同性格或脾性，荀子提出了治氣、養心的相應對策。從長遠來看，治氣、養心要面對的是人性中更為根本性的東西，包括與生俱來的和性格養成的，或者是二者兼而有之。性格剛強之性，要用調和之氣加以柔化；優柔寡斷之性，要用簡明之理加以整束；勇猛鬥狠之性，要用引導規矩加以輔助；卑下貪利之性，要用志氣高遠加以激勵；平庸懶散之性，要用良師益友加以促動；怠慢無度之性，要用災害禍患加以明示；愚鈍實在之性，要用禮樂修飾加以充實。

荀子主張性惡，認為人性是需要約束和提升的，與之相應的人的氣和心也是需要治、需要養的，所以他總結說，治氣、養心需要有三方面的努力，一是守禮，二是投師，三是向善。這三項大的原則，再加之以上所述具體對策，使荀子的修身之論既有明確方向，又有具體路徑和方法，這就從本質上發展了孔子和孟子的相關思想。

當然，荀子也不是沒有認識到修身之路以及治氣、養心之術並不是簡單易成之事，而是肯定會遇到種種困難和挫折。為此，荀子又從修身之利益、必成之信心、持之以恆心等多方面對他的修身之論加以充實，以期更多的人加入這一行列之中。

儒家宣導的修身是不斷提高人的內在修養。內在修養提高了，就會不為外物左右。在荀子時代，所謂外物，也不外乎榮華富貴之類。不為外物左右，就是不把富貴和王公放在眼裡，一切以儒家的道術為準則。但是，這樣的修身之路並不是輕而易舉就能實現的。著眼於現實，修養越高，怕是距離榮華富貴越遠。為了保持原則的純潔性，荀子堅持認為，好的農夫不會因為天旱就不去種田，像樣的商人不會因為價格低就不做生意，更重要的是，合格的士君子不會因為貧窮就懈怠對大道的追求。追求大道是做人的本質要求。

對於士君子的自信心，荀子有一段非常生動的描述。他說，君子行路時恭敬小心，並不是因為腳下是泥淖之地；對人謙恭低頭，並不是因為脖子有疾患；與人對視時先行躬身，也不是因為懼怕對方。那是因為，君子追求修身養性，不跟一般人計較罷了。儒家的修身是要提高人的內在修養，並不是裝飾門面，用外在模樣欺哄人、嚇唬人。更重要的是，越是在普通人面前，越不需要表現出自大和傲氣。

實現儒家的修養，完成荀子所說的治氣、養心，當然是個永無止境的過程，但這並不是拒絕修養身心的理由。在普通人看來，因為無法在短時間內實現，所以認為還不如止步不前，或別尋他途，但在君子看來，一分努力就有一分收穫，只有不斷努力，才會無限接近終極目標。千里馬一天飛奔的路程，普通馬匹只要不停地行走，遲早也會達到。如果不能面對現實，把人生目標制定得無限高遠，當然很難達到。可是，如果針對具體情況制定切實可行的目標，或遲或早地，每個人就都會有所收穫，最終都會實現。

荀子指出，先天條件並不能決定修身的高低成敗。即使是一隻跛腿的鱉，如果爬行不止，也能到達千里之外；即使是一匹千里馬，如果一路上左顧右盼、忽進忽退，也不會到達目的地。在才性方面，人與人之間的差距有時會遠遠超過跛鱉和良驥區別，那麼，為什麼跛鱉能到達的目的地，而良驥無法到達呢？原因很簡單，就在做與不做之間。進而言之，再近的路途，不走也達不到，再小的事情，不做也完不成。

修身有境界

在不同的上下文中，荀子對於儒家修身做人的境界有不同劃分，這可以理解為荀子相關思想的發展變化，也可以理解為在不同情勢下荀子的不同思考。當孔子奠定儒家思想基礎之時，就提出了聖人、仁者、君子、士人等修身的不同境界或層級、等次。除了這些相對固定的概念，孔子還表揚過通達者、有恆心者等。這些修身做人的境界，在孟子思想中也有明確的肯定之辭，並在此基礎上提出了影響深遠的關於「大丈夫」的做人境界。

對於人的不同道德境界和修養層次，荀子是堅信不疑的，並利用諸多方式加以表述。荀子假設了孔子提出的一個問題，即：「智者若何？仁者若何？」什麼是智者？什麼是仁者？並以孔子的三位傑出弟子的口吻做出回答。

孔子這三位弟子中，子路是軍人出身，學習力最低，他的回答是：「智者會讓人知用自己，仁人會讓人愛戴自己。」孔子認為這是士人的回答；子貢是弟子中最聰慧的人，擅長表達和表現自己，悟性高，但學習比較浮躁，他的回答是：「智者能夠知用別人，仁者能夠愛護他人。」孔子認為這是士君子的回答；最後提供答案的是顏回，他用功讀書，喜歡深思，是孔子最欣賞的學生，他的回答是：「智者了解自己，仁者愛惜自己。」孔子認為這是明君子的回答。

以上三種回答，嚴格說起來都是高層次的認識，並且都得到了孔子的肯定。由此可以得出結論，荀子認為儒家道德修身境界又可以分為士、士君子和明君子等三個層次。這雖然又是一種不同的劃分方法，但還是堅持了道德修養有層次高低的區別。這就再次說明，荀子對於這個問題是相當敏感的，並且其觀點也是從不動搖的。

被知被愛、知人愛人、自知自愛是由低到高的境界。為什麼這麼說呢？因為越是較高境界，越需要更多更強烈的人的主動性。在荀子看來，士人做好自己即可；士君子還需要主動去顧及別人；至於明君子，則不僅需要做好外在努力，還需要反觀內心。也就是說，自知者能夠達到知人、被知；知人者能夠達到被知，但卻不能自知；至於被知者，則既達不到知人，更達不到自知。

與上述三種意見相對應，荀子也曾把成功的修身之途分為三個階段。能夠循禮而行的，荀子稱之為「士」；意志堅定地遵守禮規定，並且能夠體現在實際生活中的，就是「君子」；內心完全明徹，動力源源不竭的，這就是「聖人」。

荀子注意到，世上之人並不盡是士、君子和聖人，甚至可以說這三類人並不是人群的主體部分，所以，荀子在三類人之外，又加入了一類人，即「民」，普通人而已。從這個角度來看，在荀子眼中，人可以分為四類。只是從儒家修身做人的角度來看，「三境界」已經足矣，普通人因為不知修身，實際上是被排除在儒家所要求的道德修身的視線之外的。

整體上來看，荀子認為人是有等級區分的，只是他繼承孔子思想，強調這種區分不是來自先天自然原因，即並不是人們生來如此，而是後天環境，以及與環境相關的個人努力的結果。在前文描述儒者思想境界時，荀子也把人分為四類，即俗人、俗儒、雅儒、大儒，這種區分與此處的四類劃分是一致的。而這兩種劃分的主要區別是：民、士、君子、聖人的劃分，主要是把修身落實在外在成就上，而俗人、俗儒、雅儒、大儒的劃分，則主要是認為修身依據內在修養。不過，從修身的角度看，嚴格區分內在修養和外在成就是相當困難的，具體到某個人，甚至這兩個方面是不可區分的。所以，荀子的兩種「四類」分法，也只是側重點有所不同而已。

那麼，人分四類的具體情況是什麼呢？民。把從眾從俗作為善良，視貨財為寶，以養生為個人最高行為準則，這就是普通民眾的追求。此處所說的「養生」，是指普通人滿足衣食住行的行為，並不是思想家們所說的高層次的精神方面的涵養。在普通人這裡，主動自覺地進行道德修身是不可能發生的事情。

士人。行為守法，意志堅定，不以個人得失判斷事物，不會無原則地滿足私欲，這就是士人的德行。荀子有時稱士人為「勁士」，是強調士人堅持原則的精神。與君子特別是聖人相比，士人的行為雖然也很可貴，但其態度是被動的，是不得已而為之。

君子。君子具有士人的優點，並能克服士人的不足之處。對於所見所聞，不是聽之任之，而是能夠加以修正，

然後再傳播出去。君子善於學習，言語都很妥當，只是不知其所以然而已。君子的行為是無可挑剔的，只是沒有去深入了解其行為方式的由來而已。君子也有對人對事的正確思考，只是還欠缺一些周密性。儘管如此，君子對於他們推崇的東西也能有所開拓，對於不如自己的人也能夠加以開導，讓他們不斷進步。因為君子的言行總是扎實可靠的，所以，荀子在此稱君子為「篤厚君子」。君子的表現更多地體現在積極行動上面，但與聖人相比，缺乏的是創造性。在荀子思想中，履行已有禮法的同時並加以創造性的發展，才是最高的修身境界。

聖人，與民、士、君子相比，聖人的最大特色是創制性、主動性和靈活性。聖人能夠修正

古來的禮法，毫不費力地應對現實中的各種複雜變化，自如地把握各種禮節，很自然地適時建功，輕鬆地掌握現實政治，統一所有人的意志，為所有人造福。總之，聖人的內心有著源源不斷的動力，並把這種動力運用在無限的創造之中。

荀子假託了孔子晚年與魯哀公的一場對話，從另外一個角度敘述了「人有五儀」，即人有五種表現，也就是人的五個等級的觀點。

最低的等級，荀子稱之為「庸人」，即普通人。這種人的表現是，說不出善良的言語，也沒有上進之心。儘管如此，也不懂得向賢人和善士學習。只是為眼前利益打算，行為沒有高尚目標，只看重外物，為外在利益左右，不知道什麼是真正尊貴的東西、什麼是人應該追求的目標。庸人看上去也是五官端正，與其他人沒有區別，但總是聽從私心驅使，一旦有所行動，就會做出壞事，暴露出本質。很顯然，這樣的庸人是需要教育和約束的，甚至有時候還需要採取強制措施。

比庸人高一級的是士。士的特點是，儘管不能完全按照儒家的道和術行事，但做事也有一定的遵循和規矩；即使不能事事盡善盡美，但也能夠有個模樣。士未必是依禮而行的典範，但也不會放縱無度。士對於儒家道術也可能知道的並不很多，但是，一旦有所知曉，就要釐清楚來龍去脈。其出言吐語不務求多，而是一定要明白自己在說什麼。同樣，士也不務求做太多的事情，但每做一事都有根有據。整體來說，士的思想、言語、行為都有一定之規，不可更改，不論是富貴還是貧賤，都不能使其增加或減損分毫。可以說，士並沒有完全獲得儒道的修養，也沒有達到高尚的做人高度，但由於積極向儒道靠攏，其言行並不會出現明顯偏差。

在士之上的是君子。君子的言語講求忠信，但內心之中並不要求表揚；行為符合仁義，但其表情卻並不自傲；思想通明，卻不在言辭上爭勝。君子的人生節奏把握得非常得當，沒有他想做卻做不成的事情。很顯然，此處所言君子，是那種能夠把握自身的明智之人。與更高層次的做人要求相比，荀子此處所說君子是相對消極和保守的人物，屬於後世所謂明哲保身一類。

君子之上的賢人，行為符合規矩，並且也不會影響根本的道德原則；言語足以讓天下人效仿，但不會因此而自滿；即使富有天下，也不會為自己蘊藏財富，給天下布施恩惠之時，不會忽視貧窮之人。這樣看來，賢人是那些具有儒士的道德修養，且能夠掌握較大權力和較多財富，能夠影響大眾、建立世俗功績的人。

「五儀」之中的最高一級是大聖。大聖之人，其思想貫通大道，能夠應對一切變化，並對萬物的本性和表現了如指掌。通達大道、明辨情性的大聖，能夠上知天文，下識地理，其行為做事，是普通人無從了解、無法評判的。可見，最高層次的大聖，其智慧和才能遠遠超乎眾人，他們掌握的是人類大方向，普通人不可能理解，也沒有必要理解。

荀子所述三階段或三境界，以及四類或「五儀」之說，其分析的角度和用詞都是儒家傳統的，只是內涵有所不同罷了。從普通角度去看，無非是上、中、下三檔。但是，隨著荀子思想的提高，他強烈地意識到人群當中最上和最下等是相對不變的，而最難把握的還是中等之人。中等之人人數多、變化大、可塑性強，所以，荀子最終不得不把中等之人多次細分。當然，這種不同並不是與傳統儒家思想的不同，而是具體落實不同，即究竟什麼樣的修養應該落實在什麼等級的人的身上，荀子有著自己的理解。但不管怎麼理解，成功的修身之道始終是儒家式的。

需要強調的是，在孔子和孟子那裡，對於儒家修身境界的認識和定義，雖然有一些不同概念，但並沒有分出高低層級，更沒有對於某一概念，比如君子，再作更細緻劃分。之所以在孔子和孟子那裡保持這樣的格局，與現實中社會成員的複雜程度有著最直接和最重要的關係。特別是在孔子時代，社會分層基本上是明顯的上、下兩層，所謂社會精英階層人員較少，變化也相對固定；可是，到了荀子時代，先秦時期的社會動盪達到極致，除了社會上層和下層之外，社會中層人員的數量和複雜程度絕非孔子、孟子時代所能想像，僅用君子之類的概念加以描述，顯然力不從心，基本不能說明問題。在這種情況下，荀子以其現實主義精神和敏銳思想能力，毅然把社會中層做了更為細致的劃分，不僅將士與君子相分離，而且把士和君子自身也予以分疏，甚至還加入了賢人之類的新概念。後世之人未必完全接受荀子的看法，況且荀子看法本身也不固定，但從中應該體會到荀子對於社會現實的全面觀察和深入思考。

論聖人、仁人

在《荀子》中，荀子對聖人的推崇和褒揚隨處可見，由此證明荀子對聖人治世是多麼的渴望。同時，荀子對仁人的肯定也是非常明確的。這樣就產生了諸多問題。什麼是荀子認為的聖人和仁人？聖人和仁人在荀子的思想中有什麼同異？

對於聖人的定義，在孔子那裡如同其他概念一樣，也是一種相對和間接的表述。在孔子看來，聖人是比仁人更高的修身境界，所以聖人高於仁人。另外一個特點是，聖人一定得是擁有世俗最高權力的人，在道德修養達到天下一流的同時，還有條件在物質上施惠於全天下之人，而仁人的重點則在於修身的崇高境界。另外，儘管弟子們認為孔子是聖人，但孔子明確否認。很顯然，孔子並沒有達到能夠在物質上惠及天下的世俗高度。

在孔子那裡，聖人的境界至高無上，然後才是仁人和君子。荀子也持有這樣的觀點，只不過是說得更加清楚明白而已。荀子對於聖人的描述及尊崇，更多出現在荀子關於大治之世的理想願景中，而對於聖人的單獨定義和描述並不多見。在不同上下文中，荀子對聖人也有不同定義。這些定義的主體是一致的，但也各有側重。

從禮的角度來看，荀子認為，禮的功用是正身，即端正人的行為。那麼，禮是怎麼產生的呢？作為個人又是如何能夠學到真正的禮呢？荀子認為必須要有老師或師長的存在。人要做到禮怎麼要求就怎麼做，這就把人交給了禮，安心於禮的要求；人還要做到老師說什麼就說什麼，這就說明你明白了誰是你的老師。做到了上述兩方面要求，荀子認為就是聖人了。乍看上去，對聖人的如此要求並不高，不過就是兩項，但這兩項之嚴厲，卻是越想越難的事情。

聖人無論是日常生活，還是其他方面，都是井井有條；對自己嚴格要求，非常自律；秉持樂觀態度，不會有任何危險；有充足的理智，其理性精神盡顯無遺；分門別類看待事物的運作，思路非常清晰；外在表現有禮有節，按部就班；對於他人之善，感到由衷高興；對於他人不當言行，則表現出深深的憂慮。

為什麼聖人能夠做到以上要求呢？荀子強調說，聖人之道源之於「一」。「一」字的哲學意蘊是整體性、統一性和耐久性的意思。聖人之道，就是儒家的思想學說。聖人堅持儒道不動搖，既證明了聖人的品格，也強調了儒學的正確性。聖人與儒道是一而二、二而一的關係，相互依存，不能分離。荀子的定性是，聖人是儒家大道之「管」。此所謂「管」是「管樞」之意，即樞紐和關鍵所在。儒學的管樞，就是天下大道的管樞。自古以來的王者之道就是聖人及其儒學，那些傳世重要經典更是有賴於聖人的傳承。由此看來，聖人就是人類文明的關鍵，是人類社會的精華。

聖人是如此偉大，那麼，聖人是怎麼產生的呢？換句話說，其他人，甚至普通人，能夠成為聖人嗎？荀子提出的答案是，不斷地累積土石，就能成為高山；不斷地彙聚水流，就能成為大海；不斷地積攢每一天，就能夠達到一年之數。倒下第一筐土的時候，看到一條河流的時候，很難想像大山和大海的模樣；開始一年之中的第一天時，也許會覺得一年還是個遙遠的數字。可是，等到堅持不懈地完成積累再回頭看的時候，就會發現不斷累積的強大力量了。因此，荀子才說，即使是那些普通老百姓，只要不斷地累積善行，達到必要的高度時，就會成為聖人。反過來講，每一位聖人，都是累積其善行的結果。

事實上，不僅聖人，任何一種人，甚至一種職業、一件事件，都是累積的結果。不斷地努力耕種才能成為合格的農夫，不斷地到處交易才能成為合格的商人，同理，不斷地累積合乎禮義的事情，才能修養成為君子。確定方向是第一步，而只有堅持不懈地去做，才能保證成功。用荀子的話來理解就是，任何事情的完成、任何類型的人的成長，都不是天生如此，而是不斷累積和艱苦磨練的結果。

荀子五十歲離開家鄉，遊學天下，並成為一代宗師、萬世楷模，就是積累的結果。有過五十年不懈累積，荀子思想才能那樣明晰、那樣堅定，以至於在隨後歲月裡，盡管有百家思想的衝擊，有像秦國那樣的以法家之道治國產生的巨大成效，也沒有使荀子放棄儒家主張。正是有了累積，荀子對於儒家思想才有了練達的掌握，才能在複雜現實促動下，進一步修正和發展儒家之學，使儒家思想更具現實有效性，從而在秦漢之後逐漸成為中國社會的主流意識形態。

對於聖人和仁人，荀子有時分開述說，有時則合而敘之，這其中的原因是相當複雜的。

事實上，孔子更多的是談仁人，很少談及聖人，而且，孔子論仁、論仁人，重點在於道德修養的境界，不多涉及仁、仁人與具體某種事務、某類事情的聯繫，即不去說仁人適合做什麼、能夠做什麼、能夠做成什麼。孔子心目中的聖人是修養最高且必能成就事業的人，而仁人則是側重於崇高修養的人，比如說孔子的得意弟子顏回，孔子曾許之以「三月不違仁」，即能夠保持仁者的境界一段長時間，然而顏回的一生只是一位貧窮布衣，未曾做過任何實際事務，更不用說建功立業了。

到了荀子時代，由於時勢混亂至極，急須整治，於是，在儒家內部，聖人的功業更能夠吸引人們注意，也更具有現實性。在這方面，荀子的論述集中在兩個主要方面：一是對聖人品格的敘說，二是在對現實政治功業進行評價時，把聖人之政或王者之政置於最崇高地位。換句話說，一方面是探討聖人的道德境界，另一方面是推崇聖人功業。在荀子思想中，這兩個方面是一個整體。

荀子對於仁人和聖王的美德有具體描述。他說，信任應該信任的，懷疑應該懷疑的，這是守信的表現。看重賢人，輕視不肖之徒，是持仁的表現。當說的時候則說，不當說的時候不說，是智慧的表現。不管是多說，還是少說，只要嚴守法度，就都是聖人、君子的表現。說的很多，但卻不合法度，即使聽上去很有道理，也是小人的表現。荀子對仁人和君子的如此描述，始終是以大道和原則為準繩，反映出荀子思想的理性主義精神。

聖人的品格是，高貴卻不驕人，聖明卻不困人，迅捷卻不搶先於人，勇敢卻不傷害他人。遇到不知之理、不知之事就去請教別人，不能做到的時候就向人學習，即使有能耐也會禮讓別人，然後才去獲得。侍奉君主的時候遵循臣下之義，與鄉人相處的時候講究長幼之義，在長者面前遵守子弟之義，與朋友相交奉行辭讓之義，遇到地位低下者就表現出足夠的教導和寬容之義。總之，聖人的處世原則是，無人不愛，無人不敬，無人可爭，心胸恢宏，包容天下萬物。荀子的這番描述，雖然在言語的氣勢上不同於孔子和孟子，但其思想基礎依然是儒家的原則和胸襟。

仁人以其崇高的道德修養，如果機會合適，當政者誠心任用，同樣可以做一個勝任的政治家，同樣能夠建功立業。

一方面，大凡是攻擊別人或別國者，一般是有三種原因，即為名、為利，或者發生了讓攻擊者感到憤怒的事情。

另一方面，仁人治理下的國家，會修養國民和國家的思想，端正其舉止行為，宣導崇高的事業，做出忠信之事，做事有理有節。

那麼，如果達到了仁人的修養，即使是布衣之士，生活在貧民區，王公貴族也不能跟他們爭名；如果讓他們掌握一國之政，全天下也無法遮蔽他們的名聲。他們的名聲是公認的，沒有任何為名的人會去攻擊這樣的仁人。

如果說要加強戰備，帶領大軍攻擊遠方敵人，這是仁人不會做的事情。可是，如果說治理一國內政，迎擊敵人進攻，對於仁人來說則如同拔麥子一樣簡單。這樣一來，敵手不能從中獲利，當然也不會主動發起進攻了。

國與國之間的憤怒，通常是大國對待小國的態度；可是，如果讓仁人主持小國之政，就會明白強弱大小的道理，對大國表現足夠的恭敬，貢獻適宜的財貨，派出適任的使節。這樣一來，即使大國原有的憤怒也會化為烏有，當然也就不會進攻小國了。

仁人治理下的國家，沒有人會因為名、利和憤怒發起攻擊，這肯定會是一個安全的國度。這樣的國家，別國都有動亂的時候，仁人卻治理得很好；別國出現危亡的時候，仁人治理的國家卻很安穩；別國都在喪失土地和人民的時候，仁人會很安詳地趁機去幫他們治理。一旦仁人掌握了一國之政，不僅會治理好這個國家，還會影響和兼併其他國家。

聖人和仁人都是人類最崇高的道德標竿。如果說聖人是道德水準和政治功業兼具的話，仁人則更偏重於道德修養。聖人必須建功，仁人則兩可。聖人必是仁人，仁人未必是聖人。仁人以其道德修養著稱，如果有合適的機會，在政治上也能達到聖人的高度。

論士人、君子

與論聖人、仁人相比，荀子對君子和士人更加重視，因為前者畢竟有諸多理想化成分，更多的是人們的願景。但是，真正能夠影響社會生活的，或者說更貼近現實的，是士人和君子。

（1）士和仕士、處士

「士」字在甲骨文中未見，在西周早期文字中才開始出現，其造型是一柄利斧，而斧則是權力的象徵。「士」字最早是指武士，由武士之威武引申為「士師」，即執法之官。在西周社會上升時期，「士」由武官或法官而泛指官員。

隨著周王朝社會轉型，武官和法官的意義逐漸喪失，但「士」的基本意義卻沒有輕易喪失，這一基本意義就是尚武精神，勇氣和氣概。到春秋戰國時期，舊時代的武士漸漸消失，「士」泛言一般意義上的有才能和有修養之人，進而專指後世所謂知識分子。一方面，「士」都是受過教育的，當他們在周朝廷上無法以「士」的原有身分和地位存在時，其中一些人無疑會以文化之道謀生；另一方面，這樣的知識分子中確實不乏既有勇氣又有毅力的人。

顯然，從「士」之意義的變遷，足可以從一個側面看到周朝社會的變化。「士」階層的地位升降，以及「士」字之意義的變化，在東周以來的文獻中尚可看出。在《論語》中，「士」的意義明顯正在向著最後的意義邁進，在很大程度上可以說，正是孔子及孔門對「士」的重新定義，才使「士」的新的價值和意義得以普及於世。

在孟子思想中，士人已經成為純粹的知識分子，而且是有見識、有勇氣、有擔當的知識分子。從孔子開始到孟子，儒生心目中的士人已經成為一個明確的社會階層。到荀子時代，這個發展過程更為定型化，所以，荀子對士人就有了更全面深入的了解和定義，並對士人做出了種種不同類型的劃分。

如前所述，荀子把修身分為三個層次，或者說把修身者定義為三種類型的人格。從荀子的定義中可以看出，所謂「士」，也可以稱之為士人，是能夠依照禮法而行的人士。所謂「君子」，不僅能夠依照禮法而行，還能對禮法予以整體掌握，並把禮法推廣到社會之中。所謂「聖人」，是在「士」和「君子」的基礎上，對禮法能夠有所發明和推進，並且是持續不斷地進行。

士人整體上講是「好法而行」，但就個體而言，他們還是有所區別的，荀子把他們分為四類。

愨士。所謂「愨士」，就是端愨之士，是那種行為端正而踏實，內心誠實而堅定，能夠嚴格要求自己的人士。他們平常的言和行，都能做到謹慎而守信。他們既能避免效法流俗之人、流俗之風，也不敢過度肯定自己的行為。顯然，這是儒家所說做人的最基本要求，既嚴格要求自己，又不敢把自己看得很高。

直士。所謂「直士」，就是正直之士。與「愨士」相比，「直士」已經進入了現實政治領域，而不是僅僅停留在個人修養上了。在儒家看來，從事政治，為社會做貢獻，是個人道德修養的歸處。具體說來，在面對在上者、面對君主的時候，如果自己有長處，甚至有功業，卻沒有被君主知曉，直士是從不怨恨的；如果自身有短處，甚至犯了錯誤，即使沒有被君主發覺，也不會去領取相應賞賜。這就是說，無論是長處，還是短處，正直之士都不會去掩飾，而是每時每刻都以實情呈現。這是起碼的政治品德，但重點還在於個人得失方面。

公士。「直士」是對儒家從政者的起碼要求，再往上的要求就是「公士」了。在古代君主制下，在上者與在下者的關係相當複雜。儒家「公士」不會勾結在下者去蒙蔽在上者，也不會巴結在上者去嫉恨在下者，即使與人有紛爭，也不會以私害公，所以稱為「公士」，公正之士。公士已經超越了個人得失，上升到了與他人，特別是與在上者的相互關係上了。

通士。尊君愛民，是儒家從政者的最高要求。在自己的位上，有事情出現了，能夠起而應對，繼而妥善辦理，就是荀子所說的「通士」，通達之士。政治上的通達，是儒家士人從政的最高境界。通達之士既能夠妥善應對君主，還能夠造福於大眾，也是荀子心目中士人最高的從政追求。

需要指出的是，士人的境界由低到高，所謂最高的「通士」乍看上去已經到了做人的頂峰，其實不然。這是因為，士人只是簡單的中規中矩之人，他們只能遵循儒家基本規範，但並沒有吃透儒家思想整體，更不用說能夠明白儒學的所以然了。所以，士人只是一個能夠把自己約束在最基本個人操守上的人，在現實政治中則是基層公務人員。他們的行為表現雖然已經相當可貴了，但距離儒家的全面要求還有相當距離。

如同那個時代所有的思想家一樣，荀子的最高追求依然是現實政治。他定義的士、君子、聖人，也是把人生修養集中表現在現實政治之中，而不是簡單的獨善其身。所以，荀子就又換一個角度，從仕與不仕的角度區分了兩種「士」，即仕士和處士。

合格的從政士人，應該具有以下美德：稟性善良，善於組織，注重民生，排斥惡人，以理服人等。沒有資格從政的士人，則有以下惡行：不講禮義，言行沒有規矩，貪圖個人利益，人際關係很差等。雖然古今之仕士者區別明顯，甚至正好相反，但整體的層次並不算高，這與士與君子和聖人的不同是有關係的。

不用說，當荀子放眼現實時，作為士人整體，並不是每個人都能得到從政機會，且不說從政時的順利與否。這些沒有機會從政的士人，當時稱之為「處士」。「處」是原地不動的意思，即安於時勢、安靜等待時機之意。後人形容戰國時代的思想界為「處士橫議」，就是說那些不在官位的士人們隨意評論各國政治，高談政治見解，力圖對時勢有所影響。

同是處士，在荀子眼中也有古、今之分，優、劣之別。處士之優者，道德高尚，心思寧靜，約束自身，知天認命，並把這些正確的東西表現出來。處士之劣者，沒有能力卻自稱有能力，本來無知卻自稱有知，貪婪不已卻裝作一無所求，行動險惡卻自稱為人實在，並自我辯護說，這是以不落俗套為習慣，所以才有意與眾不同。

荀子是那個時代的鬥士，言行持守原則，而在批評那些應當批評的人物和事物時，總是能夠毫不留情地擲出投槍，以近乎刻薄的語言正中要害。在這一點上，只有他的學生韓非繼承了荀學精髓。讀著《韓非子》中那些真正出自韓非之手的政論文，大聲誦讀著文中那些犀利的句子，上述荀子形象會躍然眼前。

(2) 君子和士君子

從孔子開始，在傳統儒家的修身之路上，就被描繪或定義出各種境界，其中，從社會現實的角度來看，「君子」在修身之路上達到的境界最為引人注目，影響也最為廣泛。在孔子看來，君子是既有成熟的道德修養，又在現實政治中卓有成就的人物。「君子」一詞的本義就是「國君之子」，起初只是對那些具有相當高的社會地位的人物的稱呼。也正是因為他們具有很高的社會地位，也才有可能在禮儀修飾、行為舉止方面接受良好教育，至少在外在行為方面中規中矩，看上去比普通人更有修養。但是，在孔子看來，僅有外在的合乎規矩的行為舉止是不夠的，真正的道德修養是由內到外的、全方位的。正是在孔子時代，那些擁有高層社會地位的人，在他們的漂亮舉止之下，表現出的是對普通人的欺壓、對政治秩序的危害、對道德原則的踐踏。孔子下決心重新定義君子之行，寧願把君子的稱號給予內外皆修之士，而不僅僅是擁有社會地位的人。這樣一來，孔子的「君子」就從其最初對「國君之子」的特指，逐漸轉向了對於把修身放在首位的人士的褒獎。在《論語》中，「君子」就是道德修養合乎儒家標準的人。到孟子時代，「君子」一詞又由內外俱佳者的稱號，逐漸專指在道德修身方面達到崇高境界的人士。

荀子極度推崇傳統儒家的君子之道、君子之行，並在自己的著述中從不同角度，在不同背景下論述了他心目中的君子之行。根據荀子對於士、君子和聖人的區分，「君子」的境界正處在士人和聖人之間。聖人的境界相當高遠，能達到的人少之又少。士人境界有低有高，基本的士人標準，甚至一般人稍有所學就能達到。只有君子之人，既超越了士人，又不像聖人一樣渺不可及，正是人群中應有的現實典範。所以，荀子把對修身的認識重點放在君子身上，也就是自然而然的事情了。

對於君子的定義或君子內涵的說明，荀子採用的也是傳統方法，即只歷數哪些長處屬於君子，而不是說君子是什麼。因為前者的邏輯是相對開放的，即君子的長處是無窮無盡的；而後者的邏輯則是相對封閉的，一旦說君子是這個樣子，就不能是那個樣子了。

荀子認為，總結起來，君子的長處有如下幾項：思想端正，內心誠實，做兄順，做弟悌，喜好學習，謙遜審慎。

有節制地取利，以遠離災禍；謹慎地避開容易取辱之事，但要勇敢地追求真理。

君子即使陷於貧窮，也要保持高遠志向，目的是推崇仁義；即使身處富貴，也要保持謙恭之態，目的是避免以勢壓人；安逸的時候不鬆懈，因為始終要遵循天理；勞累疲倦的時候不失態，因為有著良好修養；發怒的時候不過度奪取，高興的時候不過度給予，那是因為，在君子身上，原則勝過了私利。

很顯然，君子是以天道、禮義和法則嚴格要求自身的，這與荀子始終遵循的理性精神是一致的。他說，君子之人，行為要追求高雅，言語要追求明察，名聲要追求遠傳。但荀子強調說，對這些追求不能片面理解，不會為了難而難、為了察而察、為了傳而傳，而是要把握一個「當」字，達到恰當、適當。所謂的「當」，就是天道、禮義和法則所允許的範圍。

君子之「當」是如此重要，荀子在講述道理的同時，還以例引申之。據記載，商朝時曾有一位賢人申徒狄，因為痛恨世道混亂、大道不行，進而憤懣不已，最終負石投河而亡。一般人都很表揚這位賢士，認為他有著難能可貴的堅持道義的精神，但荀子不這麼認為。在荀子看來，世道混亂固然是一個人難以改變的，但只要不懈努力，多少還是能夠做出積極貢獻的。所以，他認為申徒狄的極端做法並不符合禮義要求。

在言語表達方面，荀子時代有著名的名家或稱名辯家，因為提出了一些在一般人看來不符合常識的哲學觀點而名聲大噪。比如他們認為，如果站在足夠高的地方往下看，高山和深淵是在同一個平面上，沒有高低之分；他們還認為，嚴格說來，雞蛋是長著毛的，因為雞蛋孵出的雞是有毛的。這些觀點，從哲學上講是能夠講得通的，並且有趣的是，也能夠為今天的科學觀點所證實。但是，在當時的荀子看來，人們固然難以駁倒名家的類似說法，但這些說法於事無補，毫無實用價值，更不在禮義要求的範圍之內，所以，君子並不以為可貴。

說到人的名聲，荀子舉例說，春秋末年的盜跖，聚眾山林，與諸侯為敵，博得了很大名聲，甚至達到了與大舜、大禹的聲名一同被民間廣為傳唱的程度。但是，荀子強調，僅有知名度或名聲並不足以說明問題。盜跖凶貪，為害於世；舜、禹勤勉，有功於民。所以，即使有同樣大的名聲，君子也不會像稱頌舜、禹一樣地稱頌盜跖，因為盜跖的行為是不符合禮義的。

因為原則或禮義是君子的唯一堅持，所以，荀子豪邁地說，君子心地坦蕩，與世俗之人是不同的。具體說來，認識一位君子並不難，但要跟他深交就有難度了，因為他對別人也是講原則的。君子做事小心翼翼，但卻並不懼怕別人的無理威脅；君子不願意惹麻煩的，但是為了大義，卻是連死都不怕的；君子並不反對獲利，但非法得利之事卻從來不去做；君子也會與人親近，但卻不會喪失原則；君子也是要跟人辯理的，但卻不會強詞奪理。

荀子眼中的士和君子的品格在許多方面是重合的，在某些外在行為方面甚至是無法分開的，所以，荀子有時也會把士和君子的修養結合起來，極贊所謂「士君子」，只是他的重點還在於君子。士人雖然在外在行為方面可圈可點之處很多，但在內在道德修養方面總是無法與君子相提並論。不過，著眼於現實，正如孔子經常感歎的一樣，多數情況下很難找到理想人格，更多時候只能是達成降低一等的目標。這也可能是荀子使用「士君子」一詞的原因之一吧。

在內在品德方面，士君子能做什麼，不能做什麼，荀子從三個方面加以考量。

第一，能做到可貴的高度，但不能強求別人因此而看重自己。士君子能夠達到道德修養所要求的高度，但並不是每個人都看重這樣的高度，也就不能強求每個人都看重自己。讓士君子深感羞恥的是自己達不到修養的高度，而不是別人對自己的汙蔑之語。

第二，士君子能做到有資格被人信任，但無法強求別人都信任自己。這也是說，士君子只能嚴格要求自己，卻不能也沒有必要去強求別人。讓士君子感到羞恥的是自己達不到值得被人信任的程度，而不是別人不信任自己。

第三，士君子能做到被人任用，但不能要求人家一定要任用自己。所謂能被任用，就是其德其才能夠做一個合格從政者。但現實是複雜而又無情的，有德有才者未必能夠得到從政機會。

荀子強調的這三項做人原則，應該是他人生經歷的總結，來自他一生中奮發修養、汲汲從政過程中的思想所得，當然也是他的人生追求。正是源之於自己的經歷和思想所得，荀子才能發自內心深處地總結說，真正的君子，一定是不為聲譽所誘惑，不懼誹謗和恐嚇，直道而行，端正自己，始終不能被外在利益所左右。從他豐富的人生閱歷中，荀子看到，人的是是非非，根本上講是源自外在利益的驅策。他堅定地說，只有超越了外在利益，才會成為真君子、士君子。

關於君子的品德，荀子也使用了一些非常生動的說明手法，比如借用孔子與弟子們交流思想的場景。這樣的故事未必為真，但述說此類故事的人對於孔門弟子頗有了解。

子貢在孔門以善於思考著稱，他提出的問題通常都很有分量。這一次，子貢問的是，君子為什麼看重玉而輕視珸？難道是因為玉太少而珸太多的原因嗎？子貢提到的珸是一種石頭，看上去像玉。

不用說，孔子馬上明確否定了子貢的答案。在孔子看來，君子看重玉，是因為玉的內在特質與君子的道德修養有相似之處。玉有色澤溫潤的特點，這很像是君子的仁厚表現。玉的文理縝密，如同君子的智慧。玉很堅硬，像是君子守義一般。玉雖然有稜角，卻不傷人，好像君子的行為一樣。玉不能被彎曲，就像是君子的勇敢正直。玉有瑜有瑕，但卻瑕不掩瑜，表現君子有人情味兒的一面。叩擊玉時，會聽到清揚之聲悠然遠去，然後斷然停止，就像是君子的言辭一樣，該說的時候能說清楚，該停止的時候馬上停止。

在古代，特別是先秦時代，知識分子如果要生存，除了從政，是沒有其他選擇的。特別是君子之人，在孔子定義中，就是有修養、有社會地位的人，所以，君子本身就意味著從政。不過，也是由於從孔子開始就特別強調君子的道德修養，所以，此後對君子的定義，就開始往個人修養方面傾斜，經過孟子等人的強調，似乎有沒有社會地位、有沒有官職，對君子是可有可無的事情了。但是，在荀子這裡，君子的內涵又開始向孔子時代回歸，君子不僅有修養，還有必須實現的政治抱負，所以，君子的政治理念和政治行為，是君子的定義中必不可少的內容。

在中國古代專制政治體制下，用人的問題是根本問題，而從君子本身的角度來看，能不能被任用、如何才能被任用，同樣是根本問題。荀子指出，君子能夠做到有德有能，成為有價值的從政者，但卻不能讓君主或當政者一定看重自己；君子能夠做到具有治國理政的才能，但卻不能讓在上者一定任用自己。這是君子面對政治現實時必須具備的起碼認識。儘管有如此的艱難，儘管君子並不能左右自己的政治前途和命運，但是，一旦被任用，就會增加在上者的榮譽，減少在下者的憂慮，必能以其真才實學建立功業，讓任用他們的人和追隨他們的人都能放心。從反面來說，君子認為，沒有才能而居其位，就是誣妄者；不能做出有益於上下的事情還要接受名和利，相當於是竊取者。

荀子對君子治國的這份自信，就是源於他的道德思想和政治主張。著眼於現實，在荀子所見到的實際治國過程中，理想中的聖王和仁人基本上無法遇到，所以，要想使社會走上軌道，或者不出現大的閃失，更重要也更現實的選擇是使用好士君子階層的政治資源。孔子和孟子的政治思想更多的是討論治國理政的大方向，而只有到了荀子這裡才大量地討論了儒術如何解決實際政治的問題。在當時政治背景下，選人用人是第一位的，而選擇士人、君子這些實際政治中的中堅力量更是重中之重，所以，荀子對士人和君子的重視就顯得非常重要了。事實上，荀子對於士人、君子在治國理政中的技術性強調，對於此後中國古代社會士大夫階層的形成發揮了重要的引導和促進功用。

在中國古代家天下的專制政治體制下，至少在理論上講，或者多數場合，是君主一個人說了算，用什麼人與不用什麼人，特別是用誰不用誰，往往是君主個人就能決定的事情，這就造成了在用人上的相對隨意性，從而在從政者的感覺中，就有了用與不用、遇與不遇、通與不通、窮與不窮這些在中國古代政治傳統中特有現象的名詞。這個問題，在孔子時代就有，到荀子時代表現得更為強烈，所以，荀子對此也有很多探究。在講到君子的生活品格和政治品格時，自然也少不了對於這個話題的探討。荀子利用孔子的一段經歷，即周遊列國途中所遇到的困頓之時，設想了孔子與弟子子路的一段對話。

周遊列國後期，孔子曾經接到過楚昭王的邀請，打算前往楚國。沒想到在途中遭遇困頓，在多達七天的時間沒有吃過像樣的食物。子路性格直爽，不由得提出一個重大問題。常人認為，善人得福、不善人得禍，而在子路看來，孔子「累德、積義、懷美」，而且還能長久堅持，為什麼還會遭此極困？對於如此艱難的問題，孔子除了列舉古代那些公認的善人所遭遇的困境之外，還從理論上闡述了這個問題，既抒發了情懷，又消解了子路的困惑。

根據荀子陳述的孔子觀點，對於君子來說，在政治上能否得到在上者的知遇和任用，那是時機的問題，孔子有時表達為天命，即各種條件是不是具備的問題。但是，一個人是不是有德性、有才能，那就是自身的問題了。這也就是說，君子只能決定透過自己的努力而達到博學深謀，

並不能決定是否被知被用。換句話說，君子之人自己能夠決定的事情是：博學、深謀、修身、正行，然後等待合適的時機。這正如後儒所總結的：盡人事，待天命。

君子與小人之別

荀子一生遊歷天下，由三晉東向齊，然後向南入楚，還曾經到秦國考察，並北上燕國，也就是說，所謂戰國七雄之地，荀子都有過親身觀察和體驗，更不用說與社會上各個層次、形形色色的人物都有過往還。根據親身經歷、親自交往，荀子深刻體會到了小人的害處，這才聲色俱厲地譴責小人和小人之行，並以酣暢淋漓的文字表達出來。

對君子之行的最大威脅是小人之行。孔子不斷強調君子與小人的區別，所謂「君子喻於義，

小人喻於利」、「君子坦蕩蕩，小人長戚戚」等，更是耳熟能詳的格言。這就說明，在孔子時代，如何看待君子與小人的對立就已經是儒家道德修身進程中的一個重要課題了。

荀子繼承了孔子的道德關懷，在任何地方都不會忘記把君子與小人相區別。事實上，只有認清了什麼是小人，什麼是小人之行，才能更確實地認識君子，把握君子之行。對此，荀子主張以「能」與「不能」來區分君子與小人。所謂「能不能」是一個綜合說法，包括會不會、行不行、通不通等方面的含義。在荀子看來，人的修養和品德，在能與不能所造成的結果上，有著生動體現。當君子有能力的時候，就以寬容心態幫助別人；沒有能力的時候，就會虛心向別人學習。小人則不然。小人有能力的時候就驕傲待人，有能力的時候妒賢嫉能，誹謗他人。在與人相處過程中，君子沒有能力的時候，人們就會以向君子學習為榮；沒有能力的時候，人們就會樂於告知君子，以期君子加以改正。小人呢，有能力的時候人們則以向其學習為恥，沒有能力的時候則羞於告知他們。

荀子肯定道：「君子，小人之反也。」君子在所有方面都與小人正好相反。從大的方面來說，君子敬天尊道，小人傲慢暴虐。從小的方面來看，君子以義而行，有所節制，小人則缺乏底線，一味地向權勢靠攏。君子與小人的區別在於後天道德修養，而並不在於性格或才性等先天方面的不同。智慧者明理而通達，愚鈍者誠實而守法，被知用則恭敬而不放縱，不被知用則守節而不抱怨。不論喜和憂，君子都能安和沉靜地加以對待。仕途通達時努力奉獻，不通達時則束身安詳。與君子相反，小人因為大方向上的錯誤，智慧者會變得貪婪不已，愚鈍者就會賊害為亂。被知用時無所顧忌，不被知用時怨恨而偏激。高興的時候不知所以，憂愁的時候一蹶不振。通達的時候驕橫無度，不通達的時候則自暴自棄。

荀子也從天人關係的角度區別了君子與小人。他說，大自然不會因為人們不喜歡寒冷就停止冬天的出現，也不會因為人們不喜歡距離遼遠而縮短距離。聯想到人世間，荀子強調，君子也不會因為小人的抱怨或其他惡言惡語而停止君子之行。

如果說天道對人有什麼影響的話，在荀子這裡，只是從天道的永恆不變聯想到君子之行的永恆不變。天地有其永恆不變的大道和規則，君子也有其永恆不變的行為規範。君子的行為規範不會因為環境和際遇不同而改變，但是，小人的行為則完全受眼前利益左右，既不崇高，也不恆定。

荀子說，君子真正關注的是自我選擇，而並不羨慕那些能夠天然得到的東西。小人相反，他們把自己的選擇放在一邊，而只羨慕那些天然賦有的東西。結果就是，君子天天進步，小人日日退步。君子進步和小人退步在道理上是一樣的。同樣，君子與小人之所以相距甚遠，原因也是一樣的。

儒家本位的禮義之道

傳統中國是一個禮治社會。先秦儒家思想中，禮是落實其思想的具體表現。在集中體現孔子思想的「仁、義、禮、智、信」的「五常」之中，禮相對更具有形式性他和我我是個人口問題能提供，可以說是其他「四常」的載體。具體來說，禮有禮儀、禮教、禮法等不同側重面，禮儀之中含有禮義，禮教針對個人修養，禮法針對社會治理。

在整體傾向上，中國古代社會確實重禮勝過重法。這種特色主要是由中國古代農耕社會的特點決定的。農耕社會的生產力相對低下，物質財富的生產能力有限，社會成員流動性程度也很低，社會關係的穩定性相當強烈，這就使得禮義對於維護社會安定更為持久有效。相對於法治而言，禮治的成本更低，效率卻更高。從這個角度來看，中國古代的禮治社會並不是某些個人的選擇，也不是某種思想單獨發生功用的結果，更不是某種特殊的人性使然。

傳統中國是一個人治的社會，這樣的結論主要是源於禮治的精神。禮雖然注重外在表現形式，所謂「禮儀三百，威儀三千」，但這些約束人的行為的種種形式儘管很多，甚至不乏繁瑣，但卻並不帶有法令的明確性、強制性，而是建立在自覺性、靈活性的基礎上，強調的是人性、道德影響力。在禮治社會的原初設計中，當禮儀、禮教、禮法等能夠有效約束社會成員的時候，當然是一種非常高尚的社會發展狀況；但是在現實中，當禮的功用遭遇政治權力和特權地位的時候，卻只能屈從於當權者，禮的功用也只能服務於人治社會。

反思禮治下的中國古代社會，確實是有許多問題需要探討。中國古代的禮治思想和禮治精神，與荀子思想有著密切的關聯。

荀子政治思想整體上講是禮治思想。雖然荀子比孔子和孟子更多地強調和探討法治的功用，但荀子並不認為法治在走向仁道、王道或聖道社會中能夠發揮主體功用。在對當時最有效地執行法治的國家——秦國的考察中，荀子固然被法治的效率和效果所震撼，但出於思想家的洞察力和儒學家的人文情懷，荀子更為法治的嚴酷性憂心忡忡。

荀子的結論是：禮治是治國之本，法治是治國之術，法治必須以禮治為主導，才會造就一個公平公正和長治久安的社會。

世稱荀子「隆禮重法」，其實是以禮制法、以禮約法，最終走向儒、法並舉，儒、法協同，共同功用於社會現實。荀子的這一思想，是對中國歷史的最大貢獻。經過了秦王朝迅速走向衰亡的驗證，兩漢時期在塑造中國古代大一統形勢下的政治模式時，充分接受了荀子的這份貢獻。

對於傳統儒家之禮，荀子進行了多方面的深入思考和論述，這是其他儒家學者難以企及的。荀子的禮治思想堅持儒家本位，這既是他的政治思想的核心內容，也為儒家思想成為國家意識形態塑造了整體形態。

在荀子看來，禮是一個整體。禮不僅要表面一致，而且要保持內在整體性。這種整體性，不僅體現在禮的完成形式上，而且強調了對禮的精神的整體把握。禮不可以唯我所用，不可以一事一禮、一時一禮，而是要在任何時候、任何情況下，都要遵循禮的內在和外在要求。對於禮，普通人只知其然，不知其所以然，只知道遵守禮，不知道為什麼遵循。但是，作為制禮者的聖人，則始終明白禮的始末緣由，只有這樣，才能從根本上遵循禮、發展禮，使禮不僅具有強大的現實性，還要有深遠的指導意義。很顯然，正是由於荀子對於禮有著如此全面的理解，他的禮之論才能深刻持久地影響著中國社會。

禮的起源，制禮的目的

從事物發生的角度來看，任何事物的發生都是有原因的。中國古代的禮法，或者禮和法，其發生或起源也是有原因的。禮和法，或者任何可以稱作規矩的東西，都是對於人的言行的約束。

人是不是需要約束？怎樣約束才更為合理和有效？這是荀子論禮、論禮的起源時所要回答的問題。

(1) 禮的發生

禮是因為什麼而興起的呢？荀子的答案是，人生下來就有欲望，當欲望得不到自然滿足的時候，就不能不去主動求得。在這個求得的過程中，人們很難把握好尺寸量度，而物資供應或財富供給在任何時候和任何情況下都是有限的。以難以把握量度的欲求，面對有限供給（不管是天然所生，還是人所生產），人與人之間就難免發生紛爭與鬥爭。這種紛爭和鬥爭，在最初的時候是無序的，而無序的爭鬥必然產生混亂，當混亂無法停止的時候，人們就會陷於走投無路的境地。先王（聖人、聖王）不能接受這種混亂，就製作禮義規矩，讓人們各有其分，讓物質財富的求得各有其分。先王這樣做的目的並不是限制人們的欲求，而是解決全體人類的生存問題，滿足所有人的合理欲求。或者說，不要使人們的欲望因為缺乏物質而得不到滿足，也不要因為人們的欲望太過無度而使物質出現匱乏，進而影響社會安定。總之，要讓人們的生存欲望和物質供給之間保持合理平衡，相互促進，以利於社會安定和發展，這就是產生禮的根本原因。荀子認為，禮制有三個來源。一是天地，那是生命和本源；二是先祖，那是人類產生的本源；三是君主和師長，那是社會成立的本源。沒有天地，就沒有人的生命。沒有先祖，人們就不會來到和繁衍在這個世界上。沒有君主和師長，社會也就建立不起來。三者缺一不可。所以，禮制的內容與禮制的來源相一致，就是事奉天和地、尊重先祖、推崇君師。

（2）物質需求

荀子所說的人生來的欲望，主要是指人的物質欲求，至少是生存欲求。為了生存而要求得到物質保障，這樣的要求既是自然的，也是合理的。荀子的這一觀點是其思想學說的重要基礎。荀子對人性的理解，對法治的認識，對政治理想的追求，都是建立在人的基本物質欲求是自然且合理的，並且人類社會必須對此給以滿足的基礎上的。

人的物質欲求是合理的，並不是說人人都能把握好這個合理要求的度量。且不說能供人們所需的物質財富是有限的，就是無限的，事實上也不能滿足所有人的缺乏度量的要求，人與人之間的紛爭同樣是不可避免的。如果一直紛爭下去，人類社會必然混亂無序，人們生活在混亂和痛苦中則是不可避免的。

在這個時候，建立規矩，在規矩之下分配物質財富以減少紛爭和痛苦，應該說是人們的必然要求，只是在某個節點上，由什麼人、以什麼方式提出這種要求、實現這種要求，是人類發展史的研究者們爭論不休的問題。荀子提出是「先王」為此做出了貢獻。之所以把這個功勞給了「先王」，應該是認為先王有能力使用必要的強力手段制定和推行禮義。只不過這樣的禮義如果是合理的，大家就會接受，如果不合理，就不會得到大家的贊成和擁護罷了。

從事物發生的角度來看，禮的功用就是平衡人們的生存需要。禮既要讓人們獲得相當的物質以保證其生存，又要限制人們沒有量度的欲望。荀子斷言，「禮者，養也」，就是把禮要保證人的生存的物質需求放在首位。沒有物質條件保證，人類的其他追求都不可能實現。荀子的這個「養」，最基本的有「養口、養鼻、養目、養耳、養體」等幾項具體要求，包括了衣食住行所有方面。「養口」是說要吃好，「養鼻」是說食物的味道要好，「養目」是說住的地方要有裝飾、衣著要賞心悅目，「養耳」是要聽音樂，「養體」是要坐好車、住好房子。這些方面，都是人們的合理要求，都是禮要保障的內容。

強調基本生存的「養」，是就邏輯的禮的產生而言的，因為生存是人的第一需求，也是所有生物的共同需求。這樣的「養」，還有一種說法，就是「順人心」。

禮並不是無理地強加於人的外在東西，而是發自人的內心，是仁義之人的內在要求和自然流露。大體上講，禮的功用就是節制和修飾，因為擔心人的過度高興和哀痛，就制定禮來修飾和節制，這顯然是適中的態度，捨此則容易出現種種流弊，正是在此意義上，才說禮是順應人心的規定。就算是傳統儒家所推崇的記載禮法規則的那些經書，其中的規矩也並不是憑空而來，而是源於實際生活的合理需求，特別是在衣、食、住、行方面的要求，更是以適度美觀、食品衛生、住所舒適、出行快捷安全為根本出發點。

（3）精神需求

人畢竟不是普通生物。人在滿足了物質需求之後，還要有精神需求、社會需求。既然禮的目的是養人，那就不僅要有物質之養，還要有精神之養，這是人區別於其他生物且又高於其他生物的關鍵所在。

人在面對死亡威脅時要保持節操，這才是養護生命，因為人的生命的價值並不是一味地長生不死。人如果只是為了長生而活著，必然會是無所不為，遭人唾棄，這樣就是真正的死亡了。人在必要的時候要有所付出，這才是真正的養護財富，因為沒有付出就不會有收穫。如果一切以利為計較，必然會損害他人、損害自己。

人要表現出恭敬辭讓，這才是養護安逸，因為對他人彬彬有禮，才會被尊重。如果懶惰無禮、苟且度日，遲早會危及自身。

人要表現出禮義節制，這才是養護性情，因為按照禮義行事，在社會中才能順暢而行。如果一味追求身體快樂，就會害死自己。

荀子的結論是，如果完全用禮義要求自己，人就會兩全其美，物質和精神享受全部到位。如果完全以口體之娛、外在享受為追求，到頭來是物質和精神享受全部喪失。在物質滿足和精神滿足的基礎上，荀子提出了禮有等差的觀點。「禮」是為了養人而制定的規矩，但是，不同的人有不同的規矩，也有不同的「養」的方式和水準。社會地位高低不同、成年人與未成人的差別、窮人和富人的不同，都要有與他們的處境相對稱、相適應的禮。禮不僅要限制人，還要提高人；不僅是關注人的過去和現在，還要關注人的未來。也就是說，禮治並不僅僅是被動要求人們不能做什麼，而是還要主動要求人們去做什麼，以期人們得到全面的滿足和發展。

禮是治國之道

先秦諸子百家的思想，其出發點和歸宿處都是指導現實政治，荀子更不例外。荀子關於禮的重要性的闡述，最終也是落實在了治國之道上。作為治國之道的禮，在孔子和孟子的思想中也有論及，但其重要性和獨特功用卻遠遠沒有荀子論述得那麼全面，也沒有像荀子那樣把禮視為治國總綱。

荀子對禮的內容有很全面的說明，對禮的重要性更有無以復加的推崇，這主要是因為，荀子思想的中心是其政治思想，而其政治思想的核心就是禮。禮既是傳統儒學政治思想的實踐內核，又是荀子思想中以儒家政治理念主導法家政治理念的工具，甚至可以說，禮是荀子打通儒、法兩家政治思想的關鍵所在。理解了這一點，就不難理解荀子對禮的極度重視了。禮是人間正道，上自國家治理，下至個人生活，即使稍微偏失於禮，也會導致絕大的混亂甚至動亂。禮好比是國家政治的運營之車，政治運行不遵循禮，就無法前行。如同衡量之器與事物輕重的關係，墨斗與曲直的關係，不依靠衡器就無法知道輕重，不使用墨斗就確定不了曲直。如果沒有禮，國家就不會走在正道上。對於個人來說，禮就相當於鞋子，鞋子不合適，走路就不會順暢。總之，人無禮就不能生存，事情無禮就不能完成，國家無禮則不會安寧。

（1）禮是什麼

既然禮如此重要，那麼，禮究竟是什麼呢？問者說，有一種巨大之物，它不是像絲帛一樣的具體事物，卻看上去很有紋理。它不像太陽和月亮那樣能夠發光，卻為天下人提供光明。它可以使活著的人長壽，死去的人安然下葬，也可以使城池堅固、三軍強大。完全遵循它就可以稱王，部分堅持它就可以稱霸，完全背離它只能滅亡。我很愚笨，不知道這到底是個什麼事物，請聖王予以指點。

荀子回答說，在聖王看來，這個事物確實很有紋理，但卻並不會光彩照人。它雖然簡單而易於了解，但卻是最講理性的事物。君子敬重它，小人看不起它。人性如果得不到它的改造，人就會變為禽獸；如果能夠得到它的修飾，人就會變得高雅。普通人推崇它就會成為聖人，諸侯推崇它就會統一天下。整體來說，這個事物是最光明的，又是最簡約的，非常通達，卻又顧及全體。在聖王看來，這個事物就是「禮」。

就實踐層面而言，禮是人類社會的最高要求和最高境界。禮，既關乎君子與小人的區別，又關乎天下安危和國家興亡；既關乎人的外在儀表，又關乎人的內心修養；既關乎人的行為（特別是政治行為），又關乎人的思想水準，特別是人生態度；等等。可以說，禮涵蓋了人生和社會的方方面面，任何人都沒有理由輕視它。

（2）禮是約束

荀子認為，禮能夠約束一個人，不論是在前途通達的時候，還是在走投無路的時候，都能夠保持行為適度。人的思想，遵循禮則通順，不遵循禮則混亂；人的日常行為，遵循禮則溫和有節制，不遵循禮則到處碰壁；人的舉止，遵循禮則雅致，不遵循禮則乖僻而粗俗。無禮之人等於失去了生命活力，無禮之事則不會成功，無禮之國則不得安寧。

禮，是處理事務的終極手段，是強國固家的根本原則，是表現威嚴的途徑，也是建功揚名的集中表現。因此，荀子斷言，對於國家最高統治者來說，遵循禮就能得天下，不遵循禮就會毀滅社稷。與推行禮相比，強大的軍隊不堪一擊，壁壘森嚴的城池算不上牢固，嚴酷的法令也不會有什麼威嚴。荀子的如此斷言是有事實依據的。他說，楚國之兵裝備良好，行動迅捷，但卻屢戰屢敗，原因就是不走正道。楚國本有江河高山的天險，但卻難以有效抵擋秦兵的進攻，同樣是不走正道的結果。商紂王施行嚴刑峻法，但當周武王的大軍到達時，卻無法推行其號令，這也是不走正道的結果。

在古代，王者之兵使用的都是些普通兵器，卻可以讓敵對國家不用交戰就屈服；不必構建特別的防禦工事，卻能使國家安定，不必畏懼外來侵略。這沒有其他特別原因，就是因為王者能夠深明大道，公平分配社會財富，適時使用民力，真誠愛護百姓，使得在下位者能夠全面而積極地聽從在上者，然後再對有令不從者施之以刑罰。所以，只要懲罰一個人，就能夠讓天下之人服從，而被懲罰者也不會抱怨在上者，因為他們知道罪責在己。這樣一來，刑罰沒有多少，卻能使在上者的權威順利發揮功用。這一切的一切，都是因為在上者遵循大道，遵循禮去治理社會和國家。

在水道中標誌出水的深度，目的是讓人們不要走進危險的深水區。治理民眾的人也要對混亂甚至犯罪的行為做出標誌，以使人們避免做出這類事情。所謂治國之禮，就是一種標誌和尺度。先世聖王之所以治禮，就是要標誌出天下的禍亂是什麼。後人如果廢除了先王之禮，就等於去掉了這樣的標誌。結果就是，民眾因為看不到標誌而產生迷惑，進而做下了禍患之事。

（3）禮是凝聚

禮的本質是用真心愛護之力、道德感召之力、說服教育之力，使人們從內心裡遵循某種行為規則。與禮相反的做法，荀子稱之為「賞慶、刑罰、勢詐」之力。

如果人們只是為了獲得獎賞而行動，那麼，一旦見到不利的東西，見到有害的情形，就會停止行動。用獎賞、刑罰和欺詐的手段鼓勵或誘使人們有所行動，都不可能讓人們盡心盡力地去做，更不會讓人拼死去做。身為人主，對於治下的百姓，不是用禮義忠信去激勵他們，反而是用「賞慶、刑罰、勢詐」的手段強迫他們，就只能獲得一時和有限的功效。一旦國家發生重大險情，比如侵略軍來到、兩軍對壘、繁重勞役等等，百姓就會分崩離析，在下者反而會借機要脅在上者。所以，荀子明確指出，「賞慶、刑罰、勢詐」的辦法，是商品交換的辦法，不足以團結大眾、美化國家，是體面的人們羞於稱道的東西。

荀子為說明禮的終極功用而提出了「凝」這個概念。他認為，使用強力手段把一國的土地和人民兼併過來，相對來講是比較容易的事情，但是，讓兼併來的人民歸心，讓兼併來的土地永久歸我，這卻是最難的事情。人民的歸心是根本。沒有人的存在，土地是沒有價值的。

在這方面，最典型的史實莫過於趙、秦二國對上黨的爭奪。那是在趙孝成王四年（西元前二六二年），由於韓國的上黨之地（在今山西東南部）已經成為飛地，韓國無力把守，意欲獻給秦國，落個人情。沒想到上黨守將不聽君命，決定把這塊地送給趙國。趙國貪地，派出重兵把守，結果由於「紙上談兵」的守將趙括失誤，兵敗秦軍，釀成歷史上有名的「長平之戰」的大敗局。在荀子看來，這並不能簡單地認為是守將的失誤所致，而是趙國當時沒有能力「凝」住這塊土地，這才被秦國奪去。荀子在此所說的「凝」，既指管理人民和土地的能力，也指這個國家的內在力量。所謂「凝」就是指凝聚力，即人和社會的內在力量、精神價值的力量、道德水準的力量。這樣的力量只能來自禮義，不可能來自賞罰。

有力量兼併，卻沒有能力凝聚，必定讓別人奪走，甚至還會使國家滅亡。如果有凝聚能力，就一定有兼併力量。把凡是得到的土地和人民都能凝聚起來，面前就不會有強大到不可兼併的對手。商湯王當年的封邑亳、周武王當年的根據地鎬，都只是百里之大，最後卻能統一天下，讓天下諸侯稱臣，荀子認為，其原因就在於他們都有凝聚天下的能力。不用說，這樣的能力，其核心力量就是「禮」。

要凝聚士人，靠的是禮；要凝聚民眾，靠的是政令。這兩方面的事情做好了，透過修治禮儀讓士人誠服，透過平緩政令讓民眾安定，荀子把這種社會政治局面稱之為「大凝」，即最大的凝聚。一個國家達到了「大凝」，需要堅守的時候就會非常牢固，需要征伐的時候就很強大，所謂令行禁止，王者的事業也就能夠完成了。荀子心目中最高的政治成就，就是王者之政。而實現王者之政的核心，就是以禮治天下、依法治天下。

荀子生動描繪說，在天上最光明的是日月，在地上最光明的是水火，在事物之中最光明的是珠玉，而在人身上，最光明的就是禮義。一個國家，如果不把禮義放在首位，就不可能建立光輝的功名。如果說人的壽命決定於上天，那麼，國家的命運就在於禮義。那些管理人民的人，那些統治者，特別是最高統治者，如果能夠推崇禮義、尊重賢人，就能稱王；重視法度、愛護民眾，就能稱霸；如果喜好獲利、多使詭詐，國家就會陷於危難；使用權謀、只想傾覆別人、心性幽險，則只能遭遇滅國亡身了。

（4）禮有要求

禮的功用是治國，是管理社會，那麼，社會各階層究竟如何以禮行事？或者對於社會各階層，禮的具體規定是什麼呢？

按照禮的要求，君主要做到公正不偏私，對大臣不能以個人偏好劃等級，而是要公平要求、公平對待，這樣一來，人臣才能根據禮的規定對待君主，做到忠誠、恭順，做事不鬆懈怠慢。在禮的約束下，君臣關係正常融洽，充滿活力，治國便有了根本保障。值得注意的是，在禮所要求的君臣關係中，荀子認為君主應該率先做出典範，以保證人臣依禮而行，這與孔子要求的「君使臣以禮，臣事君以忠」如出一轍，表現出先秦儒家在這個問題上的明確立場。

禮所要求的父子關係是什麼樣的呢？荀子認為，做父親的對家人要寬厚，要施以恩惠，也要率先循禮而行，做人子的才會敬畏家庭和家族，並對父親表現出最大的恭順。這樣的要求父親為表率的思路，與荀子對君臣關係的要求是一致的，也反映出荀子同樣遵循先秦儒家的基本主張，即父子關係即是君臣關係的初步和縮影，君臣關係是父子關係的放大和提升。

在家庭和家族內部，兄弟關係同樣重要，兄弟關係的正常與否決定著家族和家庭這樣的社會基本細胞能否健康成長。在荀子看來，作為主動一方的兄長照例要成為表率，要以慈愛和友善對待弟弟，以使弟弟表現出恭敬和不苟且的行為。

在家庭關係中，最基本的當然是夫妻關係。夫妻關係的形成是其他關係得以存在的基本保證，沒有夫妻關係，就談不上父子和兄弟關係。夫妻關係如何，從根本上決定了父子關係和兄弟關係的狀況。那麼，荀子所要求的夫妻關係應該是怎樣的呢？荀子說，做丈夫的要使夫妻關係達到最高和諧，但這種和諧又不能是一邊倒的，不能不講原則。

從道德倫常方面講，夫妻關係要達到最高要求，首先是丈夫要表現出最高的道德水準，又要有能力處理好家庭事務。至於對妻子的要求，必須首先參照丈夫的表現。也就是說，當丈夫循禮而行時，妻子就要表現出足夠的溫順，聽從丈夫的安排，而當丈夫表現無禮時，妻子則要為丈夫擔心，同時約束自身，不能聽任丈夫的所作所為。很顯然，荀子對夫妻關係的要求，既有那個時代的特點，也有他的理性主張。不可否認，在荀子時代農耕社會條件下，女性沒有政治權力和社會地位可言，男權的地位牢不可破，是家庭的當然主導。但是，作為理性主義思想家，荀子清醒認識到，在家庭內部不可能也不應該忽視妻子以及母親的地位和功用，所以，在他主張的夫妻關係中，不僅沿用他對於君臣、父子、兄弟關係中的思路，首先強調丈夫的表率功能，同時也明確主張妻子萬不能無原則地屈從丈夫的無禮。這樣的觀點，在那個時代是難得一見的，甚至在儒家內部，從孔子和孟子的思想中，也見不到如此明確而硬朗的家庭倫理觀念。

荀子強調指出，上述要求是一個整體，從治理國家和安定社會的意義上講，不可偏廢，只能全部遵照執行。從歷史經驗和現實考量來看，這是必須的要求。古代王者正是因為全面遵循禮的要求，才能兼顧天下，行為無不適當。君子之人全面遵循禮的要求，態度恭敬而不做作，敬畏而不懼怕，貧窮之時不會無所事事，富貴的時候也不會驕橫跋扈，遇到特殊的困難也不會走投無路。

君子對於禮的態度是，敬畏它，還要感覺到心安理得，把禮的要求視為當然之事。這樣一來，對於應該做的事情，就要直接去完成，不會出現閃失；對於他人，少發怨氣，寬厚以待，不要阿諛；對於自己，要提高修養，不行詭詐；對於突發事件，要反應敏捷，不被迷惑；對於萬事萬物，不一定都知道為什麼，但也一定要盡力發揮他們應有的功能；對於負責具體事務的官吏和有技藝的工匠，不要與他們比試才能，而是要善於發揮他們的長處；對於上級，要忠誠恭順而不鬆懈；對待下級時，要持守公平，不偏不倚；交往朋友的時候，要以大義為準繩，分品類地看待人；對於鄰里鄉親，要容納他們，不要讓他們陷於昏亂之中。

上述荀子的這些要求，除了沒有提供具體案例，可謂是再詳細不過了。對於一位縱橫古今的思想家來說，也是相當難能可貴的。所以，荀子很有把握地總結說，那些遵循禮義的君子，在政治上不得志的時候也是名聲在外，得志的時候必定會建功立業。這樣的君子，以仁厚之德對待萬事萬物，終究也會得志明達，其影響會遍及天地之間。

從禮之制到禮之理荀子對於中國古代禮論的貢獻是全面的。上文所述，是關於儒家禮論的一般性問題，只不過荀子論述得更為詳盡，某些問題說得更為明確，當然不乏創見。而荀子思想對於中國古代禮論的貢獻，主要表現在以下兩個方面。

其一，《荀子》對於古代禮制的記載是古代中國禮文化最重要的一頁。如果沒有《荀子》相關記載，戰國以來，特別是在漢代關於古代禮制的任何使用和記載都是不可能成立的。比如《荀子．大略》云：「天子雕弓，諸侯彤弓，大夫黑弓，禮也。」類似這樣的具體禮制和禮儀的記載，在《荀子》中有很多，這對後世研究相關問題有著巨大價值；再比如喪禮，荀子說，喪禮要表現忠臣和孝子的情愫，絲毫不敢怠慢。具體說來，天子的喪禮要通知四海之內，即天下所有國家，包括周邊屬國，並由諸侯主持操辦；諸侯喪禮要通知所有諸侯國，由卿大夫主持操辦；卿大夫喪禮通知一國之人，由士人主持操辦；士人喪禮通知一鄉之人，由朋友主辦；平民百姓的喪禮則通知本族之人，以及街道鄰里。比較特殊的是受過刑罰的人，這種人的喪禮不得通知親朋，只能由妻和子辦理，棺槨葬衣都有規定，不能過重過厚，並且出殯只能在晚上，找個地方埋掉即可。由此來看，荀子對於各種禮儀的細節都是非常通曉的，是那個時代真正的知禮懂禮之人。只是關於這方面的記載已經不在荀子思想的範圍之內，所以本書只能點到為止。

其二，荀子禮論中對於「禮之理」的探討，即有關禮的理論和學理本身的探討，在先秦思想史上是獨一無二的。傳統儒家認為，禮重在內容。禮的形式固然重要，但必須要符合禮的內容的要求，與內容保持一致，更不能對內容形成損害。難道禮就是單純地透過玉帛這樣的貴重物品來表現的嗎？也就是說，難道是禮品越重，就越是守禮的表現嗎？顯然不是。荀子認為，禮物過度貴重會有害於人的修養，過度奢侈則會有害於禮儀。如果不關注適宜與否、對交往缺乏敬重之心、不能讓人心中歡愉，即使是奉上美好禮物，也是不符合禮的要求的。所以，荀子有關「禮之理」的思想，是對傳統儒學禮論做了進一步的研究和細化，並有明顯的提升。荀子的禮論是與他對古代具體禮儀的說明和分析聯繫在一起的，這樣一來，就既有思想價值，又有歷史文獻價值。

（1）禮的功用

荀子不惜把所有的讚美之辭加之於禮。他認為，禮由內外兩方面構成，內是情，即人們用具體禮儀表達感情，無論是對天地、對先祖、對君師。外是文，即具體儀式。最高級的禮制是情感真摯，儀式合規。中等級別的，是情和文在不同的儀式和場合下各有高低多少。最低級的，則完全是情感發洩。儘管情感真摯是核心，但必要的儀式也是應該具備的。荀子分禮為高中低三等，只是一種描述，並沒有評價的意味，因為在很多情況下，不同等級的禮的形成，原因是相當複雜的。

不管怎麼說，適時而適當的禮儀，從上到下，是能夠指導一切的。禮是至高無上的，任何事物都不能對它有所增減。禮儀的恰當表現是，自始至終都很順暢，從起始到結束都能有呼應。不同的外在形式是用來區別不同的禮儀，不同的內容則是有著不同的原因。總之，真正到位的禮儀就是要從裡到外、從頭到尾把相關的人和事納入一個和諧的運行系統之中。

禮的重點當然還在於人類社會，禮是天下治亂存亡的根本。有感於那個時代的無序和混亂，荀子非常看重禮的功用。作為儒學宗師，荀子與他的前輩孔子和孟子相比，雖然更為明顯地強調法的治世功用，但就人類社會的整體和發展而言，荀子還是更為看重禮的功用。因為法的功用是一時一事的，禮的功用是持久而深刻的。禮的功用是發揮在不該發生的事情之先，是預防性的，而法的功用是發揮在犯罪事實之後，是懲罰性和補救性的。所以，一個理想社會必然是禮的功用大於法的功用。

荀子以大量文字論述「禮之理」，也就是禮制產生、發揮功用的原理。荀子認為，禮儀的完成，需要有物質保證，比如祭祀之禮，要講究祭品的材料、品質、多少和高低。有了必要的物質準備，儀式過程的繁或簡，主持者和參與者的真誠與否，即人參與的程度，就成為禮儀完成的關鍵。最隆重的禮儀，儀式很繁複，人為的因素很節省。相反的情形則是，儀式很簡單，但人為的因素很多。儀式中規中矩，人為因素很合理，二者互為表裡，分量得當，這是最適中的禮儀。君子之人行禮，既要儀式隆重，又要真誠盡力，並針對實際情況加以調整。在荀子看來，遵循諸如此類的原則，是禮儀發揮其社會功能的必要保證。

禮的特殊性，在於用一套特殊設定的外在形式表達某種特定的情緒和思想，這就產生了如何協調這樣的內外關系的問題。早期儒家對此有明確觀點。孔子認為「文質彬彬，然後君子」，荀子用「文貌」解釋孔子的「文」，用「情用」解釋孔子的「質」，更全面地體現了禮的外在表現和內在情愫，認為此二者的內外一致、表裡適中，才能全面表達禮的真意和真用。

荀子引用了傳說中的故事，或者是他自己想像的一場對話，進一步表達這種思想。對話的雙方是魯哀公和孔子。魯哀公在孔子晚年時在位，與孔子多有思想交流。這一次，魯哀公請教孔子的是這樣一個問題，即禮儀的那些外在形式，比如各種禮服，是不是有益於比如像「仁」這樣的道德修養的提高？孔子聽後大吃一驚，沒想到作為君主會問出這樣的問題。孔子舉例說，那些在喪葬期間守孝的人，並不是聽不出動聽的音樂，也不是吃不出美食的味道，而是內心的傷痛要求他不去品音樂、不去品美味，而這樣的傷痛會透過專門的喪服提醒和約束守喪者。這就說明，適當的外在形式是能夠發揮功用的，在那樣的特定時刻也是必需的。實際上，自從儒家提出禮制的時候起，就有人懷疑禮制的外在形式的必要性，從懷有善意的擔憂，到心懷不善的反對，始終與禮制共存。所以，荀子在闡述「禮之理」的過程中，也就不得不強調「內外表裡」的一致性和相互依存性。

（2）「中流」之德

禮制的根本之理，是對人的行為加以節制和約束，其中心思想是防止人的行為極端化，孔子所謂「文質彬彬」的「彬彬」，就是對於這種適中情形的形容，在荀子思想中，則把這種境界稱為「中流」之德，其實質是「中庸」之德的表現。

荀子認為，禮儀是對人的實際行為的補充，在需要的時候可以去掉行為中多餘的部分，增加不足的部分，以適當的儀式、儀容表達對於某種事情、某個人的愛戴和尊敬。

比如說，人在完成禮儀的時候，可以很注重外表，也可以不在意外表；可以欣賞美好的聲音，也可以哭泣；可以表現得很輕鬆愉快，也可以悲傷憂戚。至於什麼情況下如何表現，是要根據具體情況而定，但都要在禮制的範圍之內。

整體來說，外表光鮮、聲樂動聽、輕鬆愉快，是在正常喜吉之事時的表現；外表粗糙、哭哭啼啼、憂傷哀戚，則是遇到兇險不吉之事時的表現。

荀子告誡人們，在參加禮儀活動時，衣著可以講究，但不能太輕佻；不需要講究的時候，也不能不修邊幅；聲樂歡愉時，不能太不嚴肅；哀傷哭泣時，也不能毀傷身體。

做到上述要求，才是「禮之中流」，適中而體面的禮儀表現。參加任何禮儀活動，人的裝束、表情等，都應該與平常情況不太一樣，但也不能表現太過度。其基本原則是，能夠讓人看明白是參加吉事或凶事，能夠看明白參加者的身分高低，與當事者的關係遠近，這就可以了。越過這樣的界限，就是奸邪表現。

越過適中的界限，即使參加者很賣力氣、很盡力，君子之人也會瞧不起他們。人要根據飯量吃飯，根據腰圍選擇腰帶，否則就是不得體。以參加喪禮為例，如果有參加者並不是主家的至親，卻表現得要死要活，這並不是禮義的要求，更不能說是孝子的表現。

在荀子時代，有許多自稱儒者的人是要替人們主持各種禮儀活動的。這本無可厚非，但有時做這類工作的儒生，為了討好主人，多賺取報酬，就會不顧禮儀的中流之德，做出一些過度舉動，這讓荀子非常反感，所以才義正詞嚴地做出這樣的批評。這類儒生的所作所為，不僅有損人格，而且對於儒家禮儀和禮制之道也是有傷害的。禮儀的功能或功用是，如果是侍奉活著的人，主要是修飾人的歡樂之情，讓歡樂更盡興；如果是送別死去的人，就是修飾哀痛，讓哀痛適當表達，有所節制；在舉行祭祀活動時，則要充分表達人們的敬意；在與軍隊的活動有關時，則要表現威武精神。這是關於禮儀的一般性原則，荀子認為古今所同。但他也承認，對於具體的禮儀根源和環節，人們並不清楚其產生過程和學理依據。

在討論各種禮儀時，荀子用很多筆墨討論了喪葬之禮的有關理論，因為這是傳統儒家最為重視的一塊禮儀之地，也最關乎社會風氣和人倫之德。

荀子認為，所謂喪禮，就是生者如何對待死者，最高的要求就是像對待活人一樣給死者送行。為此，在舉行喪禮時，要做到事奉死者如生者，終始如一，以哀痛和敬重之心送走死者，並周到地加以埋葬。用心埋葬，是敬重死者的形體；舉行祭祀，是敬重死者的精神；撰寫墓誌等，是敬重死者的名聲。對於親人，在生前事奉，在死後送終，都需要有禮儀的修飾，這樣才能表現孝子之事，履踐聖人之道。

在死生之間，在事生事死的問題上，荀子明確反對三種過激行為。墨家主張薄葬，這是輕視死者；一些陋儒主張厚葬，這是過度鋪張浪費；還有一些人主張殉葬，是殺死生者去陪送死者。以荀子為代表的理性儒者堅持「中流」之德，根據「大象其生」送走死者，用適度的象徵性禮儀送葬，「使死生終始莫不稱宜而好善」，這才是禮義的標準，是儒者應該堅持的準則。

從禮道到孝道

根據儒家思想，「禮」既是治國綱紀，也是個人行為準則。這樣的行為準則體現在個人生活方方面面，並且在荀子關於禮的思想中有了更明確、更系統的闡述。在傳統儒家看來，人與人之間的關係是人類社會得以存續的最基本要素。那麼，在人際關係中，荀子的禮論提出了什麼樣的具體規定呢？

所謂人的行為，確切講是人的正確行為，就是根據禮的要求所做出的行為和行動。根據禮的要求，任何一個人都應該對於有社會地位的人表現恭敬，對於老者表現孝行，對於長者表現悌道，對於幼者表現慈愛，對於社會地位較低的人表現恩惠或照顧。換個角度來說，如果沒有禮的約束，或者說不能按照禮的要求行事，君臣之間就不會相互尊重，父子之間就不會有親情，兄弟關係也不會和順，夫妻之間也沒有歡愉。依靠禮的功用，年少者得以成長，年老者獲得贍養。可以說，禮的這些規定是由天地所生，由聖人加以完成。這一方面是說，這些規定都是人生在世所必需；另一方面是說，這些規定需要有人去制定、去履行。對於個人來說，其最切近的要求就是孝道。

君道與父道相一致，這是儒家思想的重要內容。君主是一個國家中最尊貴、最尊長的人，父親則是一個家庭中最尊貴、最尊長的人。在一個國家、一個家庭中，最尊長的人只有一位，這個國家、家庭就能得到大治，就能安定發展，有兩位或更多，就會陷入混亂。從古到今從來沒有過任何一個國家和家庭會由於多人尊長而能長久存在的。荀子的如此主張表面上看是主張君主或家長專權，但其真正想要表達的，應該是國家和家庭的團結一致，而團結一致的保證，就是權力相對集中。從政治倫理的角度來看，君道與父道的一致性，在荀子這裡是不言自明之理。

夫婦之道是人際關係的基礎。有了適當的夫婦關係，人與人之間的其他關係才能成立。夫婦之道的正確建立，是其他關係能夠正確建立的基本保證，當然也就是君臣和父子關係的基礎。荀子明確提出夫婦之道是人際關係的基礎和開始，這在孔子和孟子思想中是看不到的。

有夫婦之道，必有父子之道。父子之道，從子女的角度來說，就是孝親之道或孝道。嚴格來說，孝道是禮道的一部分。

儒家的孝道源之於孔子的孝論。孔子之後，弟子曾子（曾參）對儒家孝道多有繼承和發展，直至儒家《孝經》的形成，都與曾子有直接關係。荀子在其禮論中講到孝道時，也大量引用了曾子的觀點。

根據曾子的觀點，孝子要有明確的言論和行為。有了明確的言論，遠方的人們才能聽到，聽到之後才會感到喜悅，進而產生歸附的行為。有了明確的行為，周圍的人，特別是親人們才會感到喜悅，關係也會變得更為親近。周圍的人越來越親近，遠處的人們都來歸附，這才能體現孝道的價值。荀子如此引用，是強調孝道的親和力和吸引力，進而說明孝道是人生的基本價值。遵循孝道的孝子，才值得人們親近和尊敬，特別是那些素不相識的遠方之人，同樣認可孝子的為人，這才會產生歸附之感。看起來，在荀子思想中，不孝之子就是沒有社會價值的人。

在父子關係中，宣導子對父孝的觀點比較容易表達，相對來講也比較多、比較全面，而對於父對子的關係，則由於相對敏感，不易把握分寸，相關理論顯然比較平淡。荀子說，對於自己的孩子，君子有愛，當然也有嚴格要求，但是，不管是表現愛的時候，還是表現嚴格要求的時候，都要正顏厲色。無論是愛還是嚴，都要以引導為主，用嚴肅的大道去要求孩子，既不應該強求，也不要無原則地放鬆標準。荀子對父親的如此要求，明確了傳統中國的父親在父子關係中的角色和地位。父親對孩子的愛，表現在嚴格、嚴厲和不苟且之中。但是，荀子意識到了過度的嚴厲會給孩子造成負面影響，所以就強調說，這樣的嚴厲不是無原則的蠻橫，而且要以大道為折中，同時，堅決不能強求孩子去做無法做到的或不能做到的事情。這相當於是對父親提出了更嚴格的要求。

在荀子看來，同樣稱孝，同樣是孝子和孝行，卻有著不同層次。荀子的這一視角，與他對於儒家其他道德之行和修行境界進行層次劃分的理念是一致的。這一劃分乍看之下是要求在下位者如何行事，而實際上是對於君、父提出了更嚴格的要求。具體說來，孝有三等。小孝就是所謂的「入孝出悌」，在家孝養父母，在外尊敬長者。做到這些當然並不容易，而且也是儒家之孝的基礎工夫。但是，有比小孝更高層次的是中孝，即「上順下篤」，出身社會之後，對在上者順從，對在下者誠懇，這既是「入孝出悌」的提升，也是孝行在社會範圍內的表現。不用說，比中孝更高的是大孝，即遵從道義，而不是無原則地遵從君主和父親的意志。

荀子言孝的重點是孝之「大行」，即大孝，而荀子大孝所涉及的問題，是儒家孝論的最高層次的難題，無論在理論上還是在實踐中，如何理解和踐行「從道不從君，從義不從父」，即「從道義而不從君父」，既是儒家內部的大問題，也是儒家之外非難儒家孝道的主要之點。應該指出的是，在孔子和孟子的相關論述中，對於這個問題的表述遠不如荀子簡明扼要、公開明確。

因為最大的孝行、最崇高的孝道是「遵從道義而不遵從君父」，所以，荀子明確指出，其一，如果遵從君父之命，君父就要處在危險之中，而如果不遵從，君父則會身處安全之中，這樣的不遵從君父之命，正是忠君忠父的表現；其二，如果遵從，君父就會受辱，不遵從則能讓君父得到榮耀，這樣的不遵從是守義的表現；其三，如果遵從，君父就會做出禽獸之行，而不遵從則會讓君父的道德修養得到提升，這樣的不遵從就是恭敬待親的表現。

荀子的「三不從命」，是以君主或父親，或在上者和親人們並不會永遠處在安全之中，也不會自動獲得榮耀，更有可能犯錯誤等三項或多項可能性為基礎的。他們並不是完美的，他們的行為也不可能永遠是完善的，這才需要孝子表現其忠、義、敬。君主有錯，做臣子的不言不語，父兄有錯，做子弟的一味順從，這才是徹頭徹尾的不忠、不義、不敬。只有明白了這樣的遵從與不遵從的道理所在，一個人才有資格說自己的表現是恭敬、忠信、誠實敦厚的，也才能有資格成為「大孝」之人。並且，自身能夠遭受多大的苦楚也要表現這份敬，面對多少的災難也要表現這份義，受到多少誤會和厭惡都要堅守這份愛。這樣的表現已經超出了孝子的範圍，達到了仁人的境界了。

為了全面闡明「大孝」的主張，荀子設想了孔子與魯哀公的一場對話。魯哀公問孔子：「兒子完全遵從父命，是孝子的表現嗎？大臣完全遵從君命，是忠貞的表現嗎？」這問題太大了，魯哀公問了三次，孔子也沒有回答。荀子之所以設想孔子不做回答，是因為孔子的回答肯定不對魯哀公的路子。廣而言之，真正的孝子和貞臣，是不會無原則地遵從父、君之命的。那些一味遵從君、父之命的人，孔子直斥之為「小人」。

大國如果有足夠的諍臣，國土就不會被別人侵削；中等國家有了足夠的諍臣，政權就不會出現危機；大家族有了足夠的諍臣，就不會被其他家族兼併。很顯然，所謂諍臣，就是能夠說真話、敢於說真話，對於君主和主人的錯誤能夠看出、指出，更不會聽從他們的錯誤命令。一句話，所謂「諍」，就是根據原則說話、做事的行為。除了政治上的大是大非，荀子主張在日常生活中也需要有諍子和諍友，就是說，父親和朋友同樣會犯錯誤，會提出錯誤主張，也需要得到反對意見。釐清了這些道理，就會明白故事中魯哀公的問題是如何地難以回答了。孔子的不答覆，就是孔子弄明白了什麼才是真正的孝子和貞臣。

荀子提出的這個問題，具有普遍性和現實性。荀子又假設了孔子與弟子子路的一場對話。子路是孔門之中悟性較差，但本性樸質之人，他的問題是，如果有這樣一個人，極度辛苦地勞作，盡力贍養雙親，最終卻得不到孝子之名，這是為什麼？這個問題與魯哀公的問題在意向上如出一轍，即表面功夫能否說明真實問題。

孔子是如何回答子路的問題呢？孔子說，讓我推測一下，是不是這個人對父母沒有表現出足夠的恭敬呢？言語是不是不夠溫和呢？表情是不是不夠安順呢？也就是說，如果只是單純的物質生活贍養，而沒有情感照臨，就如同一味地聽從而不講原則一樣，是難以得到孝子之名的啊！

孔子進而告誡頗有勇力的子路，即使你是一國之中第一勇士，也不能把自己舉起來，這不是因為你力量不夠，而是你所處的位置決定了這種情勢。一個人在家中表現不好，那完全是他的責任；出身社會而沒有獲得好名聲，那是因為沒有交往到真正的朋友。一旦你能夠在家中實實在在地修行，在外面交往善友、諍友，又怎麼會得不到孝子之名呢？

第二章　哲學家：交流思想學術，縱論人性之惡

在「稷下學宮」的歲月

荀子一生以五十歲為界，大致可分為前後兩個大的時期。前期五十年相對簡明，就是學習和成長，在思想上則是儒家基本主張的確定。後期五十年左右相對複雜一些，本書分三個時期予以梳理。第一個時期主要是講述荀子在齊國，或以齊國為中心活動區域，與天下學術接觸、交流和碰撞，以及對天下學術的批判。

來到齊國

《史記．孟子荀卿列傳》說，五十歲時，荀子離開趙國的家鄉，遊仕天下，成為當時非常時興的遊學之士中的一員。

荀子為什麼離開趙國？為什麼在五十歲時才離開趙國？史籍沒有明確記載，只能做一些揣度。在學術上，荀子思想以儒家正統自居，是不是會受到他所謂的三晉「賤儒」的排擠？在政治上，荀子在趙國沒有得到過從政機會，從他後來的經歷，特別是做楚國蘭陵令的經歷來看，荀子也是熱衷於做官，有展現其政治抱負的強烈追求，這樣一來，因為得不到從政機會而離開趙國，也是情理之中的事情。

荀子遊學的第一站。為什麼選擇齊國？其一，戰國七雄之中，直到戰國中期，齊國的軍事實力未必居於七國之首，但在國土面積、人口和物產，以及生產力發達程度、經濟發展程度、社會繁榮程度等方面，也應該位在前列。以荀子學問之深湛和廣博，以及政治理想之高遠，首選齊國遊學和遊仕，也是自然而然的事情。

其二，此時的七國雖然都無法擺脫國與國之間的戰爭，但在整體上講，齊國和秦國的形勢最好，事實上齊國也是最後一個被秦國滅亡的國家。山東六國在軍事上最強勁的敵人是秦國，而在六國之中，只有齊國和燕國與秦國沒有接壤，受秦軍的衝擊和苦害最少。但燕國偏居北邊，從來沒有進入中原文明主流，也不是各國間交流的主角。所以，在山東六國中，齊國的社會相對安定，適合學者久居。

其三，齊魯之地是儒家文化的發源地和大本營，而儒家學說又是先秦時期百家爭鳴的源頭。在先秦時代，要論文化的連續性和按部就班地發展而言，齊國理所應當排在頭一位。七國之中，秦、楚、燕地處邊陲，一向被視為蠻夷之地，而地處中原的韓、趙、魏，在春秋晉國時代尚能以一個社會整體推進其文化進程，與齊魯並肩發展，但在三家分晉之後則一落千丈，難以形成整體優勢。從歷史發展角度來看，三晉國家雖然有法家、兵家、縱橫家、名辯家等思想流派的發展，也出現了眾多一流的思想家，但韓、趙、魏的任何一國都無法形成單獨的區域文化，更難以聚集起眾多學者，形成相對穩定發展的文化脈絡。所以，荀子雖然長期生活在趙國，最終還是不得不選擇離開。而齊國則憑藉著孔子儒學所創的齊魯文化洪流，逐漸成為戰國時期中原文明彙聚之地。在這樣的現實之下，荀子首選遊學齊國，同樣是一種自然而合理的選擇。

不過，荀子究竟在哪一年來到齊國，卻並沒有確切可信的記載。綜合各種說法，荀子在齊國生活的時間，應該是在齊湣王（西元前三〇一年至前二八四年在位）或齊襄王（西元前二八三年至前二六五年在位）時代。

不過，《荀子》只記載了荀子與趙孝成王和秦昭王的會面，卻沒有提及齊國任何一位君主。荀子在齊國的活動，縱的方面說，應該在社會中下層；橫的方面說，則應該主要是在思想學術領域。

「稷下」真相

既然《史記．孟子荀卿列傳》認定五十歲之後的荀子遊學到了齊國，並在齊國都城臨淄的「稷下學宮」滯留日久，還曾經主持過這個學宮的日常事務，就有必要對所謂的「稷下學宮」以及相關聯的「稷下學派」做一個簡單了解。

在中國古代思想史上，根據流行已久的觀點，可以說沒有任何一種學術運動堪與戰國中晚期發生在「稷下學宮」的學術活動相媲美，也沒有任何一個學術流派能與「稷下學派」相提並論；但是，也沒有一種學術現象或學術存在，竟像「稷下學派」一樣，其出現和存在的根據是那樣地簡單和薄弱，而其真實性和確實性卻從來沒有受到絲毫再思考，遑論置疑性探究。因為這項探究工作與荀子的生平事跡有重要關聯，需要稍微多下一些功夫，以期確定或加深在這方面的認識。

始於春秋晚期思想界的「百家爭鳴」，到戰國時代愈加熾烈，而在戰國中晚期更達到了發展最高潮。從學術史角度觀之，所謂各「家」各「派」是後人為了解和研究的方便而作的劃分，也得到了先秦文獻的明確支持。可是，對於稷下之學輝煌景象的描述，最早卻出現於西漢前期中段，即漢武帝時代司馬遷《史記》之中，不僅在戰國典籍中未有提及稷下學派者，即使在西漢早期典籍中，也看不到相關記載。至於「稷下學宮」或「稷下學派」的用詞，則是近現代人的發明。

一般認為，稷下學宮始建於戰國中期齊桓公田午（西元前三七五年至西元前三五七年在位）時期，興盛於齊宣王（西元前三二〇年至前三〇二在年位）時期，衰亡於齊王建（西元前二六四年至西元前二二一年在位）時期，歷時一百五十多年，而荀子正好生活在這一個半世紀的時間之內。根據後世研究者的意見，在這一百五十多年中，當時天下著名學者都曾到達位於齊國都城臨淄的稷下學宮，或做長期學術研究、參政諮政，或作短期逗留、以文會友，近到魯國孟子，遠到趙國荀子，甚至楚國屈原，均曾顯耀於此。但令人困惑的是，被認為凡是在那個時代到過此地、並因為在此處的成就而聞名天下的學者，在其著述中，多至十幾萬言的巨著，少到幾千言的精文，卻從不提及「稷下學宮」，更不曾如後世學者一樣，描述他們在稷下學宮的學術或政治經歷。

這究竟是為什麼？還得從事情的源頭說起。齊國都城臨淄有座城門叫「稷門」，「稷下」是指稷門之下，就是稷門附近的地方，而先秦典籍中只有《韓非子》出現過「稷下」二字。《韓非子．外儲說左上》記載說，有個叫兒說（一作倪說）的宋國人，善於辯說，主張「白馬非馬」的論點，就算是當時的「齊稷下之辯者」也不得不折服；但是，當兒說乘坐白馬過關卡，吏卒認為白馬也是馬，他不得不按規定為自己的白馬交納了馬匹的賦稅。不過，眾所皆知，以「白馬非馬」之說聞名當時的是名家著名思想家、趙國人公孫龍子。在漢代，公孫龍子「白馬過關」的傳說已經很普遍，有好事者以兒說代之，更有人把此類附會故事摻雜進《韓非子》，所以，此所謂「稷下」

的說法，其可靠性是很可疑的。

嚴格說來，大倡「稷下」之學，司馬遷是第一人，《史記》則是其第一書。根據《史記》記載，齊宣王時，先後把成百上千的學者奉為賓客，給予上好的物質待遇，生活無憂。這些學者們不必擔任公職，卻可以議論政治，甚至為齊國出謀劃策，使齊國得到了禮賢下士的美名。

齊宣王乃好大喜功之主，司馬遷選擇他來欣賞和招待遊說之士，當屬頗具慧眼。不過，在戰國時代，儘管齊國是東方第一大國，都城臨淄是一流大城市，但在那種戰爭頻仍的年代，齊國有沒有經濟實力優待數量如此眾多的學者，是值得提出疑問的。

司馬遷之後，關於稷下學派的說法紛紛擾擾，競相發明，其詳盡程度遠勝於《史記》。類似說法先是重述《史記》的看法，認為確有稷下之學和「稷下先生」等。然後依據推斷，為稷下之學增加新內容，但在這個過程中，也出現了一些不同於《史記》的說法。這就說明，一方面，後世學者很想彌補司馬遷關於稷下學術之說法的不合情理之處。另一方面，由於稷下學術本身缺乏必要依據，後人的論斷不免具有隨意性，甚至不惜與司馬遷的說法相抵觸。

在戰國時代，一般二三流學者為引起各國當政者注意，博取世俗利益，並不在意自己的主張是否具有一貫性。後世所謂稷下先生，更以三四流學者居多，其思想駁雜，實用性極強，很難歸入哪一「家」。至於稷下學派，雖為漢代若干學者所造，終究沒有得到廣泛認可，未成一「家」。漢代學者所認定的稷下先生，不過是在那一時代不同時間段裡在齊國逗留過的一些三四流學者。嚴格來說，他們之中並沒有純粹的思想家，也沒有人把做學者、做思想家當作一回事。對於這些學者，單獨研究其思想或許有必要，但是，若把他們歸入一個學派來看待，則有畫蛇添足之嫌，甚至會因為把他們硬性歸入一個不曾存在過、或影響力有限的思想學派，而產生不應有的負面影響。

齊國也許建成過類似後世所謂學宮的地方，但那無非是一個招待來訪學者的場所，並且各國都可能有這樣的地方。在那個時代，有抱負的知名學者都想在政治上有所作為。如果未獲政治重用，而是單純為稻粱謀，沒有一位學者願意長久待在一個國家，此乃時風使然。也許確有一部分末流學者，或者不入流的士人，以作食客、得溫飽為追求，但是，對這樣的人士，一則沒有一個國家願意長久收留，再則即使有願意「養士」的政客收留之，他們對一國政治也難以產生真正的影響。所以，所謂稷下學宮也好，稷下學派也罷，或者是出於漢代學者的美好願望，或者是齊國君主曾有過的奢望，或者是齊國歷史上曇花一現的政治敗筆。

「三為祭酒」

在司馬遷認定的稷下之學中，「祭酒」這一名詞的說法及其確定性是非常重要的環節。《史記．孟子荀卿列傳》稱齊襄王時荀子在稷下「三為祭酒」，然而，遍覽先秦典籍，特別是戰國諸子著作，並沒有看到與上引《史記》用法相當的「祭酒」一詞。

根據現有記載，以「祭酒」為榮譽稱號或尊號者，最早見於漢代典籍。在西漢中前期，「祭酒」只是一種尊號，並沒有成為固定官職，並且「祭酒」這個尊號尚未進入學界和學宮。到西漢末期，「祭酒」被逐漸定型為一種官職，並且主要使用在學界。東漢以後，「祭酒」一職逐漸從學界演化到政界，同時，用於學界的官名也越來越多，如儒林祭酒、經學祭酒、史學祭酒等。總

之，在荀子時代，或者根本就沒有「祭酒」的說法，

或者「祭酒」只是「周禮」所述某項禮儀中的一個環節，而與團體領袖或學術活動帶頭人是毫不相干的。《史記．孟子荀卿列傳》稱荀子為「稷下」之「祭酒」，不過是司馬遷襲用西漢前期的流行叫法，意欲說明荀子是稷下之學中最重要的人物或學術帶頭人、學術活動主持者。這就說明，在司馬遷為荀子寫傳記時，如果他能確知荀子在稷下作「稷下先生」首領時的稱號，就不應該使用西漢時代慣用的尊號；如果他不能確知，則一方面說明描述者對於他所要描述的對象缺乏詳盡了解，另一方面說明被描述的事物本身是不清晰、甚至是不存在的。

《史記》認定的荀子在稷下「三為祭酒」最為後人稱道，被認為是稷下學派曾經存在和輝煌過的最有力證據之一，但事實上卻是最有疑點的說法。既然「祭酒」的說法在先秦時代並不存在於學界之中，也不是這個時代的官職，那麼，司馬遷「荀卿三為祭酒」的說法就值得懷疑。

詳《史記》之說，是認為荀子居「稷下」時，正趕上「稷下」學宮在戰國後期的復興，但因為稷下先生的先輩人物已經去世，就使得荀子「最為老師」，學問最好，威望最高。齊襄王為復興稷下之學，決定增補稷下先生的空缺，這當然少不了荀子，並因此而「三為祭酒」。

然而，在《荀子》書中並未出現「稷下」這個詞，更沒有出現過「稷下先生」「稷下之學」和「祭酒」等相關說法，更不用說荀子的「三為祭酒」了。如果荀子果真在稷下這樣一個人才濟濟、影響廣遠的思想學派擔任領袖人物，並且適逢稷下之學的復興時代，而《荀子》對此事卻隻字不提，這的確讓人難以接受。

換一個角度來說，《荀子》畢竟是先秦時代和早期儒家學派中大部頭的著作之一，甚至被認

為是先秦思想的總結，那麼，對於漢代部分學者推崇的那麼重要的「稷下」學派，它竟然沒有從學派的角度去論述，沒有從領袖人物的角度來闡述，這難道還不足以讓人對這一學派的存在產生疑竇嗎？《荀子》雖然不是荀子傳記，但它對於荀子一生行跡多有敘說，對於荀子在齊國的活動也多有記載。可是，對於荀子在齊國獲得的堪稱是其一生中最高世俗成就的「老師」地位和「祭酒」職務卻隻字不提，這未免讓人難以置信。

荀子一生所見所聞極廣，為先秦時代所僅有，所以，說他離開趙國，到相鄰的齊國遊仕，應當是非常可能的。從《荀子》的記述來看，荀子與齊國國相曾有過交談。齊國是大國，各種人物都來這裡尋找政治機會，也是很自然的事情。荀子在齊國與各色人物的交往，也是有可能的，但如果一定要說是這樣的學術交流一定發生在稷下學宮，則未免有些牽強。司馬遷又說，荀子在齊國被人進了讒言，不得已而離開齊國，到了楚國。總之，荀子在齊國沒有尋找到自己想要得到的，只能到他國再作嘗試。

哲學理念和理論

作為哲學家和思想家，荀子聞見廣博，思想深邃，最有資格全面總結先秦以來的哲學成就。這個總結過程，也是荀子哲學思想的形成過程。同那個時代的所有哲學家一樣，荀子雖然沒有建立明確的哲學體系，但荀子思想中的哲學理念卻是前後一貫的。荀子哲學思想是其整體思想學說的重要基礎。當論及一些問題時，荀子勢必也會專門就某個哲學觀點、某種哲學理念進行專門論述，這些就是需要關注的內容。

認識論

哲學「認識論」的概念，嚴格說是舶來品，是西方哲學傳統中使用的概念和範疇，至於對它們如何定義，也是眾說紛紜。在此用它們來闡述荀子思想成就中的某一方面，既有使用習慣上的考慮，也有特殊的考慮。在西方哲學傳統中，哲學思考的是一般性問題。哲學不會面對具體事物，而是要思考事物形成和變化發展的背後原因，甚至是終極原因。即便說哲學是「愛智慧」的學問，也是強調哲學能夠回答各種層面的「為什麼」的問題。這個尋求為什麼的過程，就是對於世界萬物萬象的認識過程，而在這個認識過程中發生的所有問題，正是認識論要面對的問題。

(1) 天官「解蔽」

人們關於事物的知識和認識是從哪裡來的？這個認識過程是如何實現的？在探討如何命名事物的時候，在區別事物同異的時候，荀子對於知識的來源有著相當具體的說明。

人們是如何區別事物的相同和差異之處呢？荀子的回答是：因為人有天官。所謂天官，就是眼、耳、鼻、口、身等五官。因為五官是人生來俱有的，所以稱為天官，即上天所生成之器官。

凡是同類型、同性質的事物，五官對它們的感覺也接近，人就會給他們起一個共同名字，以方便交流和交接。具體說來，眼睛是觀察形體、顏色等特性的，耳朵是辨別聲音的，口舌是品嘗味道的，鼻子是聞識氣味的，身體四肢是感覺冷熱、輕重等等的，這些感覺彙集一處，最後由心，荀子稱之為「天君」加以綜合，產生出喜怒哀樂等情感。總之，這些方面的感覺和知覺，就是思想認識的來源。

荀子既然提到了心，也就是心智、思想，就要釐清楚在認識事物的過程中，心能發揮什麼樣的功用。古人並沒有意識到人的思考是用大腦來完成，而是認為大腦只與眼耳鼻口的運動有關。因為人能感覺到心臟跳動，在緊張的時候甚至還要加快跳動，古人就誤認為心臟是在完成思考和認識的過程，然後自然而然地把思考歸之於心的功用。所以，古人所謂心，其實就是人的心智，即大腦的思考活動和思考過程。

荀子指出，心智和思想有主動求得知識和發揮認識的功用和功能。心智有要求，耳、目等五官才會發揮功用，去聽、去看。五官之所得，還要歸於心智的判斷。還有一個重要環節是，五官必須接近或接觸事物，才會認識事物。如果五官在接觸事物之後卻沒有任何知覺和認識，或者心智在接收到五官的資訊之後沒有任何反應，那麼，人們就會說，這種人是心智有問題的，甚至是缺乏心智的。

既然認識要經過這麼多環節，那麼，任何一個環節出了問題，都會形成思想「蔽塞」。荀子從思想方法的角度出發，嚴肅討論了「解蔽」的問題。所謂「蔽」就是思想不能通明，被某些觀點遮蔽在某個有限或偏頗的地方，用現代哲學術語來說，就是思想出現了片面性，不能全面而客觀地看待事物和問題。所以，荀子也把這樣的錯誤稱為「蔽塞」，被片面性和極端主張所壅塞，思想出了大問題。

荀子認為，被某種片面思想、觀點所影響，而對公理認識不清，這是人們的一個大的缺憾。什麼是片面思想和觀點呢？就是不能認識「經」，而是被「兩」所迷惑。荀子所說的「經」是永恆真理，而「兩」則是兩個極端。

對於這種情況，荀子先從大的社會背景上加以分析和認識。他認為，天下政治形勢是，各國諸侯的政治追求都不相同，各個君主的治國之道更不相同，這使得諸子百家都持有不同的政治主張、思想傾向，結果就造成是與非、治與亂始終處在不斷變換之中。

客觀形勢的不同造就了不同哲學思想，同時，從哲學本身來講，不同的學者都把自己的思想看得很高，唯恐聽到批評之聲。他們都是根據自己的所學所長，去衡量和看待其他思想，又唯恐有別人的思想勝過自己。這樣一來，必然會囿於所見，蔽於一曲，自覺不自覺地形成個人片面認識，從根本上失去了求得正道的機會。從認識事物的一般規律上講，荀子一針見血地指出，如果有一個人，當他的認識高度有限，不能很好辨別是非的時候，就很容易不辨黑白、充耳不聞，那麼，當他被某種片面思想所局限的時候，情況只能是更糟。

荀子所說的這種片面或極端思想的具體表現是什麼呢？他列出了十種極端主張，即由兩個極端所組成的五方面的問題。這就是，欲求和厭惡、起始和終了、遠處和近處、博大和淺近、古代與當今。具體說來，就是只知欲求而不知厭惡，只顧起始而不管終了，只看遠處而不見近處，只有博大而不顧淺近，只知古代而不知當今，反之亦然。在描述了這些具體方面之後，荀子也意識到，萬事萬物之間都有不同，這在客觀上容易導致人們的片面認識，即總以為某種單獨的存在方式就是真理，而容易忽視其他存在。這是一種普遍存在的容易讓人產生片面認識的傾向，需要引起人們的重視。

當然，對於引發片面認識的主觀和客觀情勢，聖人是能夠認識到的，所以，也只有聖人才能夠避免「蔽於一曲」，不被極端思維和片面認識所左右。那就是，既不要極端地欲求，也不要極端地厭惡，對於始終、遠近、博淺和古今，也同樣不做片面的理解和極端追求，這就是全面看問題，選擇適中的權衡之道，也就是大道，後人也稱為天理、真理。

人的思想不可以不了解大道，不可以不持守大道。不持守大道，就會不承認大道，並且去認同錯誤思想。按照常理，人們都不會不顧一切地持守錯誤的東西，也不會禁止正確的東西。但是，一旦被錯誤思想所左右，就會以錯誤思想去衡量別人，就會認同不持守大道的人，而遠離得道之人。所以說，以不符合大道的錯誤思想衡量人，就會與不認同大道的人一道去議論得道之人。荀子認為，這種傾向或做法，是人們思想混亂，進而是社會混亂的根源所在。

(2) 以心得道

有蔽塞之處，就需要解開、需要化解，這就是解蔽。化解蔽塞的唯一正確途徑，就是持守大道，以道解蔽。

大道的特點是，本體永恆不變，卻能夠把握萬事萬物所有變化，只根據某一方面或某一事物就下結論，根本不能說明大道的本質。不幸的是，那些「曲知之人」，即喜歡片面看待事物的人，只是看到了大道的某一方面，並沒有把握大道整體，就開始炫耀，用這種片面東西作為裝飾。這種做法對內擾亂了自己思想，對外迷惑了他人認知。他們在上位之時會蔽塞在下者，在下位之時則蔽塞在上者。荀子斷言，這種思維上的偏頗和錯誤，就是思想陷於蔽塞的根源。

人如何才能得道呢？荀子的答案是「心」。心是如何得道的呢？荀子的答案是「虛壹而靜」。如前所言，在古人的認識中，從生理功能上來看，「心」基本上相當於現在所說的大腦；從心理或精神層面上來看，「心」指的是思想意識和情緒等。荀子所說的心能得道，這個心顯然是指人的思想認識。在這些方面，古代思想家的說法是比較籠統的，這種特點有其合理之處，也有其不明確之處。合理之處是，人的思想意識確實是非常複雜的，很難條分縷析；不明確之處是，以心指示思想意識，有時也會把人的情緒和性格、性情之類的內容摻雜進來，這就需要在認真研讀其上下文之後再加以理解，但這樣一來，就容易引發爭議。

在荀子看來，人心，或者說是人的思想，有若干特點。人心有「藏」有「虛」，這是說，人生下來就有「知」，即知覺和認識的天賦能力。根據這種天賦能力，人的思想會有記憶，不斷有所獲得，這是「藏」。不過，人的思想也不會因為已經有所獲得，就排斥新遇到、新得到的東西，這個過程就是「虛」。套用哲學術語，藏近乎已然，虛近乎未然，也就是排他性和相容性。

人心有「兩」有「壹」。人的與生俱來的知覺和認識能力，在認識事物和有所獲得的過程中會產生差異，既會認識不同的事物，也會在認識同一事物時產生不同結果，這就是「兩」。然而，對每一個事物的認識，或對每一類事物的認識，都有具體確定性，不會因為一種認識而排斥另一種認識，這就是「壹」。荀子如此的區分，就是現代哲學中差異性與確定性的關係。

人心有「動」有「靜」。人的思想或思慮，在睡覺的時候會做夢，在無意識的時候會自行其是，如果主動使用它，就可以有謀劃，這就是「動」。但是，人有理智，有分析判斷能力，有自控能力，不會把夢中所想或無意識時的臆想當作現實，這就是「靜」。從哲學上看，就是無意識與理性的關係。

所謂「虛壹而靜」，就是未得道者透過堅持思想的相容性和確定性，以理性精神加以思索，這就是唯一正確的求道過程。具體說來，求道者求得大道的過程是，以相容性為開端，進入求道過程，然後以確定性求得大道全部，最後以理性加以澄清，明白大道究竟是什麼。當然，這樣的先後之分只是邏輯上的。在實際求道過程中，應該「虛」「壹」「靜」同時發揮功用，而在不同的階段又有所側重。

透過「虛壹而靜」而求得大道，荀子稱之為「大清明」的境界。這個境界，荀子描述為，萬物之形都能看得見，萬物之理都能說得清、說得準，以至於無所不見，無所不知，從自然現象到社會治理，再到宇宙規律，都在得道者的掌握之中。達到「虛壹而靜」境界的人，荀子稱之為「大人」，這樣的「大人」不可能有任何「蔽塞」之病。荀子的「解蔽」至此也就大功告成了。

對於人心，對於人的思想，荀子也有換一個角度的理解和解釋。他認為，就人的個體而言，心與形相對，思考與身體相對，這兩者的關係是人自身最重要的關係。孔子就是把「仁」理解為身心和諧，但傳統儒家最終還是把心放在更主動、更重要的位置上，強調人的思想修養和精神境界是人之所以為人的根本。所以，荀子也才認為，心是形的君主，即思想支配著人的身體，心對身體發出命令，決定著人的言行，而不受身體要求的左右。進而言之，思想活動完全自成體系，根據自己的判斷行事。荀子比喻說，人的嘴可以被迫不說話，身體可以被迫做出屈伸動作，但是心思不能被迫改變，心裡同意的就會接受，不同意的就會推辭。這當然是指內在決定，不包括表面應付和推諉。

所以，人的心裡所能容納的事情，思想所能接受的內容是沒有止境的。不過，思想也有特點，就是接受的事物再多，也能夠在無限的差異中找到自己要確定的東西。但是，如果思想在接受了太多東西之後卻沒有中心，沒有專注，就會出現疑惑。也就是說，真正會思考的人，不會隨著紛繁的事物而行，而是一定會運用理性，把握事物原理，這樣才能做到兼知萬物。

一個能幹的農夫再精於種田，也做不了負責農業的官員；一個精明的商人再善於經商，也做不了管理市場的官員；一個工匠再有技術，也做不了管理作坊的官員。相反，有一個人，很可能既不會種田，也不會做生意和製作工具，但卻可以管理這個行業，那是因為，他精於管理這三個行業的原理，而不是精於具體的生產和製作。所以說，精於具體事物生成原理的只能去製造具體事物，而精於相關事物生成之道的人則能夠去管理這些事物。君子之人精於掌握事物的根本原理，並以此原理去掌握無窮無盡的具體事物。把握了事物的原理才是正道，掌握了萬事萬物才會明察秋毫，才能充分利用萬物。荀子的這種思想，顯然是從哲學角度去評價事物的。也就是說，在荀子看來，只有運用哲學思維，從一般性原理的角度去把握事物，才是對事物的更高深的認識，也是更有價值的認識。

荀子關於心的原理，就是哲學上的認識論。在認識論上，荀子把思想的歸納能力，即把握事物原理的重要性放在頭等重要的位置。自然與人類、事物與人的個體，是相互獨立的。但是，人生活在自然之中，必須認識自然、利用自然。這樣的過程是從認識具體事物開始，但由於外在事物是無窮盡的，人必須透過認識具體事物而上升到把握事物的原理，即大道，進而從整體上掌握事物規律，讓外在事物更好地為人所利用。

「人心」要盡可能不受外物牽制，專心致志，從容思考，這樣才能裁決是非、化解疑惑。荀子認為，外在事物是紛繁複雜的，人們應該澄清思想，以事物之理為核心，就既能滿足人的欲求，又能兼顧事物情理。仁者和聖人內心無為，不受具體事物牽制。他們的思慮是恭順和快樂的，以無牽無掛的積極心態面對萬物。

荀子對人心的探討，對於人的思想認識的探究，並不是以知識論本身為歸宿，而是在思考如何讓人的思想更好應對現實問題。這是中國古代知識分子使命感的集中體現。

荀子心目中的君子和聖人都是治國理政的實幹家，他們必須在不同層面上把握治理國家和社會的一般原理，使社會發展保持正確方向。

邏輯學

西方哲學中的邏輯學，在印度佛教是因明學，在中國先秦時代是名學、名辯之學、名實之論，荀子稱之為「正名」。不過，在古代中國思想史上，此所謂邏輯學，或名辯之學，在先秦時代發達之後，即歸於寂靜，後來雖有因明學的促動，但究竟也沒有形成中國本土的學問。其中原因，並不是因為先秦有百家爭鳴，故有名辯之學，大一統之後便不需要這方面的研究，而是因為中國古代的思想傳統強調力行，主張言行一致，甚至行然後言，並不重視如何在言語上取勝。這並不是說古代中國思想家不講邏輯，不重視思維的清晰有條理，而是這種邏輯性或條理性只需落實在具體的言語或學說之中，而沒有必要作為一種單獨的學問去進行專門研究。在具體的言語或行動中，思想家們更注重情理，而不主張單獨論理。

其實，邏輯學也是對於情理的一種理論概括，是對於言語中的對與錯所做的一種獨特審視，不懂邏輯學的概念，未必就是不講理的人。語言通達，能讓別人聽明白就可以了。這本身就是邏輯。

在先秦時代，思想家很早就注意到了語言中和理論問題闡述中的邏輯性問題，並且這一派思想家最終形成了名家思想。最早的名辯思想家可以追溯到鄭國的鄧析，然後是惠施，還有墨家後期人物，以及最有名的公孫龍子。特別是墨家的《墨經》和公孫龍子的著作，更是這方面專門的學術成果。

在儒家傳統中，孔子主張名稱或概念一定要正確，以保證言語通達。特別是社會管理者，如果不能講出通達的言語和政令，就無法教育人民、管理國家。這就既強調了語言的邏輯性，也指出了講求邏輯的歸趣是言語的應用價值，即社會價值，這一觀點被荀子加以發揮。至於孟子，則是著名的論辯好手，人稱其「好辯」，喜歡辯論。而孟子答覆說，我不過是想繼承先輩聖人的精神，端正人心，止息歪理邪說而已，同樣是強調了邏輯論辯的社會價值。

（1）製作名稱

荀子作為先秦思想的總結者，對名辯思想既有深刻研究，也有獨特思考，更有專門論述。現存《荀子·正名》一篇，就是對於荀子名辯思想或「正名」思想的全面記載。

荀子認為，「制名」或「正名」的目的是解決社會政治問題，這就體現了強烈的甚至是具有唯一性的社會責任感。名稱應該由王者制定，確定名稱的實際意義，是使大道能夠行得通，能夠統一民眾的思想和行為。如果王者不對此加以控制，而是任由某些人利用語詞本身的特點，擅自發明概念和名稱，就會擾亂名稱的正確含義，使人們迷惑，不能正確理解王者之政。

在荀子的言語中，「奸」指奸邪，與之相對的概念是「愨」，即誠實厚道。而正名的社會意義就是讓人們誠實厚道，一是一，二是二。就算是在訴訟中，也不能利用對方言語中的疏漏而罔顧事實，從中取利，這樣才能引導人們以「愨」為美德，形成誠實厚道的社會風氣。民眾的思想統一於王道和法令，社會管理者由此而建功長績，社會就能達到大治。

一般來說，事物發生變化了，就會影響人們對事物的看法。出現了新現象和新事物，如果沒有新的名稱及時跟進，而是用舊的名稱做比喻來指稱，就容易把新舊事物混為一談，使名稱和實際事物之間出現混亂，最終導致貴賤不明、相同和不同沒有區別。這樣一來，會讓人表達不清楚真實想法，許多事情也不能做到位。這時候，有頭腦的人就會站出來區別新舊，制定新名稱以指稱實際存在的事物，特別是新出現的事物。在荀子看來，這就是新名稱之所以會出現的基本原因或深層學理原因。很顯然，這樣的原因是必然的、不可避免。這種必然，既是社會發展的必然，也是事物變化的必然，更是人的思想變化和進步的必然。

人們有關事物名稱的製作過程，其實就是人的認識的產生過程。荀子認為，人類作為生物體，本來就有天賦的認識能力，加之人們的天官，即所謂的眼、耳、鼻、口、身等五官要不斷地與外界事物接觸，凡是同類型、同性質的事物，五官與它們接觸的結果，會由心智為他們取一個共同的名字，以方便交流和交接。同時，人的心智也會提出要求，指揮耳、目等五官發揮其功用，去聽、去看。總之，事物名稱的產生是人與事物在接觸過程中必然產生的結果。

（2）名稱分類

透過五官與心智的共同功用，人們在區別了事物的相同和不同之處以後，明白了可以用不同名稱使事物相聯繫、相區別，就會隨之給事物一個命名。但是，那麼多的事物，需要那麼多的名稱，這些名稱或命名有什麼規則或規律沒有？它們是如何分類的呢？

命名事物的首要原則是，相同性質的事物要有相同的名稱，不同性質的事物則需要不同的名稱。有些事物需要有單獨名稱，有些事物則需要有複合名稱，比如馬和白馬，關鍵是能夠讓人聽明白，不相混同就可以了。有時，由於情境需要，也會用單名和複合名指稱同一個事物，這也是正常的。比如一匹白馬，在某種情形下稱馬即可，在另一種情況下稱白馬亦可。

命名事物的次要原則就是，名稱要有高低大小不同類別。萬事萬物雖然很多，但不能一個事物一個名稱，而是需要分類，區分各類事物，製作各類名稱。當需要指稱越來越多的事物之時，就需要一級一級的從下到上的共名，如白馬、馬、牲畜、動物、生物等等，一個比一個名稱更有公共性和概括性，並且還要把原來的名稱包括在其中，這樣一直向上拓展，直至無法再上升，比如到了「物」這個名稱，就成為事物最大最高的名稱。反過來看，從上到下，或者從共名到別名，也是這樣，直到最具體的事物，這個過程就結束了。

荀子對於事物名稱或命名方式的思考，也是所謂形式邏輯要解決的問題。從一般到特殊，或從屬概念到種概念，或者相反，是命名事物的普遍原則，因為命名事物的本義就是便於說明、便於交流。在這一點上，人類的思維是一致的。並且，種概念和屬概念總是相對而言的。「白馬」是屬概念，是特殊，「馬」就是種概念，是一般；「馬」是屬概念，是特殊，「動物」就是種概念，是一般。荀子所說「推而共之」「推而別之」，就是這種認識事物、命名事物的從特殊到一般和從一般到特殊的思維過程。在先秦名家思想家中，人們只是從荀子的著述中看到了有關形式邏輯的全面思考。

荀子還提到了一種名稱或概念的分類現象，荀子稱之為「後王之成名」，即當世的統治者制定或確定的名稱。一般來講，在專有名詞方面，法律名詞多是繼承商代人使用的，官爵之名則多取於周代所用，文物典章則多取於《周禮》所載。至於普通事物的「散名」，即用來指稱事物的常用名詞，既要遵從中原各國各民族的習慣，也要照顧周邊民族的實際使用，其中心目的只有一個，即「通」，通曉、通例、通用。

荀子說，人的認識能力稱作「知」，而認知準確就稱為「智」；先天疾病稱作「病」，偶然遭遇稱為「命」。類似這樣的名稱，又是與人有關的普通名詞，也需要當世統治者加以確認。荀子雖然是名辯大師，但他真正關注的不是邏輯和邏輯學本身，而是邏輯的實用性，對於治國理政的實際功用。邏輯的基本問題是可以解決的，而現實的問題則是層出不窮，處在永恆變化之中的，而這種變化才是思想家真正應該關注的內容。

（3）變與不變

荀子還思考了名稱在命名和使用過程中的變與不變問題，同樣表現的是理性思想家風範。名稱或概念及其所指稱的事物並不是一成不變的。人們對名稱或概念的使用，最基本的原則是約定俗成，被人們的使用習慣所認可才是名稱成立的最重要因素。同樣，名稱所指稱的事物也會發生變化，事物發生了變化，原來的名稱要不要變化，也是由約定俗成決定的。即使是與社會大勢、國家政策法律有關的名稱，也要考慮現實適應性。荀子認為，最好的名稱，是那種直截了當、明白易懂的概念。

還有一個問題，荀子也認為是制定名稱時必須要考慮的關鍵之一。

有一些事物，雖然從形狀上看是同一種事物，但卻因為在不同地方，或在不同情境之下，他們雖然可以使用同一名稱，卻是不同的事物。還有一些事物，形狀發生了變化，實際上還是原來那個事物，但這樣的變化卻不足以與原來的事物產生本質區別，所以還要使用原來的名稱。比如一個人，從小到大，變化很大，但姓名不改變也是可以的。

與名稱的變與不變相關的，是荀子所批判的「惑名」和「亂名」者，即混淆或偷換概念和名稱者。

說到先秦名家，更為引人注目的不是荀子，而是其他人物，如公孫龍子、惠施、宋鈃等。儘管真正有內涵的、系統的名辯思想還是存在於荀子思想中，並成為中國古代邏輯思想史的主流，可是，在當時，還是這些時髦的名家人物提出的一些觀點更吸引人們的眼球。對此現象，荀子進行了嚴厲批判。

對於名家人物的眩目說法，荀子總結為「三惑」。

第一惑，荀子舉出三例，即受到侮辱不認為是受辱、聖人不愛惜自己、殺盜賊不是殺人。這是以名亂名，即混淆種概念和屬概念。有些事情是公認的侮辱人的事情，這與當事人認為是不是受辱是兩碼事，也就是說，不能因為當事者不認為是受辱，就得說這不是侮辱人的事情。再比如，聖人是種概念，其中就包括有聖人本人；人是種概念，其中也包括有盜賊。換句話說，聖人愛人，也包括愛自己。盜賊是人，殺盜賊也是殺人。同時，荀子也強調，如果以實際事物或行為加以驗證，上述三種說法就更不能成立了。

第二惑，荀子也舉出三例，即高山和深淵處在同一平面、人的情欲是很少的，以及大餐並不好吃、盛樂並不好聽。這是用人的主觀感受改變事物的實際情況。如果處在高空往下看，人的肉眼有時確實難以區別實際的高山和深淵的高度差別，比如現在從太空船上觀察地球。名家宋鈃就從主觀感覺出發，認為人們沒有太多欲望。墨子則認為，他對於一般人所謂的美食和美好的音樂並沒有什麼感覺；但是，如果人們完全從個人感受出發去確定概念和名稱，必然導致無法與他人交流。所以，荀子強調，付諸實際生活和感受，就可以禁絕這類惑亂思想。

第三惑，荀子舉出兩例，即排除之後還是盈滿、刎馬不是馬。這是無視事物的變化，以名亂實。就是說，滿池的水被排乾之後，盈滿已成過去，就不能再說池子是盈滿的了；宰殺的馬，應該還是馬。如上所述，名稱和概念應該隨著事物的變化而變化，不能不講時間地點地使用概念和名稱，否則就會造成交流上的困難、思想上的混亂。對此，荀子主張「驗之」，把如此主張的人放在實際中讓他們加以感受，以糾正其混亂想法。

在進行了學理上的論辯之後，荀子指出，主張上述「三惑」之人，其目的無非是以這種貌似合理的說法吸引人們的注意力，最重要的是吸引君主的注意力，以求得到名和利。所以，如果君主能夠充分加以辨別，這樣的言論自然就會消失。

論辯說

荀子在批判各種錯誤的學術思想和社會思潮時提出，這些思想儘管很卑陋、很偏執，但在邏輯上卻做到了「持之有故，言之成理」。儘管這些思想不盡合理，但其宣揚者卻能夠透過上好的言辭和口才欺惑愚昧之眾。這就是說，荀子真正不喜歡的是那些純粹的辯說之徒。誠如孔子對「佞人」和「口給」者的批判一樣，純粹的辯說者是造成社會思想混亂的罪魁禍首之一。

（1）君子必辯

作為思想家、學者、教師，荀子對於辯說這種說理手段是非常肯定和重視的，或者說，荀子並不是泛泛地反對辯說，而是反對言不及義的辯說，以及空洞地為了辯說而辯說。

荀子強調，凡是不合乎先王教誨、不順從禮義的要求，就是奸邪之言，大方向上出了問題。這樣的言語即使聽上去很有道理，能夠自圓其說，在表達上挑不出毛病，君子也不會去諦聽，更不會聽從。反過來說，君子之言雖然也注意表達方式和水準，但重在語言內容。

荀子明確指出，即使是能夠效法先王、順從禮義，並且與真正的學者為伍的士人，如果不喜好言語、不樂於言說，也算不上是「誠士」，即真誠信實的士人。這是因為，士人不僅要自身達到儒家要求的高標準，還肩負著傳播道義的使命。如果沒有能力，甚至不願意做大道的傳播者，這樣的士人即便不是不合格的，也是不圓滿的。

荀子主張「正名」，從哲學認識論入手，全面探究概念如何產生、如何使用等相關問題，並嚴厲批判世俗名辯人物的偏頗之論，目的就是要還「辯說」以本來面目。名稱正確、概念明確是辯論和說明問題的基本要素，在荀子看來，人們不能為了辯說而辯說，辯說必有實際意義，在荀子時代，則其社會意義尤其重要。

世道之所以混亂，一個重要原因，是人們的思想混亂。對此，身為思想家的荀子並不贊成用單純的辯說去誘騙人們，以期統一人們的思想，而是明確主張以儒家之大道換取民眾的思想統一。但是，荀子也沒有理想化地認為民眾應該被耐心地說服，因為民眾的受教育程度，以及緊迫的客觀形勢都不允許當政者如此從容地去做思想教育和心理疏導。英明的君主應該以威勢面對民眾，用大道引導民眾，直接把民眾應該做的事情告訴他們，公開把結論告訴他們，然後用刑罰禁止他們的不當行為。這樣一來，民眾向大道的歸化就會如神靈的功用一樣快速而見效，根本用不著跟他們用辯說的手段反覆講說。

不幸的是，當時並沒有聖王存在，現實卻是天下大亂，奸邪之言不斷出現。像荀子這樣的君子，既無權威壓服民眾，又不能使用刑罰禁止民眾的行為，那麼，要想完成其負有的社會使命，只能採取辯說的手段。具體說來，事實不能讓人們自然明白，就採取直接說明的辦法；直接說明還不能讓人們明白，就等待一段時間，讓人們反思；等待之後還不見效，就去努力說服他們；說服也沒有效果，最後就採取辯論的辦法。這四種方法都是高層次的改變人們思考的做法，是王者之業的開始。

在荀子這裡，辯說並不是一種純粹的手段或方法，不是為了辯說而辯說，而是要用辯說闡明大道、明辨是非、得榮去辱。

以當時著名名辯家宋鈃主張的「見侮不辱」為例，荀子指出，根據宋鈃的觀點，即使是受到了侮辱，只要自己不認為是侮辱，就不算是受辱，並認為這種態度能夠減少不必要的爭鬥。荀子認為這是一種是非不分的態度，致使人們各執己見，一直處在爭辯不休的過程中。不是說不能有辯說，而是說一定要樹立起高尚而正確的辯說目標。這個目標也並不是抽象的道德要求，而是王者制定的制度，因為這是天下最大的目標，也是大是大非的界線，以及世間所有名分、名稱的來源。由此可見，荀子思想的最終目標是現實的政治追求，是完成改造社會、造福人類的使命。

說到具體辯說過程，荀子指出，一切的概念、判斷、推理等等，都要以聖王為師法。至於如何辨識聖王的教誨，荀子提出，無非是榮、辱之兩端，即享受榮耀和遭受辱慢的兩個極端。

由於人並不能左右外在環境，所以，有修養的君子有可能受到外在辱慢，但卻不會遭受內在辱慢；小人有可能獲得外在榮耀，但不可能得到內在榮耀。即使地位再低，如果保持內在修養，並不妨礙人們去做堯、舜一樣的君子；即使地位再高，如果放棄內在修養，也只能去做桀、紂一樣的小人。內在、外在都獲得榮耀，只能屬於君子；內在、外在都遭受辱慢，也只能屬於小人。荀子如此的分析和結論，就是他強調的「榮辱之分」，榮耀與辱慢的分界。這樣的分界，聖王視之為治理天下的法則，士大夫認為是做人的原則，官員要作為政治操守，老百姓要作為風俗，並且永遠不能變更。

對於大道，君子不僅要立志去追求、去修行、去實踐，還要去宣傳、去推廣、去維護。所以說，「君子必辯」，君子一定要具備必要的哲學思維和語言辯說能力。

人們都喜歡言說那些他們認可的善良的東西，而君子在這方面尤其積極，因為如上所言，他們是肩負歷史使命和社會責任的人。不用說，對於這方面的言語，君子是沒有厭煩的時候的。在君子看來，把美好內容的言語說給別人聽，比贈送人們金石珠玉更為貴重；用積極向上的言語勸勉人們，比高檔服飾更為美麗；讓人們聽到美好的言語，更勝於欣賞動聽的音樂。由此可見，得體而美好的言語是多麼重要。言語不是簡單的外在表現，而是能夠由表及裡，深刻地表現一個人，影響一個人。

荀子認為，缺乏修養的小人總是喜歡以偏險的言語壓服他人，君子的辯說則是以其內容符合仁義而占得上風。在君子那裡，如果言語不能體現仁道，還不如默不作聲。只有在言語符合仁道的前提下，才可以說喜歡言語的人是居上者，不喜歡言語的人是居下者。總之，辯說也好，談說也罷，內容正當是大前提。

(2) 辯說之術

既然辯說對於君子來說是如此重要，那麼，辯說之術又是什麼呢？事實上，對於辯說術，荀子有著明晰的界說和批判。

辯說有小辯、有大辯。所謂小辯，是指為了纖細小事而辯，特別是那些簡單易明之事、易明之理，顯然是不值得一辯的。同時，只求口頭上爭勝，不顧事情的大體和根本，更是「小辯」的致命缺陷。所以，與其「小辯」，不如「見端」，即認認真真地從事情的開端說起，而不是各取所需，不要只是為了口頭爭勝而辯說。當然，「見端」還不是目的，也不是最重要的，所以要去小辯而取大辯，達到事物或事理的根本所在。

荀子提出了他的理性見解，即辯說者的三層境界。最高境界是聖人之辯者，即達到了聖人修養的辯者，或者說善於辯說的聖人。其特點是，辯說時不必事先謀劃，任何時候都能做出正確而準確的應對。稍遜於聖人的是士君子之辯者，其特點是提早謀劃，認真聽取對方的每一句話，應對時有文有質，內容廣博而正直。

不用說，最讓人遺憾的是小人之辯者。荀子的描述是，聽其言辭，雖然很雄辯，但卻沒有條理；再觀其行動，則多為狡詐，少有功績，上不合天理，下無益於百姓，只不過是口才上好、辭藻華麗而已，至多也只能算是「奸人之雄」罷了，即奸邪之人中的佼佼者。所以，荀子不客氣地表示，一旦有聖王到來，最先誅殺的肯定是這種人，甚至對盜賊的懲治都要放在下一步。這是因為，盜賊都有可能被教化而改過，但小人之辯者卻難以改變，原因就在於他們的人性和思想已經徹底變質了。

由此看來，作為理性主義大師的荀子，對辯說、談說或辯論術同樣持有理性態度。他並沒有一般性地反對辯說，而是主張在保證辯說內容的前提下，聖人、君子都應該重視辯說，甚至認為必要的辯說能力是君子的基本才能之一。這與孔子婉轉地反對辯說、孟子的不得不使用辯說的態度相比，是一個明顯合理的改進。為此，荀子還對辯說本身進行了深入思考，就如何保證辯說為仁道服務，如何表現有力的辯說作了多方面闡述。

荀子認為，辯說中的困難，是言說者的立意高遠，言說的目的是想達到天下大治，而聽者的境界很卑下，並且正處在社會大亂的境遇之下。這樣一來，如果不能說到對方能夠接受的程度時，說得太高遠容易被誤解，說得太淺近又容易被理解得太庸俗。所以，一個善於辯說的君子，當他言說高遠時不至於讓人誤解，言說淺近時不至於讓人陷於庸俗，要能做到隨著客觀條件變化而表現出適當的進退、高低、緩急，自如地控制自己，既要讓對方明白，還要保證自己不受傷害。整體來說，是要嚴格要求自己，寬容對待他人，自己是賢者卻能容納普通人，自己是智者也能容納愚鈍者，自己是博識者又能容納淺薄者，自己是純粹者還要容納雜亂者。荀子稱此為「兼術」，即合格的辯說者要能做到兼識相容各種各樣的人、應對各種各樣的局面。

再具體一些，荀子直接說到了「談說之術」。在與人談說的時候，首先態度要端正，以嚴肅的態度對待此事，以誠實的思想處置此事，以堅強的精神堅持此事。在談說過程中，可以使用比喻來說明問題，也可以對不同的人在不同情況下分別對待，就好像是把最好的東西送給別人，讓對方把你的談說視為珍寶，認為你談說的東西很值得高看，甚至有一種神奇力量。這樣一來，你談說的東西就會經常被人所接受，有時即使不一定會讓人家喜悅，但也會被看重，因為你談說的內容有可以讓人高看的東西。

（3）辯說之道

如何進行一場合理而有效的辯說呢？荀子的觀點是，聽到一個名稱，就能明白這個名稱要指稱的事物，那麼，這就是個有用的、合格的名稱。把若干名稱或概念累積成文句，那就是名稱的最好配合，也是對名稱的恰當使用。有了合格的名稱，以及恰當的名稱使用，就可以稱作「知名」，即對於名稱的功用和使用都實現了應有的掌握。

名稱、詞或概念的功用，是要把事物區分開來。說辭、句子，是要利用概念或詞彙表達出某種意思。辯說不是針對具體事物的異同，而是要說明某種道理。深入反思、直接判斷，是為辯說服務的。這其實是在講述詞、句、文的區別。

所謂辯說，是要表達思想對大道的追求。思想是大道的製造者，就是說，大道是人們利用名、辭進行思考的結果和結晶，是治國理政的原則。反過來就是，思想要符合大道，辯說要與思想一致，說辭要為辯說服務。

辯說的具體原則是，名稱正確才能方便人們思考，也就是所指內容真實，讓人們能夠明白。辯說事物的同異不過激，推斷事物的類別而不自相矛盾。聽的時候合乎文理，辯說的結果能夠說明原因。以端正大道來辨別奸邪，好比是工匠用墨線決定曲線和直線。只有這樣，奸邪的學說才不能擾亂人心，百家的爭辯才不能肆無忌憚。

那麼，什麼才是正確的辯說，或者用荀子的話來說，是「聖人之辯說」呢？

聖人的辯說，能夠達到兼聽各種意見，但也沒有奮爭、矜持的表現。有顧及各種意見的醇厚，但沒有自以為是的表情。聖人的學說如果能夠推行，天下就會走上正道；如果不能推行，聖人則是一邊宣揚自己的學說，一邊引退一旁，等待時機。

在聖人之外，還有「士君子之辯說」。這說的是，在辯說過程中，辭讓的節奏把握得很准，對待年長者或年少者應該遵循的道理也掌握得很通順。不使用忌諱詞句，不說出怪誕之語。說話的時候以仁厚之心為根據，聽講的時候抱著學習的心態，辨別同異的時候要堅持公平之心。不因為眾人的批評或讚譽就改變立場，不因為人們想看什麼聽什麼就炫耀什麼，不因為高貴者的權勢而迎合他們，不為自己的利益而傳播偏僻的言論。堅守大道而不三心二意，辯說失利的時候也不強辭奪理，辯說有利的時候也不會荒漫無度，看重的是辯說公正，輕視的是一味的言語爭勝。

顯然，在辯說過程中，士君子與聖人的表現是明顯不同的。士君子的辯說更具有個性，聖人的辯說則具有一般意義。士君子更注意具體的方式方法，而聖人則注意整體表現。

荀子的總結是，對於辯說而言，最讓人憂慮的是，如果不知道某種東西無益，那是缺乏智慧的表現；如果明知道無益，卻還要去欺哄人們相信，則是不仁的表現。既不仁又不智，才是最大的侮辱。本想讓人們受益，結果卻是完全無益於人，只好在莫大的屈辱中草草收場了。

人心人情人性，性惡之論

談到人性問題，談到中國古代對人性問題的主張，人們必談孟子的性善論、荀子的性惡論。作為哲學家的荀子，他的性惡之論影響深遠。人性論既是荀子思想的重要內容，也是荀子思想的重要基礎和必要前提，理當進行耐心細緻的分析和全面深入的理解。

人情、人的欲望或欲求，是人生的重要支點。整體上來說，人生的快樂與苦難，社會的安定與動亂，都與人的欲求直接關聯。如何看待人的欲求，是每個哲學家必須回答的問題，也是每種政治理論必須探究的問題。荀子從人性的角度去理解這個問題，其答案雖然不必為所有人接受，但卻成為古代思想史上繞不開的重大話題。荀子的性惡之論，既是原創的思想，更是理性的思想，其對於中國思想史的貢獻，使用任何偉大的言語去形容都是可以接受的。

荀子主張性惡，認為人性中充斥著各種自私自利的欲望，這些欲望是生來就有的，與後天無關。這可以被理解為人的生命力所在，也是人的根本意志所在。早有學者指出，荀子是因為對現實中的罪惡過度敏感，才提出了性惡之說。確實，現實中的荀子，被時代的混亂、人性的泯滅所震撼，不得不從人性深處尋找原因。受此激發，荀子意識到，不以人性為惡則不足以驚醒時人，更不足以為他的注重禮法之治的思想提供必要的學理基礎。

不論怎麼說，一方面是人性之惡需要約束和改造，另一方面則是聖人製作了禮義規矩，而把這二者有效結合起來的唯一手段，就是學習。從這個角度來看，荀子主張「性惡」，其真實動機之一也是在主張和強調人們必須進行學習和道德修養，或者說是為人的學習尋求到了一個不可否定的基礎和不可迴避的理由。為了抑制和消除人間之惡，短期的方法是法律的強制手段，而長期的辦法則是學習大道和修養身心。很顯然，荀子的人性論或性惡論，同樣是儒家和法家思想的有機結合。

人有人性，人有人情

荀子論說人性，是從宇宙萬物的本質說起，這與他的哲學家身分和注重理性的思想特質是一致的。荀子認為，萬物都存在於同一個空間，只是形狀或外在狀態有所不同罷了。對於人來說，萬物的存在並沒有特別目的，但卻可以被人所利用，這是「數」，也就是必然性，是任何人都不能改變的客觀現實。人們的相處方式是「倫」，即類別。人與人是有區別的，但從整體上看，人必須「並處」，即結合成群體或社會而生存。生存在人類社會中的人們有共同追求和欲望，但實現這些追求和欲望的方式方法卻有所不同，並且人們的智力也有所不同。這些相同和不同，都是人性的組成部分，是人生來具有的，不是後天形成的。

不論是智者，還是愚者，在追求欲望方面是相同的，不同的是追求什麼樣的欲望。更糟糕的是，在情勢相同的情況下，因為智力有異，如果追逐私利也不會惹禍，放縱欲望也不會有盡頭，那麼，人心就會奮爭，要求也就永遠不會滿足。這就是說，人有共同的欲望，也就有共同的人性。並且，人有共同的人性，是自然而然的結果。

荀子從兩個角度定義了人性。首先，人性是人之所以成為人的原因或原則、原理。其次，人之所以成為人的原理與外界發生感應，自然生成為人，這也是人性。其實，荀子的這兩種說明本質上是同一個意思。在荀子看來，所謂人性，就是人之本性，是人之所以成為人的根本規定性，這種規定性不受外界事物包括其他人的任何干預，是自然而然地發揮功用。人性就是人的天然性，其中既有人的生物性，也有社會性，總之，人性就是人在沒有形成自主意識之前，人自身難以掌握和控制的所有因素對人的綜合影響的結果。

荀子對人性的認識，決定著他對與人性相關的其他所有概念的理解。

與人性關係最為密切的概念是人情，或單稱情。人性必然要表現出來，或者說，人是一定要與人身之外的世界相接觸的，包括自然界和人類社會，而接觸的結果，就會產生對於人和事的愛好或厭惡，以及表現出自身的喜怒哀樂等等情緒，這就是情或人情。換句話說，人與外界相接觸的結果，就是人性表現為人情。人性本身是看不到的，能看到的是人性的種種表現，即荀子所稱的人情。

人性和人情有欲望是正常的，甚至人性和人情有無限多的欲望也是正常的。人的五官或五體，都是要本能地追求美好、追求享樂，比如眼睛要看最美好的景色，耳朵要聽最美妙的樂聲，嘴巴要吃最美味的食物，鼻子要聞最好聞的味道，身體則要追求最安逸的享受。這五種追求是自然產生的，是能給人帶來快樂的，只要是正常人，都會感到快樂。由人情獲得天然快樂的合理性，進一步擴展到社會領域，同樣也有每個正常人都想獲得的快樂，比如「貴為天子，富有天下」，即使是聖王，也想保持這樣的地位，以便管理所有人，而不被任何人所管理。甚至是帝王的豪華物質生活，以及所能實現的功績和得到的名聲，也是下自普通人、上至王者的共同願望。

古人認為，人情是追求更多的欲望，而不是相反，古來的聖王一直以來也都是用財富行賞，用刑殺和罰沒財產作為懲罰。荀子甚至很具體地認為，最上等的賢人應該以天下作為其俸祿，次一等的賢人應該以一國作為其俸祿，再下一等的賢人也要以土地和封邑作為其俸祿，而那些奉公守法的普通人則至少要保證溫飽。

但是，現實生活中並不是所有的人都能實現上述願望，甚至有些願望只有個別人才能實現。那麼，在這種情況下，就存在著必須根據某種規則去獲得上述利益、實現上述願望的問題，也就是對「人情」加以節制的問題。

人性有欲，「順是」成惡

世稱荀子主張「性惡論」，即認為人性為惡，其最經典的表述是：「人之性惡，其善者偽也。」人的本性是惡的，人的善良表現是人為改造的結果。「偽」是「亻（人）」和「為」的組合，荀子從會意的角度解釋這個字，認為是「人為」的意思，傳統的解釋是「矯」，即矯正的意思。

人性問題是一個現實問題，人性的惡或善或其他關於人性本質的定義，是來自於人的現實表現，而不是來自概念或理論推導。荀子從對現實生活的觀察出發，指出人生來就好利、有嫉惡、有耳目之欲，這些都不是學來的，也不是受自然和社會環境的影響而生發的，因此才能說是人的本性，本有之性。

荀子對人性內涵的定義是相當複雜的。首先，荀子列舉的三項人性內涵並不完全是生物之性或動物之性，他所說「生而」如何如何，也並不是指人一出生就具有的本能性的習性。所有生物都有生存本能，生下來之後都要吃食，都要保護生命，都喜歡適合自己的環境。但是，根據荀子以上描述，人不僅要吃要住，要維持生命存在，還有「好利」，喜歡擁有物質利益，甚至擁有超過日常需要的利益、財富，即貪婪、貪財。人不僅要保護生命存在，還要「嫉惡」，對於厭惡的東西也要施以打擊。人不僅喜歡適合自己的環境，還要「有欲」，要去享受，甚至享受成癮。不用說，人的這些更進一步的要求，是生物或動物所沒有的，或者至少是沒有全部具有的，而對於人來說，這些要求看上去又是自然而然形成的，並不需要刻意學習。由此看來，人的本性應該是不同於其他生物的本性的。

其次，人性之惡的內涵還不僅僅表現在上述生來就有的欲求中，而且必須有「順是」的過程才能最後完整形成其「惡」的本性。所謂「順是」，就是順著上述生來就有的欲求，不加以任何節制或矯正，任其不斷發展，甚至無以復加。具體說來，如果對「好利」不加約束，由於社會財富有限，就必然產生人與人之間的爭奪，直到使辭讓的表現消亡；如果對「嫉惡」不加約束，人們就會殘害他人，直到使忠信的表現消亡；如果對「有欲」不加約束，人們就會滋生淫亂，直到禮義文理的表現消亡。總之，如果順從人性的要求和人情的表現，必然導致無休止的爭奪，直到「犯分亂理」，歸於暴力。所謂「犯分亂理」，就是不顧及人的社會職分，不在意禮義大理，使人類生活在無限暴力之中。

荀子關於人性為惡的結論是由兩部分組成，一是人性，二是人性向惡。人性由「好利、嫉惡、有欲」三者組成，確切地講，在這個階段，人性尚未成惡，至少不是全部的惡，不是惡的整體，類似於孟子「性善論」中的「四端」之「端」，可以說是性惡之「端」，也就是苗頭、開始、起始、生長點的意思。由此可見，荀子的以「性惡論」挑戰孟子的「性善論」，是在深入研究「性善論」的基礎上進行的，並且有可能是受到了孟子「性善論」思維邏輯的影響。

由「性惡」之「端」而「順是」發展，就最終形成標準的惡的表現，即「爭奪、殘賊、淫亂」。

這樣看來，人並不是生下來就是作惡之人，而不過具有作惡的基質而已，類似於有些思想家認為的，這樣的基質也許只是人的生命力或生命能量的必要組成部分。人性中的惡的苗頭或傾向，近似於人的自私自利之念。任何個體的生物都有這種與生俱來的自我生長、自我保護的意識、衝動或本能，所不同的是，人在這方面表現得更為強烈、更有目的性。因此，人的這種「惡之端」之所以會出現「順是」的情形，也同樣是人的本性的自然發展，也就是說，並不需要什麼樣的引導和要求，「惡之端」會自然而然地「順是」而為，發展出真正的惡行。

對於這種天然基質及其自然發展，荀子並沒有表現出厭惡、排斥，因為他所真正不能接受的是「順是」之後的結果。所以，荀子「性惡論」的真正價值並不是因為人生來具有作惡的基質和傾向而厭棄人類，而是如何防止和制止「順是」的情形出現，進而實現對人性趨向的矯正或改造。

在荀子那裡，人性為惡已成定論，那麼，人情又是如何的呢？

荀子設想了堯帝與舜帝之間的一場對話，因為這是上古傳說中前後相接的兩位帝王，所以才有對話的可能。堯帝問舜帝：「你認為人情究竟如何？」順著荀子的思路，這裡的「如何」之問，應該是就人情的本質，即人情是善還是惡而發出的。舜帝回答：「人情是非常不美的，這是不用問就能明白的事情。」此所謂「不美」就是惡。那麼，人情之惡表現在什麼地方呢？現實中的人們，有了妻子和孩子之後就減少了對於雙親的孝敬，欲望得到滿足就減輕了對於朋友的誠信，官做得足夠大了就減損了對於君主的忠心。對於人情淡薄的如此描述，當然不會讓人們對人情的本質抱有信心，更不會認為人情是善。

節制欲求，矯正人性

荀子從來都是本質上的樂觀主義者。儘管人情有上述「不美」表現，荀子還是認為賢者的表現始終與此相反。這是因為，賢者能夠約束和節制人性和人情。

在人的所有欲求中，最大的莫過於生命和長壽，最厭惡的莫過於死亡。但是，那些放棄生命去赴死的人，並不是他們不想活著，而是不可以生、只可以死。對他們來講，死去是正當的，活著是不正當的。對某些東西有著強烈欲求，但卻沒有去行動，那是心志加以阻止了。人的欲求如果是合理的，再多也不會妨害社會治理。如果是不合理的欲求，再少，也會造成社會混亂。社會是治是亂，並不在於人們有沒有欲求，而是這種欲求是不是合理。

在對欲求的認識態度上，荀子從人性和人情的實際出發，上升到社會治亂的認識高度，反映出一位有良知的思想家的道德自覺。

在荀子看來，社會實現大治是所有人的願望，為此，就必須對個人欲望有所節制，而事實上人的欲求也是可以節制和能夠節制的。

人性是天然造就的，人情是人性的本質表現，而欲求則是對人情的回答或呼應。即使設置種種限制，人的欲求也不可能徹底去除，因為欲求是人性之中的東西，是人就會有欲求，即使是天子，已經擁有天下，還是有著不可窮盡的欲求。

雖然人的欲求是不可能完全實現的，但卻可以無限接近；雖然人的欲求是不可能徹底消除的，但有頭腦的人卻可以節制。無限接近也好，有所節制也罷，依據的是什麼呢？荀子認為是大道。大道是調節欲求的最好標準和手段。人的所有行動都是要有權衡的，都是要有準則的，而大道則是古往今來最正確、最準確的權衡標準。離開大道而隨心所欲地選擇，結果是禍是福，就很難說了。

整體來說，人有欲求是正當的，而節制人的欲求也是必需的。節制欲求的最佳途徑和方法就是遵從大道。在荀子這裡，大道就是以儒家思想為核心的思想學說。

為什麼要節制欲求，目的之一是人心不為外物所役使，進而讓人心役使外物。實現人心役使外物，就是要獲得人的解放。人心要有一貫主張，既不為外物的現象所蒙蔽，更不要讓物質利益牽著鼻子走。

荀子的視角是，透過複雜現象，把握事物本質。一個正常的人，如果是在思想上輕視理義而卻看重外在事物，或者是只看重外在事物而不反觀內心、行為已經遠離理義而沒有感覺到外物帶來的危險、外物已經帶來危險卻還不感覺驚恐，在正常情況下是不能接受的。不接受這四種情況，是荀子認為的正常的行為方式和標準。

很顯然，人性和人情都是不可以放任自流的。著眼於人性和人情被放縱的惡果，它們不僅需要被節制，還需要被矯正。

荀子的人性論，是要在證明人性為惡的同時，還要去矯正人性、改造人性，最終建成一個仁道盛行的社會。

矯正人性的途徑是師法之化、禮義之導，也就是以教育、教化和引導的方式，用聖人之禮法、儒家的禮義，約束人性之欲，不讓生來就有的人性之欲毫無節制地順著自然欲求往前走。只有按照這樣的道路前行，才能回歸聖王治下的仁政社會。

人之性惡，要透過外在手段，使人的行為端正而善良。猶如對於天生彎曲的木頭和鈍鐵，要想使彎曲的木頭變直，使鈍鐵有刃，就必須施加外力，用相應的工具把木頭矯正，透過磨礪的手段使鈍鐵有刃。對於人性之惡來說，這些外在手段就是師法、禮義。君子與小人的區別，從人性角度看去，就在於能否「化性起偽」，變化人的本性，興起人為的從善之道。能夠化於師法，能夠積累修養之功，能夠遵循禮義，就是君子；放縱人性和人情，安心於無法無度，違背禮義要求，就是小人。

人性如何，是人自身無能為力的，但是，人性又是可以被啟發，可以被改造的。人之情，也不是人自身有意造作的，但卻是可以改變的。在日常行為中，在社會習俗影響下，人性會慢慢發生變化。人集中精力去學習，不三心二意，就會不斷積累，改變人之情。習俗可以改變人的意志、思想，久居某種環境中，也可以改變人的本質。重要的是，專心於學習，就能與神明相通達，與天地相齊一。

不用說，人情也好，人的喜怒哀樂也罷，必然不能全部釋放，即使部分釋放，也必然不能全部得到滿足，這時候就需要考慮，考慮哪些人情是合理的、適宜的，哪些是能夠得到滿足的。這個選擇過程，荀子稱之為「慮」，即思慮，這個思慮之中，就包含有節制的成分。

在做了必要的思慮或節制之後，人情就要付諸實施，把喜怒哀樂表現出來，落實在行動中，這樣的結果，荀子稱之為「偽」，即「人為」，人的實際行動。荀子的解釋是，思慮不斷積聚，直至自己認為合理、適宜，然後付諸行動，最後得以完成，這就是「偽」。

人性相當於是原始質樸的材料，而人為則是對質樸材料的加工裝飾。如果沒有人性，人為的行動便沒有了對象；如果沒有人為的做法，人性就不能表現出善良和美好。這並不是說人性需要美好，而是說，人為使人性變得美好。荀子說，人性與人為相結合，才能成就聖人之名，才能完成天下最偉大的功績。正是因為聖人的努力，人性與人為才能實現完美結合。

荀子思想的偉大之處，在於他既能夠深刻認識現實，又能夠順勢而利用現實，最終達到為現實有效服務的目的。在人性問題上，儘管荀子力主人性為惡，但是，利用人性之惡、改造人性之惡，正是人類進步的必經之途。荀子所說的人性之惡，並不是說人類因此就陷入無底深淵。相反，正是因為人類順著惡前行時遭遇到了種種困難，甚至有可能瀕於滅亡，才使人類真正認識到善的重要，並因此而棄惡從善。

聖人制禮，化導美善

荀子主張人性為惡，就是說每個人都是帶著生來就有的惡的性情來到人世間。所以，荀子性惡論遭受到的最大質疑，就是人世間善的來源和善的產生的問題。對此問題，荀子並不是沒有充分自覺。他以疑問者的口氣設問：如果說人性為惡，那麼，禮義廉恥等美德又是從何而來的呢？

（1）勢在必行的聖人制禮

在荀子看來，美德或善良的產生有兩個原因，一是有聖人創制，二是惡極而生善。前者是人的原因，後者是理的原因。

關於聖人創制禮義，荀子認為，禮義美德產生於聖人的人為之功，而不是產生於人性之中，不是人性中固有的事物。聖人經過不斷的理性思考和道德實踐，創制了禮義道德和行為法度。

人性或人的自然賦有的特性是，眼睛喜歡觀看外表美好的事物，耳朵喜歡欣賞好聽的音樂，口中喜歡咀嚼美食，內心喜歡得利，身體喜歡安逸享樂。這些特性，是人與事物相遇時的自然表現，不必透過學習，也不用別人指點，是自然生發的。荀子所說的「偽」，是人為的表現，是指那些不是自然生成，而是需要學習和實踐才能生成的表現。人性和人為是截然不同的，前者是自然生成的，後者是經過學習得到的。

這樣一來，聖人的職責或使命就是所謂的「化性起偽」，即化改人的天然之惡，興起後天的人為之善。所謂人為之善，就是製作禮義法度，對人性之惡加以約束和改化。很顯然，聖人確實與普通人具有共同的人性，但聖人與普通人不同的卻是能夠起「偽」，去創制禮義法度，去約束人性。

荀子舉例說，喜歡得利是人的本性。假如有這麼一個人，他有足夠多的財產，並且能夠分出來給別人。如果完全依據人的本性來分配，因為人人都有好利之心，即使兄弟之間也會出現肆意搶奪的情況。但是，如果依據聖人制作的禮義法度進行分配，那麼，即使是素不相識的人們之間也會出現禮讓。

所謂學理方面的原因，荀子認為，正是因為人性本惡，人們才會去追求善良或美善。從常識角度來看，人們都願意獲得自己本來沒有的東西，比如少淺的時候希望厚實，醜惡的時候希望美好，狹窄的時候希望廣大，貧窮的時候希望富有，卑賤的時候希望高貴。總之，對於自己沒有擁有的東西，必定會努力去得到。反過來說，如果足夠富有，就不會老想著發財；如果已經很高貴了，就不會老想著擴大勢力。也就是說，已經擁有的東西，就不會急於再獲得了。

根據以上分析，當人性中的惡已經足夠的時候，人們就必然去求取善。因為人性中一直缺乏之禮義，人們即使必須透過艱苦的學習，也一定要獲得禮義。

荀子認為，在他的時代，人們沒有可以學習和效法的大道，思想偏邪，不走正道，人們也沒有禮義可講，行為悖亂，無法治理。這種情形，在古代也曾有過。那時，有聖王出現，他們認為人性為惡，人們思想偏邪、行為悖亂。為了改變這種狀況，使社會得到治理，聖王就制定了禮法和法度，目的是矯正和修飾人性和人情，使其走上正道。人性和人情是自然發生的，聖王矯正的手段就主要是引導，並不是堵塞和消滅。最終目的是使社會得以治理，使人們的思想和行為合於大道的要求。

人性既然是相同的，為什麼人與人之間還會出現明顯的甚至非常巨大的差別呢？比如君子與小人，歷來被認為是處在做人的兩個極端上。對於這樣的明顯差異，從荀子人性論的角度看去，應該做怎樣的理解和解釋呢？

荀子明確承認，要論組成人的身體材質、人性、人的感知能力、人的基本生存能力，君子與小人是完全一樣的，君子和小人都有同樣的生理結構，都有本惡的人性，都有感知外界的能力，都有生存的基本能力，如言語和行動的能力。從社會生活角度來看，君子和小人都喜歡榮耀、厭惡恥辱，都喜歡利益、厭惡禍害。那麼，為什麼這兩類人之間還能區別開來呢？

君子與小人在先天材質、天然本能、基本欲望上都是一樣的，而把這二者區別開來的，是如何運用和使用這些天生的本性和能力，以及如何實現那些共同欲望的途徑。荀子不無同情地說，小人也是打心眼兒裡想擁有與君子一樣的先天才性，事實上，小人本來就有與君子一樣的先天才性，只不過他們沒有認識到而已。因為君子言行得當，所以成為君子；小人言行失當，所以成為小人。小人不能反躬自問，不去自我檢討，反而把與君子的差距完全歸之於先天原因，這就大錯特錯了。如果仔細觀察和了解小人的先天才性，完全可以和君子一樣地做人做事，甚至在很多方面還勝過君子。小人與君子的差距，並不是先天才性決定的，而是後天言行限制了他們，使他們與君子截然有別了。

人情的本質是什麼呢？或者說人的最真實的欲望是什麼呢？在荀子看來，就是想吃好的、穿好的，就是想有車有馬之後，還想有財富的積蓄，並且是永不知足。但是，現實中確實有這樣的人，他們蓄養了所有家禽，卻還不捨得喝酒吃肉；家裡有餘財餘糧，也不敢穿得太好；更有甚者，即使有了大量財富，也不敢有車有馬。這是為什麼？並不是他們沒有人的欲望，而是因為有長遠考慮，就怕以後出現突發狀況的那一天，這才節約用度，不斷蓄積。這樣有長遠考慮的人，難道不是很善良的人嗎？與這種人相比，那些無所顧忌，只知道揮霍無度，甚至不免因此而凍餓至死的人，就是真正的苟且偷生、沒有頭腦的人了！

這就是說，儘管人有欲望是正常的，人情自私是正常的，但正常的並不見得就是合理的。正常是說人的欲望是自然而然，是發自人的本性，而合理則是人們對欲望要加以適當的調節和節制。前者是自然的人，後者是社會的人。那麼，這種社會的人又是從哪裡來的呢？

荀子用很多筆墨描繪這種社會人的所作所為，即他們的功用與他們對社會的奉獻。荀子說，為了肉體生存，還有人作長遠考慮，那麼，為了精神長存，為了體現人的真正的生存價值，所謂先王之道、仁義之理，具體說來就是儒家經典所表現的思想，就更應該值得人們珍視了。仁義之理是對天下、對萬民的最長遠考慮，更為重要的是，只有「慎熟修為」的君子，才能提出仁義之理。這就是說，只有那種道德修養到家的君子，才能夠提出先王之道、仁義之理。

上升到社會層次，做天子，擁有天下，同樣是人們自然而然的欲求，但實際情況是，不可能人人都做天子。在這種情況下，為了避免不必要紛爭，為了社會安定，先王就制定禮制，力求做到合理區分貴賤、長幼、智愚、能與不能，讓人人都能做他們應該做的事情，得到他們應該得到的報償，荀子把這樣的原則稱為「群居和一」之道，即社會和諧之道。換個角度，荀子又說，當仁人在上為君的時候，農夫盡力把田地耕種好，商人賺取更多財富，百工完全發揮才技，官員則以「仁厚智慧」為準則盡職盡責，這樣的社會才是「至平」社會，即最公平的社會。到了這個時候，即使有人把全天下都當作俸祿，人們也不會覺得他們得到的太多；即使有人以最低賤的工作為生，人們也不會覺得他們得到的太少，因為這都是根據公平原則形成的結果。

荀子對此的最後總結，是引用了當時人們常說的一句話：「儳而齊，枉而順，不同而一。」意思是，參差不齊才是真正的整齊，彎彎曲曲才是真正的順達，不完全相同才是真正的一致。這種充滿辯證思維的觀點，荀子認為才是真正的「人倫」，即人群應該有等級、類別和區分。極端的平均主義是有害的，也是不現實的。只有根據實際情況，根據合理的原則把人們區分開來，才是一個健康社會應該有的狀況。

這就說明，即使從社會的角度去看，儘管個人欲望是相同的，是自然而然的，但社會現實卻並不能滿足所有人的沒有窮盡的欲望，所以必須對人的欲望加以節制和調整，而這樣的責任就落在先代聖王和聖人的肩上。

人之所以能夠成為人，主要是因為人有理性，即荀子所說的「辨」，辨別事物輕重，辨別事理是非。人的理性主要體現在兩個方面，一是與動物相比，二是人性相較。人與動物都是有生命的生物，但人與動物，特別是某些動物比如猩猩的區分，並不只是因為人以兩足直立行走，以及人的身體上沒有那麼多的毛髮，而是因為人有理性。動物中的禽獸也存在父子關係，但卻沒有父子之親情；也有雌雄之別，但卻沒有男女之間的禮儀之分。人具有的理性，使人脫離開了人性中的先天的生物本能。另一方面，人的生物性中還有一些與生俱來的欲求，比如飢餓的時候需要吃食，寒冷的時候需要溫暖，勞累的時候需要休息，以及趨利避害等等，這些人人都有，人人相同，即便是大禹和夏桀這樣的聖王與暴君之間也沒有區分。但是，理性的人並不會無節制地不講時間地點條件地去追求這些欲求，他們會做出區分，會制定禮制，會聽從聖王教誨。這就是說，趨利避害是人性本有的東西，也是任何人生來具有的，但是，這並不是人之所以為人的內容。人之所以為人，是要既承認和保留這些東西，又能夠超越這些東西。人性和人情會使人趨向於惡，特別是「順是」而行、不加節制的時候。但是，人又是有理性的，而其他生物，包括看上去與人最接近的動物都是沒有理性的。一般來說，人的理性會使人認識到，如果不對人性和人情加以節制，就會出現個人之惡行、社會之惡行，但是，或許是由於生活環境或生長環境的不同，有人會產生這種認識，有人則不會產生這種認識，或者只能產生一些相關的模糊認識。再進一步說，有了這種認識還不夠，還必須有所行動，才能矯正人性、修飾人情。由此看來，聖人是有這種認識、並能付諸行動的人，而聖人以下的人，則在不同程度上有所認識，有所行動，到了最低層，則是既沒有認識，又不會行動的人。最低層的人是人類社會的惡之源，聖王和聖人則是人類社會的善之源。

(2) 為什麼必是聖人制禮

荀子的性惡之說可謂不同凡響，但同時也招來了各方面的質疑。事實上，如果主張人性為善，也會遇到同樣的困局。既然人性是一樣的，為什麼現實生活中的人及其表現又會是那樣的截然有別。荀子的解釋是，是他們後天的所作所為完全不同。那麼，問題又來了，為什麼同樣是人，他們卻會有著不同的後天作為呢？

因為後天行為和環境的不同，有人成了堯帝、舜帝，有人變成夏桀和盜跖，有人做了工匠，有人做了農民或商人。做了堯帝、舜帝就會享受安榮，變成夏桀、盜跖就處於危辱之中；做了堯帝、舜帝就會快樂而閒逸，做了工匠、農民和商人就會經常處在勞累和煩惱之中。既然如此，卻有大多數人做了堯、舜以外的人，而只有極少數人做了堯、舜一樣的人，這是為什麼呢？

荀子的答案是：「陋也。」那麼，荀子說的「陋」是什麼意思呢？荀子首先肯定，堯、舜並不是生來就是那樣的君子，而是有過複雜而困苦的人生經歷，不斷增強道德修養，才有最後的成就。要想成就君子，非「得勢」不可，即生存在有利的環境中。這種「勢」一定是那種能夠磨練人生的歷程。如果人的一生無憂無慮、吃喝不愁，又遇不到合適的老師，怎麼能夠知曉禮義辭讓之類的道德修養呢？到頭來也只能把重點都用在口腹之慾上，做個普通人而已。

由此看來，人性如果不加約束和修養，就會自然而然地走向小人，即使未必是那種為害他人、為害天下的小人，也會是無所作為的普通人。要避免走向這種結局，就只能寄希望於成長環境的功用了。從個人的角度來看，一定要有歷練人的環境和經歷，一定要遇到合格的老師，讓人學習到聖人的禮義，才有機會成長為君子。這樣一來，人要想成為君子，至少從邏輯上講，只能求之於環境的功用。

總之，個人的成長就是偶然因素功用的結果。人處在幼小的成長階段時，無論是智力還是能力，都不可能選擇適當而必要的環境，更談不上改變環境。個體的人是在人倫環境中成長的，具體的家庭和社會環境，特別是家庭，可以為個體生命做出選擇，這看上去似乎是說個體生命的成長並非偶然，而是還有很大程度的必然性，但是，就成長者本人來說，越是在幼小的時候，越是缺乏自主選擇，成長方向的偶然性也就越大。荀子並沒有進行這樣詳細的區分，而是統論人的成長受制於外在環境，這就會讓人覺得，成為君子或小人，完全是偶然因素造成的。

荀子進一步的解釋是，如果有這麼一個人，一直吃著粗茶淡飯，就會以為這些就是最好的了。突然有一天看到了美食大餐，第一反應會說：「這是什麼奇怪的東西！」等他吃了之後才意識到，原來還有更好的食物。如果讓他再做選擇，肯定是要吃美食大餐了。先王的仁義之道與暴君的行徑何止是美食大餐與粗茶淡飯之間的區別，而人們卻紛紛遠離仁義，這究竟是為什麼呢？答案還是：「陋也。」那麼，這個天下共有之禍患，人間之最大災害的「陋」究竟是什麼呢？

仁者關懷天下，有使命感，喜歡把有益的東西告訴別人，喜歡給人講述做人的道理，指示人生的正確途徑。此後，還要不斷重複，教導人們去遵循。一句話，仁者追求的是，讓蔽塞者通順，讓狹隘者寬容，讓愚鈍者智慧。與此相反，荀子所說的「陋」，就是思想狹隘、缺乏見識的意思。在荀子看來，當人面臨堯、舜之道和桀、蹠之道的選擇時，思想意識或認識水準的不同發揮了決定性功用。

荀子進一步的解釋是，只有仁者的告示才可以讓人去「陋」，除去狹隘思想，以寬容待人，然後才能接受仁人之道，化解人性之惡，成就君子業績。在聖王時代，天下就能得到大治，在暴君時代，天下就會大亂。這就是說，要改變人性之惡，還得求助於環境，甚至唯一的決定因素就是外在環境。這與孔子所說的「性相近，習相遠」是一脈相承的。不過，關於人性問題，孔子並沒有更深入的說解，其原因很可能就是同樣遇到了瓶頸問題，即：既然社會環境，即孔子所說的「習」使人不同，或者用荀子的說法，環境可以改變人性之惡，那麼，那種好的環境，那種仁人之道、聖王之世，又是如何出現的呢？以及如何降臨到某個人頭上的呢？或者說為什麼降臨到某甲的頭上，而沒有降臨某乙的頭上呢？這是真正的難題，古往今來還沒有哪位思想家能夠讓人信服地解決這個難題。

要回答好這個問題，如果過多地偏向於人的主觀性，則只能是哲學家們予以主觀認定，而無法一步一步地加以求證，其說服力就要大打折扣。如果偏向於客觀性，則聖人的出現更多地只能求諸偶然，這同樣會影響人性觀的說服力。無論是主張性善，還是性惡，以及其他遊移在善與惡之間的人性觀，最後都得走到這個瓶頸處。那麼，是否能夠找到一個不偏不倚的答案呢？也許只能說，哲學家們還一直在努力。

天人之分，人有群分

中國古代所謂天人關係，荀子稱之為「天人之分」，並不完全等同於現代所說的人與自然的關係。古人心目中的「天」，既包括大自然，也包括人之外的萬事萬物，以及人們所感受到的外界的一切力量，特別是那些相對神祕的力量。古人心目中的「人」，既指人的身體或肉體，也指人的思想，特別是人的主觀願意和近似直覺的感受。

古代中國天人關係的基礎，是人的生存狀況與大自然的關係，這是人類在每一時刻、每一時代、每一地域、每一場合都會遇到的問題。只是由於越往古代、越往上古，人類越是更容易也更強烈地感受到自然對人的影響而已。

中國古代哲人很早就開始思考「天人之分」，只是不同的哲人，思考的程度不同、角度不同，結論也有所不同。到了荀子時代，由於現實的政治和社會因素對人的影響越來越深入，人們對天人關係的思考就變得越來越理性了。在荀子思想中，這樣的思考達到了一種前所未有的成熟性和系統性，具有劃時代意義。

對於人類來講，無非就是外界與自身兩大部分。所以，對於人自身發展的思考和探究，也是荀子天人觀的必要組成部分，當然更是荀子思想體系的有機組成部分。

天行有常，天人有分

根據親身經歷，加上哲學思考，荀子清醒地認識到，所謂天道並不直接與人們的生存和發展狀況相關聯，大自然有其清晰的與人事活動無關的規律或軌跡。同樣，無論人們的日常生活，還是國家和社會的存亡，也都有自身規律，長遠來看也不與外物相銜接。至少在荀子的時代，人事活動並不能夠影響自然現象。所以，那些不檢討自身，一味地把不幸遭遇歸咎於上天的人們，就成為荀子批判的對象。

（1）天行有常

大自然的基本規律是什麼呢？荀子有一句話最著名，「天行有常，不為堯存，不為桀亡」。上天運行有自己的規律，這些規律不會因為唐堯的英明而存在，也不會因為夏桀的暴虐而不存在。至於人們通常所說的吉凶禍福都是天定的，人力無能為力，荀子對此並不贊成。他認為，人們如果付出足夠的正確努力，就能得到吉福；如果胡亂作為，就只能遭受凶禍。

一個國家，如果不斷加強農業這個根本，並且節儉日用，大自然就不會吝嗇，就不會讓人們陷於貧困；進行必要的精神和物資儲備，在適當的時節舉行各種社會活動，上天就不會讓人們遇到麻煩；遵循大自然規律，不胡作非為，人們就不會遭遇禍患。從長遠來看，水旱之災並不能使人陷於飢餓，天氣冷熱並不能讓人患染疾病，那些千奇百怪的事情也不能讓人遭遇兇險。

與此相反，如果荒廢農業、日用奢侈，上天也無法讓人富有；不做儲備、行動不合理，上天也無法保全任何人；背離規律、妄亂行事，上天就不能讓人們獲得吉祥。這樣一來，甚至在沒有水旱之災的正常年分也會遭遇飢餓，天氣並沒有冷暖變化也會染病，沒有那麼奇怪的突發事情也會面對兇險。

這充分說明，人們如果能夠遵循規律、勤勉做事，就會一切順利，否則就會遭遇禍殃。人類和社會的一切遭遇，長遠來看，並沒有理由埋怨上天，而是客觀規律在發揮功用。

以上觀點，是荀子論說天人關係的總綱，他稱之為「天人之分」，即天與人的分界所在，什麼是天能發揮功用的地方，什麼是人發揮功用的地方。總之，天有天的運行方式，人有人的生存方式。即使天道會影響到人道，那也不是天道有意作為，更不是上天的刻意安排。在這樣的前提下，人只要認識天道，遵循天道行事，就會獲得理想的正常生活。人間的事務，政治的得失，不應該去尋找上天的原因或藉口，而應該從人自身找問題。

日月星辰的運行，莊稼在四季的生長和收穫，人們與土地的關係，在大禹時代和夏桀時代完全一樣，一樣地表現和發生功用，但人世間在大禹時代是大治之世，在夏桀時代是大亂之世。這就說明，上天和天道並不能直接決定人世治亂，人世治亂就在於人本身、社會本身。

流星墜落、樹木發出聲響，人們看到、聽到之後會感到害怕，實際上這並沒有什麼。那都是自然現象，只是人們不常見到而已。限於當時知識和科技的發展程度，對於此類反常現象，荀子雖然不能提出具體解釋，但他從天道的角度加以理解，認為對於此類事情感到奇怪是正常的，可如果因此而感到害怕就不對了。從常理來看，日食月食、風雨不調、怪星偶現，這是什麼時代都曾有、都會有的事情。在君主英明、政治平和的時代，這些事情再多也不會影響社會和人們的生活。在君主昏暗、政治險惡的時代，即使這樣的事情無一出現，也無助於改變人們的困苦處境。荀子的這種推理方式是很有說服力的。即使在科技發達的現代社會，還有許多人們無法解釋的自然現象，對此，根據常理或常識就能夠理解，完全沒有必要做出片面的神祕解釋。

根據荀子的天人之論，在人們能夠看到的事物中，自然之中的怪事怪物並不可怕，而最可怕是「人妖」，即人制所做的妖孽之事。

荀子把「人妖」歸為三類。第一類是經濟方面，如不重視農業生產，糧價飛漲，人民餓死於道路。第二類是政治方面，如法令不明確，政策不合時宜，官員不安於本職。第三類是社會方面，如社會不崇尚禮義，家內家外沒有區別，男女淫亂無度，父子之間沒有信任，上級與下級相互乖離，致使外寇入侵等災禍一併來到。

如果因為人力達不到，致使發生像牛馬相生、六畜作妖之類的不常見之事，這確實讓人感覺奇怪，但並不值得害怕。萬物之中發生的怪事，傳統經書根本不去提及，那是因為，沒有實際用途的辯論，不影響正常生活的所謂明察，在正常情況下是沒有必要去理會的。但是，君臣有義、父子有親、夫婦有別等這些關乎國家大治、社會安定的人倫根本，卻是需要時時關注、日日不能捨棄的。

荀子以上所述，是對於自然現象，特別是可怪之事物的整體態度，但著眼於現實，作為理性主義大師的荀子，也有許多合乎情理的思考。對於那些無法解釋的自然現象，荀子在整體上否定其與人間事務有直接關聯的同時，也承認它們會對人們的思想有一定程度的衝擊。對於這種思想衝擊，不能簡單地加以否定，更不能完全禁止，而是要進行引導，並盡可能地發揮它們的積極功用。

比如說雩祭之禮，有著悠久的歷史，是著名的祈雨儀式。有人問荀子：雩祭之後就下了雨，這是為什麼？荀子不乏機智地回答：這沒有什麼，好比是不舉行雩祭也會下雨一樣。事實上，並不是每一次雩祭都能祈來雨水，而是人們容易忘掉祈後未雨的情形，卻容易記住祈後下雨的時候。雩祭與下不下雨並沒有必然聯繫，並不存在因果關係。就如同發生了日食和月食之後人們總要想方設法補救一樣，有了大事會用卜筮做決定一樣，其實並不是認為從中能得到什麼，而只是一種文飾的手段。文飾什麼呢？日月食之後的補救措施，是想讓人們從驚恐中盡快恢復，並不是想證明日月食真的影響到具體事情；用卜筮決疑，對外只是想動員人們贊成此事，對內是想讓自己有個心理安慰，其實，應該如何做事，人們心裡是有數的。

對於這類做法，君子明白那只是發揮文飾功用，而老百姓則會認為與神靈有關。真正的吉凶並不在於神靈如何呼風喚雨，而是如何對待神靈。君子明理，知道所謂神靈只是神道設教，國家舉行各種祭祀活動，目的只是要團結民眾、鼓舞士氣，一句話，那是一種宣傳和教育技巧，並不是認為真的有神靈在事情的背後。在遠古時代，統治者或許故意不讓民眾知道實情，但隨著社會文明進步，應該讓越來越多的人明白這個「文飾」的本質。作為思想家，荀子認為他就有這樣的責任。

(2)天有其時

所謂「天行有常」，從大自然自身的表現來看，荀子又稱之為「天職」，就是上天的職分。什麼是「天職」呢？荀子的描述是，不用人去做就能完成的事情，沒有人的要求就能得到東西。這顯然是指上天直接功用的結果，即自然現象和自然規律。比如四季更替、晝夜變化，比如風雨雷電、山川萬物。所以，「天職」就是與人無關的、自然產生的一切現象，包括外在事物。自然現象不管多麼宏大、複雜和精深，都是人無法干預和改變的，這種不干預和不改變，就是不與天爭職，不要妄圖去做上天應該做的事情。

從當時人們的習慣思維來說，在天、地、人三者的關系中，上天有四季等自然現象，大地存在著各種事物，包括能被人利用的資源，而人所擁有的，就是付出應有的努力。這三者配合得當，人類社會就能獲得正常的生存和發展。放棄這樣的配合，甚至妄圖把自己的意願強加給天地，那就太愚蠢了。

天的運行既然有其常規，並且與人和人事有職分之別，那麼，人類要想在天底下生存和發展，就需要「知天」，了解天到底是怎麼回事。為此，荀子詳細解釋說，斗轉星移，太陽和月亮輪流出現，四季更迭，寒來暑往，風雨雷電，這些自然現象按理說都有規律，只是人們對這類規律並不完全明白，而只能看到結果。對於這樣的結果，荀子稱之為「神」，義取神祕莫測，當時的人常用來形容那種難以解釋但卻能夠感覺和觀察到的神祕而強大的力量。荀子主張，作為人類，完全接受這種現象的存在即可，沒有必要去窮究其為什麼。這種態度，與當時自然科學的發展水準有關，即那時的自然科學既無法探究這類為什麼，同時，在人們的普通感覺中，自然科學在當時的發展水準也難以有效影響人們的生活。所以，與其花大力氣研究那些「無用」的事情，不如更多地關注人類社會的現實問題。

（3）制天而用

在荀子那裡，知天的目的在於用天。不過，荀子所說的知天，與現代科學意義上的了解和利用大自然明顯不同。荀子的知天，在於了解自然事物和自然現象的現狀，並承認這種現狀是人不可以改變的，也是不必要改變的。荀子所謂用天，就是適應自然事物和自然現象的本來狀態，從而相應地做出人的選擇，制定人的做法，讓人的做法最大可能地利用自然的本有狀態，從而收到理想效果。荀子的這種態度，主要是與他那個時代對自然的認知水準和理解水準有關，甚至可以說是由農耕社會的根本性質所決定的。

荀子首先公布他的哲學理念。他認為，真正的大巧之人在於有所不為，真正的大智之人在於有所不慮。這是一種高超的辯證思維，無論是巧還是智，都是相對而言，絕對的巧和智是不存在的。

著眼於現實，對於那些人力所不能左右的事物，頭腦清醒的智巧之人不會去思考它們是為什麼，更不去思考如何去改變它們，而只想著如何順應和利用而已。對於天象，只要做到能夠預見就可以了；對於地物，能夠知道適宜於栽種什麼就可以了；對於四季，遵循它們的規則就可以了；對於陰陽，跟上它們的節奏就可以了。當政者委派專人觀察自然現象，而自己守護好人道就可以了。

與其成天思索著如何崇拜上天，不如積蓄萬物，加以裁制和利用；與其讚頌上天，不如去想著如何利用自然規律；與其等待季節到來，不如提前做好準備；與其一味積累物資，不如利用自然的功用製造更多東西；與其思考如何得到東西，不如管理好已有的東西而不要失去；與其希望大自然生成某些東西，還不如認真對待已經生成的東西。所以說，如果撇開人的能力和努力，去思考上天如何如何，就等於是拋棄了萬物本有的情狀。換句話說，人只要動員好自己的力量，去充分利用上天已經生成的東西，利用人們已經掌握的規律，並去盡力做事，就已經夠了。那種等待上天賜予一切，或者強求上天迎合人的願望，都是不切實際的空想，註定一無所獲。

荀子所說的「用天」，就是主張人要充分利用自然規律，充分利用大自然和外界已有的一切，既不必探究那麼多為什麼，更不要尋求改變自然之事。這在當時的農耕文明社會中是一種非常切合實際的主張，並且也主導了此後兩千年中國農業文明的自然觀念和社會觀念。

人群有分，人類有等

人類是群體生物，是生活在由個體組成的社會中的特殊生物。在當今時代，人類個體生活在社會中似乎是自然而然的事情。但是，在人類之初，社會是如何產生的？維系社會的規則是如何出現的？在人類社會產生過程中發生的一切，對於生活在後來社會中的人還有什麼樣的影響？這些都是千百年來人們一直在思考的問題。特別是對於思想家來說，這更是一個絕大問題。

通常認為儒家思想是最入世的，最關注現實社會。在先秦儒家思想發展進程中，孔子、孟子和荀子，既是哲學家，也是中國歷史上最早的社會學家。他們身處華夏文明的成長和繁榮時期，能夠自覺地從社會發生發展的角度觀察人類生存狀況，並提出相關思想，是中華民族走向文化自覺的關鍵一步。他們最早認識到，人類的生存有賴於組成社會，人類社會的發展進步有賴於社會分工。如果說人類組成群體或社會多多少少還有一些自然選擇的話，那麼，社會分工的出現就是人類的自覺選擇了。

(1)「人能群」：人類社會的形成

荀子認為，人類以群居的方式生存，進而組成社會，是符合人的本性的。他說，萬物都存在於同一個空間，只是每個事物的外在形態有所不同。人也是如此，內在性質相同，外在形態有異。儘管人與人是有區別的，但從根本上講卻並不排斥，而是需要共同相處，結合成群體或社會而生存。由此看來，人類的群居生活是人生來具有的特性，不是後天形成的。

進而言之，同樣是緣之於先天原因，人們不論是智者，還是愚者，在追求欲望方面是相同的，不同的是追求什麼樣的欲望。假如在情勢相同的情況下，智力不同的人，追逐私利都可以成功，放縱欲望也都能實現，那麼，人心就不會奮爭。在這種情況下，智者就不能發揮其才能，也不能建立功業，不能與愚者區別開來。如果智者不能跟普通人相區別，社會就無法形成等級，君臣之道就無從談起。

君臣之道是一種特殊的等級關係，其核心是「制」，即管制、克制、制約。君主不能管制臣下，上級不能管制下級，社會之中就沒有了規矩和規則，各種弊害隨之就會出現，各種人等也會縱欲無度。當然，如果社會的資源無限，能夠滿足人們的所有欲望，也就不會有衝突、爭鬥和弊害，但事實上卻是，人們的欲望基本相同，並且主要集中在有限的一些方面，而現實中的利益根本無法滿足所有人的要求，形成欲望不斷增多、利益不斷減少的局面，到了這個時候，為了滿足欲望，人與人之間的爭搶、爭鬥就在所難免了。有了衝突甚至爭鬥之時，卻還沒有規則，沒有君臣之道，人類就不會踏上文明之途。

在荀子的社會思想中，「分」和「群」是兩個關鍵概念。整體上講，任何一個人類個體離開群體就無法生存。既然個體無法單獨存活，就得群居而生。不過，群居並非雜湊，而是要講究「分」。這個「分」的本義並不複雜，就是分別、分開之義。但是，在荀子的使用中，這個概念是比較複雜的。「分」與「分」可以通用。從群體來看，「分」是群體的規則和分層；從個體來看，

「分」則是個人的地位和責任。所以荀子才說，群體沒有規則，個人不明身分，就會產生無窮無盡的矛盾，發生爭鬥就在所難免了。人們不能不群居，群居則會產生爭鬥，這是人類面臨的兩大難題。荀子說，要解決這兩個難題，就是在群體中辨明個人的身分和地位。

因為「分」是如此重要，荀子明確主張，國家應該制定法律，禁止人們「拾遺」，即把撿到的無主之物據為己有。制定如此法律的目的，是不讓人們習慣於獲得不應該得到的東西。在荀子看來，作如此的禁止，並不是全在於「拾遺」之物本身，而是關乎天下之治。堅持有「分義」，全天下也能治理好；拋棄「分義」，即使是在家庭中也會混亂不堪。所以，所謂人有其分的思想並不是無目的地限制人們做什麼，而是要求人們應該去做什麼。荀子在「分」字之後再加上「義」字，就是強調人有其分是大義的要求。在一個群體中，如果強者脅迫弱者，智者威嚇愚者，在下的民眾違背在上者的命令，年輕人欺淩老者，那麼，老者和弱者就會有喪失生活資養的憂慮，壯年之人則會挑起紛爭之禍。在這種情況下，人們都會厭惡和遠離吃苦勞累的事情，都去追逐功利，就都會失去適當的社會地位。換句話說，就是人人都把做事視為禍患，都去爭功取利，就會造成社會混亂。這也好比是，男女要想實現和合之好，形成正當的夫妻關係，就要依據嫁娶之禮來進行。如果不依照這樣的禮儀，男女之合就會出現問題。或者說，視禮法為無物，只想爭得美色，相關禍患就會出現了。

為了強調人類組成社會的重要性和必要性，荀子指出，在世間萬千事物中，水和火之類的事物能活動、有氣息，但沒有生命；草木有生命，但沒有知覺和意識；禽獸有知覺和意識，但沒有理性，不能分辨是非對錯。與所有這些事物不同，人既有氣息，也有生命和知覺，並且還有理性，所以是天下最可寶貴的。

顯然，人的最可寶貴之處，是他的理性判斷能力。那麼，這種人類所特有的理性判斷能力寶貴在什麼地方呢？即荀子所說的「義」的價值是什麼呢？

同樣的是生物，論力氣，人不如牛；論奔跑，人不如馬。可是，牛和馬卻被人驅使，這又是為什麼呢？在荀子看來，就是人能夠自覺地組成群體，牛馬卻做不到這一點，其他不及牛馬的事物，如上述草木水火就更不用說了。荀子在這裡所說的「群」，大致相當於現在所說的人類社會。也就是說，人的理性能夠使人認識到集體的力量、社會的力量。

說到為什麼只有人才能組成社會，荀子認為，這是因為人能夠為自己定位，即「分」。那麼，人類又是怎麼想起為每個階層、每個個體確定其社會地位呢？荀子認為是人能「義」。義者，宜也，即每一個處在特定地位的人應該做什麼、不應該做什麼。

總之，人之所以能夠組成社會，並高貴於其他萬事萬物，可以從正反兩個方面加以理解。

從正面來看，根據理性而區分合適的社會地位，人類社會就能和睦，和睦就能團結如一，團結如一則會產生源源不斷的力量，最終使社會的合力增強，勝過其他事物，只有這樣，人類社會才能得以生存和發展。而生存和發展的具體表現，就是生產生活合於四季等自然規律，萬物都能夠恰當地為人所用，天下之人都能夠獲得應當得到的利益。

從反面來看，首先，人如果不能結合成社會，就無法生存下去；即使組成了社會，如果沒有恰當的社會地位和社會分工，相互之間就會紛爭不斷；一個紛爭不斷的社會，必定是一個混亂的社會；社會混亂的結果，就是人們相互之間離心離德；一個離心離德的社會，肯定是一個羸弱的社會；一個羸弱的社會，是談不上勝過其他事物，談不上萬物為我所用的。因此，人類社會是一刻也不能離開禮義的，也就是不能離開根據理性所制定的社會規則的。根據以上分析，不依照「分」行事，各種紛爭和禍患就會蜂擁而至，人們想依據群居而生活就會成為泡影。荀子認為，為解決這個關乎人類生存的最重要的難題，擁有大智慧的人挺身而出，提出了「分」的觀念，並讓人們依據「分」來行事。

(2)「君子理天地」：君子制定禮義

人類的現實需要至少有兩種情形，一種是基於生物本能的需求，一種是基於人類理性的需求。生物本能的需求自然生發，不需要特別的人或人群去制定，也不會輕易發生改變；人類的理性需求不會自然生發，而是需要有人制定，更需要不斷改進。

從哲學和邏輯上講，用類別統攝雜亂，用整體統攝部分，這是荀子關於社會管理思想的哲學基礎。反過來講，沒有部分，就不會有整體；沒有各個方面最初的無限多的雜亂，也不會形成最終的分門別類。這正好比是開始和終結一樣，事物總是要有起初和完結。但是，具體到社會發展，這樣的生成和了結並不是一個個簡單的、個別的事件，而是一個首尾相銜接的過程，既有始有終，又無始無終，荀子形象地把它稱為「環」。認識到這個「環」的存在，是人類理性的顯現，然而，這種理性能力以及由此理性能力而認識到社會需要管理的過程，卻並不是每個人都能達到的。簡單來說，只有君子之人才有這方面的能力，並能完成這項使命。

天地是生命的開始，禮義是治國的開始，君子則是禮義的開始。沒有禮義就不可能治理好國家和社會，這是人們的共識。但是，禮義這種客觀需要是如何產生的，則容易使人們陷於爭議之中。在荀子看來，君子就是禮義的創制者。君子透過觀察、學習、思考，在有了相當的積累之後，為社會制定了禮義規則。君子來自人類社會，又反過來去治理社會。在與人相關的事物中，君子就是統領。在人與人的社會關係上，君子就相當於民眾的父母。

君子制定的禮義是什麼呢？荀子堅持儒家基本主張，認為禮義的根本是人倫之德，即君臣關係、父子關係、兄弟關係和夫婦關係。此「四倫」是人類社會得以存續的基礎，既是社會存在的必然，也是社會發展的必需。在「四倫」確定之後，人際關係的其他方面才能走上軌道，直到社會分工的定型化，即農、士、工、商的分層。值得注意的是，秦漢之後的中國社會以士、農、工、商的順序描述社會階層，而荀子的表達則是「農」在「士」之前，強調農業是基礎，文化建設是在經濟發展的基礎上形成的，這在邏輯上講是相當合乎理性的，說明荀子一開始就認識到了中國農業社會的本質所在。

為人類制定禮義的君子，荀子也稱為先王和聖王，這是從歷史發展的角度而提出的名號。在上古時代，特別是在人類之初，君子的道德修養和君子的政治權威是合而為一的。特別是聖王之「聖」，實際上是把王者的道德水準提高到了最高位置。但是，並不是每個擁有政治權威的王者都有權力和能力制定禮義，僅有政權威力的人並不一定是聖王。正是在此意義上，荀子才說，聖王的作為充滿了人類社會，看上去很微小，但卻明察秋毫；看上去很短促，實際上很長遠；看上去很狹窄，實際上很廣大。只有最博大的事物，看上去才會很簡約。

那麼，君子、聖人、聖王制定禮義的動機或原因是什麼呢？在荀子看來，還是來源於現實需要和促動。

荀子反對後天的平均主義。平均主義聽上去很有氣勢，很有號召力，但在現實中是難以實現的，特別在荀子時代，生產力不很發達，交通困難，社會公共資源相當有限，不可能毫無分別地平均滿足全社會需求，更不可能平均滿足所有個人的所有欲望。從哲學上講，強求的表面整齊劃一並不是真正的齊整，因為真正的齊整是一種動態平衡，而只有動態平衡才能產生力量、保持活力。長期來看，平均主義式的「大鍋飯」並不能釋放群體中應有的活力。一個社會，既不能都是由發號施令者組成，也不能都是由一線勞動者組成，二者的合理比例的組合，才是合理而有生機的。

如果所有人地位一樣、要求一樣，必然會因為部分人得不到自己的需求而產生爭執。有爭執就會有混亂，混亂無度則會讓社會走上窮途末路。君子之人比普通人更早更深刻地認識到這樣的結局，並對此憂心忡忡，這才去制定禮義，根據一定的規則將社會分層，讓每個人都能合理歸屬於某個層級，形成有效的社會分工，達到安定社會、共同發展的目的。當然，這樣的規則和劃分，並不是隨意的，也不是隨機的。

荀子把社會的形成和社會規則的制定歸功於君子，與他把制定規則約束人性之惡的功勞歸之於聖人，是出於同樣思路。在研究社會發展的進程中，荀子更看重個人，尤其是那些有特殊德行、特殊才能和特殊貢獻的個人。這與荀子時代注重個人、關注個性解放的風尚相一致，也與荀子理性主義的思想品格相一致。

（3）「貴賤有等」：人群有等有級

傳統儒家非常崇信人群中等級親疏的區分，認為這是保持社會活力和人的上進心的必要保證。在孔子儒學之前，這樣的等級已經存在，甚至可以說是自有人類社會以來就已出現，那麼，儒家強調這一點又有什麼特殊意義呢？意義就在於，這樣的等級是先天的，還是後天的？是不可改變的，還是可以改變的？

在先秦時代，家天下的觀念深入人心，前世或前輩的功業是可以為後人帶來福祉的，這就是西周之前占據絕對統治地位的政治上的世襲制，當然還有相應的經濟利益。但是，隨著春秋以來經濟社會的空前發展，世襲制逐漸成為社會發展的掣肘。以孔子為首的儒家集群對此最為敏感，因為世襲制對於像孔子這樣的有德有才卻沒有直接家族背景的人最不公平，所以他們才不斷尋求改變這種保守政治制度的良方。孔子本人基本上採取的是折中方案，一方面承認「故舊」之人的利益所在，另一方面強調這些享受前世利益的人也必須具備起碼的道德修養。同時，孔子也大聲疾呼給予那些沒有前世福蔭的人以必要的政治待遇。就是說，著眼於現實，孔子既承認先天的社會等級，也宣導後天的社會等級，並且在這個過程中給予人的後天努力以更高的評價和定位。

到了荀子時代，舊的世襲制已經徹底崩潰。雖然家天下的觀念仍舊被認可，但從天子、諸侯以下，上自卿相大夫，下至平民百姓，都能夠根據個人才能和業績去得到社會地位和等級。荀子無疑是把握住了這個社會變化節奏，全面提出了「貴賤有等」的社會主張。

在荀子的關於社會等級的思想中，「尚賢使能」是基礎和前提，甚至作為天子和諸侯，也必須是有修養和有才能的。同時，貴賤有等級，親疏有分別，長幼有秩序，使得社會等級的觀念，由先天條件升至後天要求，荀子認為，這是先代聖王制定的社會秩序。荀子這麼說，當然有理想化的傾向，是為了現實需要而假想的情形。

如果能夠做到尚賢使能，主上就會有尊榮，臣下也會很安分。做到貴賤有等級，政治就會通行無阻。如果親近者和疏遠者有分別，祖上的恩惠就能夠順利得到頒賜，不會出現悖亂。如果長幼有序，事業就能快捷成功，有所休止。其中，親疏有分可以保證家族內部，特別是統治集團內部的安定。長幼有序則可以保證人們在適合自己的年齡層次去做事，到適度的年齡做適度的事情，就容易取得成功，不到年齡者則可以有充分的時間去打基礎、做準備。

荀子的「人有等分」的社會等級思想，是既承認人的先天不同，更關注人的後天努力，特別是後天的道德修養。這樣的思想理念是先秦儒家思想在社會領域的最成功的發展。孔子和孟子的思想更多的是向社會上層爭取權力，特別是參政的權力，而到了荀子時代，獲得這方面的權力已經不成為問題，而真正影響學者們發揮其政治影響力的，一是舊時代的不勞而獲的無德無能者，二是混跡於從政階層中的缺乏修養的末流學者，所以，荀子才大聲疾呼，當政應當尚賢使能，重視貴賤親疏，造就一個積極向上的有等有級的社會。因此，荀子的思想觀念不僅充滿了理性精神，也充滿了現實針對性和有效性。由這樣的思想主導秦漢以後中國政治的發展，是必要的，也是必然的。

第三章　政治家：遍觀天下政治，融合禮法王霸

遊歷各國，遊仕、遊學的生涯

遊歷天下各國，遍觀各國政治，尋求從政機會，是春秋戰國時代逐漸形成的士階層或知識分子階層的一大特色。這一特色，既是由當時的社會狀況，也是由這一階層的生存方式決定的。值得強調的是，春秋戰國時期士階層的政治遊歷或遊仕的生存方式，是從孔子那裡開始的。孔子的周遊列國雖然有無奈的成分，但孔子儒學的積極入仕，對於天下政治的墮落表現出不屈不撓的「匍匐以救之」的精神，是傳統儒家遊仕天下的精神核心。到了戰國時代，由於士人階層已經形成規模，遊仕之中又加了遊學的成分。遊士們爭相登上各國諸侯朝堂，一方面向當政者陳述政治主張，另一方面還要相互競爭，以證明自己的學問和思想能夠勝過別人。那真是個充滿生機和活力的時代。

不用說，荀子就是這一遊仕階層中的一員，而且身處戰國末期，遊仕的規模和競爭性也達到了最後高潮。或許正是這樣的形勢和壓力，才促成了荀子思想的廣度和深度。荀子雖然五十歲之後才離開家鄉，但他卻游遍諸侯各國。在遊仕這些國家的日子裡，荀子不僅與到訪的其他學者多有交流和交鋒，而且還會見各國當政者，有時甚至是一國之主。荀子也很注重觀察社會、思考民生，所有這一切，都成為他的思想學說的重要內容。

荀子五十歲時離開家鄉趙國，到達齊國，主要活動區域在齊國都城臨淄。不管荀子是不是長期待在稷下講學或論學，也不管他是不是做過所謂「稷下學宮」的領袖人物，但最終還是離開了齊國。離開齊國的原因，《史記．孟子荀卿列傳》認為是「齊人或讒荀卿」，有人向齊襄王或齊王建進荀子的讒言，顯然還產生了一定的效果，這迫使荀子不得不離開齊國。

在趙國，與趙孝成王議論兵家之道

在趙國，荀子與臨武君在趙孝成王面前有過一場對話，趙孝成王於西元前二六五至西元前二四五年在位。根據《史記》，荀子做楚國的蘭陵令是在西元前二五五年，此後一直沒有離開過楚國。所以，荀子到達趙國的時間應該在西元前二六五年至西元前二五五年的十年之內。此時的荀子已經名滿天下，與一國之君見面並不是件難事。但是，這一時期的荀子至少已經年過六十，其思想的明確性和堅定性也是不言而喻的，肯定不會輕易與其他思想妥協，也不會隨便屈服於當政者的主張。儘管與趙孝成王有過面對面的深入交談，但無論是從談話內容和進展來看，還是從最後在趙國遊仕的結局來看，荀子都不可能在趙國久居，更不可能從政。

荀子與趙國君臣對話的主題以軍事為主，反映的是荀子兵家思想的內容。先秦時期百家爭鳴中的兵家思想成熟於戰國中後期，但其源頭肯定相當深遠。自有人類出現，就有戰爭發生，當然也就有了軍事觀念、軍事思想，但是，專門的軍事思想和專業的軍事思想人才，應該是出現在春秋中期所謂「霸主」專政的時代，並最終形成「兵家」的思想洪流。

兵家思想並沒有如同儒家一樣有前後接續的思想傳統，但這並不表示這一派思想就沒有明確的發展歷程。主要受戰爭和戰鬥形式的影響，兵家思想經歷了由注重整體性戰爭向注重戰略戰術的思想重點的轉移。在春秋中期之前，戰爭的形式是傳統的整兵對陣，戰略戰術並不是取勝的主要因素。春秋中期之後，從晉獻公的「假虞滅虢」，到晉文公時代的晉、楚「城濮之戰」，以詭詐用兵的觀念開始出現，並且從小範圍的計謀，一直發展到全域性的戰略考慮，如戰國前期的「圍魏救趙」之類。

早期兵家思想更多強調國家實力，以及民心向背對於戰鬥士氣的影響；到戰國中後期，隨著趙武靈王「胡服騎射」軍事改革的成功，軍隊的快速作戰和突然襲擊成為可能，於是，在《尉繚子》中，兵家思想從以國為戰到以戰為戰的兼顧，直到《孫子兵法》中對戰略戰術的全盤論述。上述兵家思想的存在和轉變，在荀子與臨武君的對話中就有著生動而全面的體現。

《荀子．議兵》直接交代了這場對話的背景，「臨武君與孫卿子議兵於趙孝成王前」。這個時候已經到了戰國晚期，距離趙國被秦所滅也不過是二十多年的時間，由此可見當時趙國軍事形勢的嚴峻，所以，「議兵」自然是趙國的當務之急。事實上，著名的「長平之戰」，趙國主要軍隊被秦軍所殲，就發生在趙孝成王在位期間。荀子本是趙國人，但他的出生地在晉地南部，而他所面見的趙孝成王應該是在趙國當時的都城邯鄲，太行山之東，所以，荀子訪問趙國邯鄲，並不是尋訪故地，而是尋求從政機會，同時考察天下政治形勢。

至於臨武君這個人物，在《荀子》中只此一見，究竟是個什麼人物，只能憑他與荀子的對話來推斷。在《荀子》記載的這場對話中，臨武君顯然是趙孝成王的親近之臣，是當時趙國的一位將領。

（1）王者之兵與霸者之兵的發展大勢

因為趙國的軍事形勢岌岌可危，所以，趙孝成王的談話重點並沒有放在荀子擅長的治國之道上，而是放在了荀子相對並不擅長的軍事方面。根據接下來荀子和臨武君的論辯內容，以及趙孝成王的表態來看，趙王在此想從荀子與臨武君的這場論辯中得到的答案應該是偏重於短期的兵家制勝之道，即如何盡快扭轉趙國面臨的非常不利的軍事局面，而並不是儒家所推崇的以王道為基礎的國家整體的軍事發展方針。

因為臨武君是趙國大臣，又是負責軍事的官員，所以在論辯的第一回合，他搶先發表觀點。在臨武君看來，用兵的要術，即指揮作戰的關鍵，是抓住天時地利的機會，根據敵方情況，採取後發而先至的策略，直至占據主動，取得勝利。

荀子的觀點針鋒相對。他認為，決定勝利的根本是「壹民」，即有效動員起全國力量，團結一心，共同對敵。這是典型的傳統儒家主張。更重要的是，荀子所說的用兵，並不是指兩軍陣前的用兵，而是國家如何培養和動員兵力的問題。

當然，要想讓趙孝成王和臨武君這樣的人物釐清楚這一點並不是一件容易的事。

由於臨武君並沒有馬上釐清楚荀子「兵道」的內涵，所以還是堅持自己的思路。他說，行兵打仗，最重要的是利用好有利形勢，並以變化和詭詐的方法加以推行。也就是說，善於用兵的人，要讓對方無從判斷我方行蹤，無從下手對付我方。他還舉例說，當年孫臏和吳起用兵之時，天下無敵，沒聽說過他們還需要民眾支援。

如果僅僅從兩軍對壘的角度看，臨武君所言並沒有問題，但真正的問題是，他所說的與荀子的主張並不在同一個層次。所以，荀子不得不進一步解釋說：我所說的是有王者之志的仁人之兵，你所說的是諸侯之事的攻奪變詐之兵。荀子所說的仁人之兵，是說不僅要在戰場上取勝，還要在道義上勝人，並以此稱王於天下，絕不是滿足於做一個霸者。仁人之兵是不可以使用詐道的，因為一旦詐道得勢，就會破壞一國的政治生態和社會風俗，君臣之間、君民之間都會相詐相欺。以詐道勝詐道，那只是僥倖而已。長遠來看，以詐道對仁道，就如同以卵擊石，絕無取勝的可能。為什麼呢？因為在仁人為君的國度裡，百將一心，三軍同力，君臣上下就如同兒子侍奉父親、弟弟侍奉兄長一樣，如同手臂要自然而然地保護胸腹一樣，不論敵方采取什麼辦法，都將受到一樣的回擊，遭到同樣的失敗。

不過，在那樣一個戰爭頻仍的年代，對於荀子宣導的仁人之兵，如果不能站在足夠的歷史和思想高度去理解，確實是無法接受的，事實上，即使荀子身邊弟子也曾就這個問題與荀子展開過討論。他的學生陳囂就發出疑問：「先生您討論兵道之時，經常把仁義視為兵道根本。但是，仁者要表現出愛人，義者要表現出遵循理義，這完全是與出兵打仗背道而馳的呀！」陳囂還表明了更深一層的觀點，那就是，凡是用兵的，目的無非就是爭奪利益，這與仁義更是風馬牛不相及。

陳囂的意見是很有代表性的，荀子不能不加以重視。荀子承認仁者愛人，但正是因為愛人，才會厭惡那些害人的事、害人的人，才會興兵加以干涉和掃除。正是因為義者遵循理義行事，所以才厭惡那些擾亂秩序的人和事。興兵打仗的根本目的並不是爭奪利益，而是禁止暴虐、去除禍害。這樣的兵，就是仁人之兵。如果上升到兵道高度，那就是，在仁人之兵存在的地方會有一種神奇力量，所經過的地方、所做的事情會出現讓人感覺不到的積極變化，就如同及時之雨，凡是降落的地方，沒有人不會感到喜悅。總之，仁者之兵、王者之師，是透過仁義道德之行讓人心服，而不是使用暴力讓人表面上服從。

荀子的另一位弟子李斯也問到同樣問題，力度更為犀利。李斯在荀子門下學成之後，毅然選擇了奔赴秦國求取功名，並且最終做了秦國丞相。李斯赴秦，既是對荀子政治學說的肯定，也是對荀子某些觀點的否定。李斯與老師荀子的對話，對中國古代的政治走向影響深遠。

李斯認為，秦國自秦孝公推行「商君之法」以來已經有四代之君，一代勝似一代，兵力強大，各國諸侯難以有效抵禦，其中的原因，在李斯看來，並不是持守仁義，而是「便從事」的結果。李斯所謂「便從事」，就是指從現實利益出發，需要什麼手段和方法，就使用什麼手段和方法，而並不以任何原則，特別是用仁義之道加以約束。在這些所謂「便從事」的方法中，從大處講，如范睢提出的「遠交近攻」；從小處說，也不乏秦國慣用的收買、離間、間諜、暗殺等，至於完全以不擇手段的純暴力獲取利益，更是秦國的慣用選擇，比如長平之戰中對俘虜的大量坑殺之類。可以說，在儒家看來，秦國的強大，每一步都伴隨著不合仁義的血腥。

對於李斯的觀點，荀子如同對待陳囂一樣，也是提出了明確批評。荀子嚴厲指出，李斯所說的「便從事」之「便」，是以他人的不方便，成就自己的方便。荀子主張的仁義，是「大便之便」，即以天下之人的方便，成就自己的方便。以仁義為政治原則，民眾才會從心底裡親近統治者，甚至可以為君而死。正是在此意義上，荀子認為，對於一個國家的軍力來說，有沒有將帥是次要的，國家的發展方向才是主要的。

針對李斯所舉秦國「四世有勝」的例證，荀子則有著完全相反的解釋。荀子認為，秦國四世有勝的結果，並沒有讓天下之人誠服，而是使秦國經常處在恐懼之中，唯恐天下諸侯合力對付他。由此看來，秦國看似強大的軍隊，只能說是「末世之兵」，就要走向滅亡的軍隊，因為這樣的軍隊沒有符合仁義的思想支撐。荀子的這個斷言具有預言性質。不過，在當時形勢下，秦軍節節勝利，似乎很難說荀子的預言能夠應驗。但是，從李斯入秦到秦王朝滅亡，也不過是短短的二三十年，秦軍的由盛轉衰，真可謂是其盛也速，其衰也忽，這不是「末世之兵」又是什麼呢？

在與趙孝成王和臨武君的對話中，為了進一步說服對方，荀子同樣描述了仁人之兵或王者之兵的狀況和效用。荀子說，如果仁人治理的是十里方圓的國家，百里之內的情況他都會掌握；如果治理的是百里之國，千里之內的情況都會掌握；以此類推，如果治理著千里之國，四海之內的情況就盡在掌握之中了。也就是說，仁人治理下的任何地方，都會使民眾團結一心，自覺性很高，並且以理性精神注意著國內外發生的一切事情。具體到仁人之兵，則是無論集合起來作戰，還是作戰之後解散，都是很規矩、很有序的。就好比是那柄著名的鏌鋣長劍，無物不斷，無堅不摧。又如同堅固的磐石，其形狀如何並不重要，重要的是什麼樣的力量都對其無可奈何。

與仁人治理下的國家相對，那些以強暴手段治理國家的君主，有誰會與他們同行呢？他們最終必須依靠的，無疑也是本國民眾。但是，即使是暴國之民，也是喜歡在仁人的治理下生活。面對他們的強暴之君，則是視若仇敵。從人之常情來說，即使是像古代夏桀那樣的暴君、像盜跖一樣的強人，也不會為他們所厭惡的人出力，也不會賊害他們喜歡的人。也正好比強求人家的兒女去賊害他們的父母一樣，那些兒女們必然要把實情告訴父母。即使是使用詭詐之道，暴君也無法得逞。總之，仁人治國，國家只會日益昌明，直至迫使諸侯們不得不表明其對待仁人和王者的立場。具體說來，搶先順從王者的就會平安無事，後來表示順從的就會處在危險之中，抗衡的就會被削弱，出來反對的就會走向滅亡。

話說到這裡，荀子描述的只是王者之兵與霸者之兵的不同狀況，以及這種不同在現實中形成的不同結局。那麼，王者之兵與霸者之兵的具體情況，以及形成這種不同的具體做法、實際機制又是什麼呢？

（2）王者之兵與霸者之兵的不同機制

作為現實政治中的人物，不論是一國之主的趙孝成王，還是主管軍事的臨武君，當然更想知道如何才能造就荀子所描述的勢不可擋的王者之兵，所以他們在肯定了荀子的王者之兵的大勢之後，一同問道：「用什麼指導方針、什麼具體辦法和機制，才能訓練出王者之兵、打造王者之軍呢？」這樣的問題，正是荀子上述循循誘導的目的，當然也是荀子最擅長表述的核心主張。

荀子說，在王者治理下的國家，軍事將領的安排及其功用並不是根本問題。荀子的兵家思想是傳統的國家戰爭思想。荀子不是反對國家擁有足夠的武備，更不是反對戰爭，而是強調戰爭必須建立在國家整體推進、整體強大的基礎上。

為了進一步闡明這個思想，荀子列舉若干反面例證。齊國在治兵上推崇所謂「技擊」，這既是一種戰鬥方式，也是一種管理制度。具體來說，就是一種近戰搏擊之術，要取敵人的首級。根據這一制度，不論戰鬥勝敗如何，只要能夠得到敵人首級就會予以獎賞。這種制度實行的結果，就是齊國士兵只擅長個人戰鬥，如同雇傭兵一樣，只計較個人獎賞所得，缺乏整體取勝觀念，致使其軍隊戰鬥力不斷下降，荀子稱其為「亡國之兵」。與齊國的治兵之道不同，魏國採用的是「武卒」制。

根據這一制度，魏國對入伍士兵有著相當嚴格的要求，特別是對於士兵個人身體條件的規定更是高標準。具體說來，要求士兵穿三層甲冑，挎帶強弩和五十支箭，扛著戈，帶著劍，以及三天乾糧，每天行軍百里。能達到這些條件的士兵，國家給予優厚待遇，免除稅賦、提供住宅等等。這些要求和待遇肯定能夠提高軍隊戰鬥力，但麻煩的是，一旦士兵年齡偏高、體力下降，甚至無法參加戰鬥的時候，這些待遇也不能去除，唯恐影響到部隊士氣。長此以往，國家稅收就很受影響，經濟負擔也相當之大。荀子批評這種制度是「危國之兵」，對國家形成了重大危害。

再看當時的軍事強國秦國，其做法與齊、魏不同。秦國自然條件差，民生艱苦。秦國統治者就利用這一點，明確賞罰，吸引人們為改善生活狀況而參加戰鬥，因為對軍功的獎賞最高，不僅有物質獎勵，還有社會地位的獎掖。所以，秦國自秦孝公以來，惠王、武王、昭王等四代君主都能保持軍事強國的地位，並不是僥倖，而是其推行特殊軍事制度的必然結果。

根據以上分析，齊國的「技擊」之兵敵不過魏國的「武卒」，魏國士兵又打不過秦國的銳利之師，而秦國軍隊則無法與齊桓公、晉文公當年有節制的霸主之師相提並論，而齊、晉之師更不是湯王、武王仁義之軍的對手。這是為什麼呢？仔細分析齊、魏、秦等軍事強國，都是以物質利益獎賞作為治軍主要手段，這純粹是國家與個人之間的利益交換，與禮義教化毫無關係，所以，這樣的兵強註定只能是暫時的。荀子肯定的霸主之師的「節制」，就是對個人物質利益的節制。不是取消，而是合理地節制和安排。荀子認為，使用強制性的功利手段治兵，只會帶來一時變化，而用禮義教化治兵，卻能改變人的思想，讓士兵從心底裡與國家利益取得一致，而只有這樣的軍隊，才能戰無不勝，才能成為王者之兵。

如果士兵在思想上與國家達到「大齊」，即透過道德教化達到高度一致，這樣的軍隊就能制服全天下；即使「小齊」，也能夠讓鄰國感受到威脅。至於像齊、魏、秦這樣的利用一定的強制手段，特別是以功利為誘惑而建立起來的兵力，則其取勝並沒有必然性，勝與不勝，全靠偶然因素。這些國家只能一代強、一代弱，甚至一代存、一代亡。荀子認為這種兵力是「盜兵」，像強盜一樣的烏合之眾，是君子所不齒的。這其中，引人注目的是荀子把秦國強大兵力也歸入「盜兵」之列，從而在這個問題上表明了基本的儒家立場。

在荀子時代前後，歷史記載中都有一些善於用兵的大將，比如齊襄王時代的田單，秦孝公時代的商鞅，以及燕國的繆蟣。這些大將儘管都有過為本國建功立業的輝煌，但在荀子看來，他們都是依靠戰術在兩軍陣前獲勝，並沒有從根本上幫助君主改變一國軍事形勢，也就是說，他們並沒有達到「和齊」的標準，只能算是「盜兵」的首領而已。如果一定說哪些人還能讓荀子有所肯定，那就是齊桓公、晉文公、楚莊王、吳王闔閭、越王句踐等春秋「五霸」之主，他們的軍隊可以稱作為「和齊之兵」，但是，他們只能說是達到「和齊」的領域，但由於沒有仁義之兵的思想根基，所以也只能成為霸主，不能成為王者。

那麼，什麼是王者之兵呢？

(3) 王者之兵的具體要求

荀子兵家思想的中心是希望一個國家能夠達到王者之兵的高度。在與趙孝成王和臨武君的對話中，荀子始終把確定一國的軍事中心思想放在首位。但是，作為現實政治中的領導者，趙孝成王和臨武君在承認荀子所教兵家之道合理性的同時，還是想讓荀子講述一些更為具體的軍事思想或軍事策略，所以，在雙方對話的後半段，二人一致要求荀子，能否講一講「為將」的問題，即如何做一個稱職的軍事將領。

荀子申明，作為將領，最大的智慧就是要能夠放棄有疑問的戰機，不做有疑慮的決定；其行動，當然是軍事行動，一定要做到不過度，適可而止；處理事務，一旦做了，就不必後悔，因為軍事上的成功要受到諸多因素影響，身為將領，做了該做的決定之後，能否成功，只能等待。這就相當於說，只要直道而行，就不必理會是否能出現理想的結果。這種思路，與荀子理性主義的哲學是一致的。

作為將軍，發號施令一定要嚴整而有威嚴，不能隨隨便便，不講原則；獎賞和懲罰要有信用，要把相關規則制定在先，不能因人而不同；至於安營紮寨、軍需儲備，則需要周全而堅固，不能出現安全問題；部隊的行軍，不論是進是退，既要穩重，又要快速；對敵情的偵察和了解，一定要深入其內部，派出各路間諜，把各方面情報加以匯總和比較，最後做出決定；遇到決戰時刻，一定要在明白所有情況的條件下做出決斷，但凡有疑問之處，則不可以輕率決定。

荀子還提出了需要進行權衡處理的五種情形，即要權衡整體情況，不可偏於一隅。那就是，不要根據個人好惡做出取捨的決定，不要急於取勝而忽視有可能出現的失敗，不要只顧身邊的情況而忽視外界的情形，不要只見利而不見害，考慮事情要成熟，捨財獎賞要大度。

在三種情況下，將軍可以不聽從君主的命令，即所謂「將在外，君命有所不受」。什麼情況呢？荀子說，寧可冒著被君主殺頭的危險，也要做到三件事：一是不可以中斷正在完成的戰事，二是不可以去攻擊不可能戰勝的對手，三是不可以欺凌百姓。這是在說，如果是戰事正在進行之中，並且眼看就要取勝，就不必因為君主的命令而停止；如果明知對手不可戰勝，就不必因為君主有令而發動進攻；如果君主下令的戰事會傷害百姓的利益，就不必執行。

荀子心目中的將軍是有原則有修養的，不是那種只講勝負不講道義的，這是與傳統兵家在中心思想上的根本區別。這樣的將軍是比較書生氣的，但卻是荀子思想的自然結果。荀子說，將軍一旦受命於君主而指揮三軍作戰，君主的欣賞不能讓他歡喜，敵人的行為也不能讓他發怒，這樣的將軍應該被稱作「至臣」，即最高層次的、無以復加的大臣。這樣的大臣，必在事先就要考慮事情的進退成敗，並且不斷強調一個「敬」字，謹慎對待每個環節，始終如一地敬畏一切，這種行事之道可以稱作是「大吉」，即最大的吉祥。

傳統儒家重視的「敬」是一種發自內心的真誠的敬重、敬畏。荀子把這一修身美德加在將軍身上，強調完成軍事任務同樣需要以「敬」對待。如果不能「敬」，反而「慢」，以怠慢待之，那就無法取得成功。所謂敬畏勝過怠慢就吉祥，怠慢勝過敬畏則滅亡。理性戰勝貪欲就要遵從，反之則會陷於兇惡之境。戰鬥之時要如同守持，適可而止；行軍如同戰鬥，動作快捷；有功視同僥倖，不必自喜。

作為將軍，還要做到「五無曠」，即五方面不能有絲毫缺失。那就是，謀事要敬，做事要敬，對下吏要敬，對眾人要敬，對敵手要敬。對方方面面都要認真對待，保證事事做到位，就可以說是與神明相通，無往而不利，無戰而不勝了。

荀子對將軍的定義和要求，超越了普通戰鬥中的勝負統帥，首先在精神上和思想上達到了統領天下的要求。這樣的將領是趙孝成王一類的君主想像不到的，也是臨武君之流的將領做不到的。所以，對於荀子的宏論，趙孝成王只能稱「善」叫好，並且進一步請教「王者之軍制」如何，即王者之兵的軍制是什麼。

此所謂「軍制」，就是治軍的一些基本規定和規則。荀子的回答是，在軍隊之中，各個人都必須盡自己的職責。比如說，將軍的職責是擂鼓指揮，哪怕是死，也要死在鼓前，而駕車者就得死在馬前，軍官和武士同樣要死守自己的崗位。全部官兵，聽到鼓聲就要前進，聽到擊打金屬之聲就要撤退。對於全軍的要求是，聽從命令為最高要求，建功是次級要求。換句話說，一定要在聽令與建功之間做選擇的話，聽令要放在首位。聽令不撤退，與聽令不前進，罪責是一樣的，並不是說一味地前進就是好事。另外，在兩軍對壘時，不殺死老弱之兵，行軍過程中不踐踏莊稼，主動退卻示弱的不去追擊，對抗不止的不能放過，投降來的不能算作是擒獲的俘虜。王者之師的目的是誅殺不義，所以，不是誅殺老百姓，而是誅殺那些擾害百姓的人。當然，如果百姓有庇護賊人的，也應該視同賊人。整體來說，不做抵抗的就讓其生，對抗的就讓其死，主動投降的就要放過。

以上軍制，一則比較具體，二則也並沒有多少創新之處，只是一些基本要求，甚至是常識性的要求。在交代了這些普通要求之後，荀子自然要上升到王者之師的高度。

在荀子看來，當年的周武王興兵滅商，就是王者之師。對於那些表示臣服的殷商之民，周武王善待他們，把他們像周人一樣看待，還把他們的首領微子分封在宋國。這樣一來，在周王近處，享受到王者善待的人們當然要謳歌周王的仁慈，而居住在遠處的人們則會不辭勞苦地趕來，接受王者的統治。不論國家遠近，王者之師都要讓他們享受到安樂。結果就是，四海之內的人們如同一家人一樣地生活，但凡是通情達理之人，都誠心誠意地接受周王的統治。周武王之師，看上去要使用武力，實際上是讓人們心服，這才是「人師」，仁者之師。

那麼，如何描述仁者之師、王者之師呢？荀子的觀點是，有誅殺而無戰鬥。誅殺是根據正義發動的戰爭，戰鬥則是為利而戰，甚至為戰而戰。正因為戰爭性質如此，所以，王者之師要以正義讓對方俯首，並不是用武力強迫對方。對方如果城池守得嚴密，說明其內部很團結，這樣一來，要進行強攻就失去了正義性。如果敵方上下一心，王者之師會感到高興，因為上下一心就意味著老百姓過著正常生活。即使是非強攻不可，王者之師既不會屠城，也不會潛伏著大軍，無休止地戰鬥下去。王者之師的目的，是解百姓於倒懸，而不是逞強。一旦什麼地方的老百姓不能接受他們的統治者，王者之師才會到達。

《荀子》中記載的這場著名對話以臨武君稱「善」而結束，至於趙孝成王和臨武君能否真心贊成荀子的觀點，後人不得而知，只是在那個時代，要想按照荀子「王者之師」的思想改造和建設一國之軍，確實很困難，趙國亦然。以此來看，荀子的兵家思想未免理想化的程度太高，但人們從中看到的卻是思想家的執著，人格的高尚。他不會因為當政者一時做不到就降低甚至改變原則，更不會為了討好當政者而改變初衷和思想本質。不會的，荀子就是荀子！

在秦國，與秦昭王和范睢討論儒家和法家思想

荀子遊歷秦國，是其一生中的重大事件。雖然無法確定荀子遊歷秦國的具體時間，但從情理上分析，特別是從荀子思想的發展過程來看，秦國很可能是荀子除楚國之外遊歷的最後一個國家。離開秦國，荀子就到了楚國，在蘭陵以壽而終。

荀子思想深受此次秦國之遊的影響。這一方面是因為此時的秦國，其發展道路不僅不同於山東六國，而且遠勝於山東六國，另一方面則是荀子親眼見識了法家思想在現實中的功用，這促使他不僅要深入思考法家思想的裡裡外外，而且要與他已經形成的儒家世界觀進行更現實、更深入的比較。可以說，對秦國的實地訪問，對秦國政治的親身體驗，特別是與秦國君臣的深入交談，使荀子認定，儒家和法家思想並不一定是完全敵對的思想，事實上，從入世治國的角度來看，這兩種看似對立的思想是可以融合起來，共同造就一個安定發展的社會的。

在秦國，荀子會見了相國范睢。范睢本是三晉人氏，在魏國受到排擠，不得不逃往秦國。因為受封於秦國應地，亦稱應侯。據《史記．范睢蔡澤列傳》，范睢受封應侯、任秦國之相在秦昭王四十一年（西元前二六六年），至秦昭王四十八年（西元前二五九年）辭相國之位。荀子訪秦，應該在這個區間之內。至於荀子訪秦與范睢是否有關，史籍並無明確說法。

荀子與秦昭王的對話內容，本書第一章「論儒」時已有敘說，二人的這場著名對話，當然也是發生在此次荀子訪秦期間。不過，無論是荀子與秦昭王的對話，還是與相國范睢的談話，表面上客客氣氣，並且《荀子》書中記載的也是他們認真聽取了荀子意見，但最終的結果還是各行

其道。原因很顯然，就是孔子所說的，「道不同，不相為謀」，政治取向不同，難以取得共識。

荀子與范睢會見時，范睢問荀子：「入秦何見？」在秦國都見到了什麼？這個問話看上去很簡單，但內涵卻非常豐富。首先，此所謂「見」肯定不止於眼目所見，而是包括了觀感。其次，既然包括觀感，當然就有質疑甚至為難荀子思想的意思，因為范睢肯定了解荀子儒家思想的主要取向。有鑑於此，荀子的答覆也是柔中帶剛。

荀子說，秦國地勢險要，關塞堅固，比如函谷關的易守難攻，就是天然的便利條件。這是荀子剛進入秦國時的直觀感覺，但跟范睢說這些，也有一些壓制的味道，即告訴秦國人，他們在軍事上的占優，一定程度上與天然形勢有關，這讓秦國人的後天優越感會多少有些消減。

進入秦國之後，映入荀子眼簾的是廣袤肥沃的渭南大平原，農業條件非常優越，物產豐富，這是經濟發展的基礎。秦國四出征戰，非有足夠的軍需補給不可，除了奪取他國之產，秦國生產所得是基礎。秦國人常以其農業豐產為傲，但荀子也是強調了自然條件不可忽視的功用，也有打壓秦人的意味。

說了自然條件之後，荀子話鋒一轉，開始談到了人文。他說，在秦國境內看到的民風民俗是，老百姓非常質樸，他們喜歡的聲樂很正統、不浪漫浮濫；他們的服裝很正規，沒有奇裝異服，對官吏也很敬畏、守規矩。荀子認為這是很有古風的民眾。

談了老百姓，接著就是各級官員和官吏。荀子說，在地方官府中，各級官吏都很正派，對待公事盡職盡責，工作態度也非常好，大有古代官吏的風範。進入秦國國都咸陽之後，荀子很注意觀察士大夫，即國家公務人員和高層官吏的表現，當然荀子與這個階層的人也有往來。讓荀子非常感慨的是，秦國的士大夫離開家之後，就是去上班，下班之後徑直回家，不到外面辦私事，也沒有聚會交際，更談不上結黨營私，都是一門心思地處理公家之事。荀子認為，這也很有古代士大夫的作風。至於在朝廷之上，這些官員每天都會處理完所有應該處理的事務，而且很有規矩，顯得一點兒也不緊張、不忙亂，猶如古代那種令人仰慕的朝廷一樣。這應該是說，荀子有機會參觀其朝廷的議事辦事過程，當然極有可能是像范睢這樣的高官的有意安排，以便讓荀子見識一下秦國政治格調。

對於秦國社會、秦國政治的優長之處，荀子是充分肯定的。比如他稱「古」之如何如何，顯然是真誠的讚美之辭，並且最後總結說，秦國自秦孝公以來的四代君主在與山東六國的對壘中不斷取得勝利，並非僥倖，而是必然。荀子的如此總結，是一位理性思想家的真實表達。

荀子還有更深一層的評析。像秦國這樣的治道，看似不經意，但卻治理有方；看似很簡約，其實很詳備；不勞煩百姓，卻大有成功。這是治國的最高境界了。

不過，荀子也深深認識到，上述秦國政治、秦國社會的優長表現，只是立足表面現象和限於某一特定歷史時期的成就，從更深層意義上講，秦國無疑是令人憂慮甚至讓人感到害怕的。如果以仁者之政、王者之功名的標準來衡量，這時候的秦國、這個樣子的秦國，差得還遠著呢！至於其中原因，荀子明確指出，是因為秦國專崇法家，排斥儒家，沒有儒家思想發揮功用的空間。

荀子的總結是，完全尊崇儒家思想，就可以實現王政；選擇性地尊崇儒家思想，可以稱霸，達到強政；如果完全排斥甚至反對儒家思想，就只能滅亡。荀子斷言，這種認識，是此時的秦國上下所缺乏的。應該說，秦國政治受到當時思想家最多重視，荀子的重視也在情理之內。山東各國國勢日漸衰微，只有秦國國勢不斷上升。這不僅表現在軍事上，而且表現在國內政治上。形成如此局勢的原因是什麼？荀子在思考之餘，親自去到秦國，做了實地考察，並與秦國君主和丞相進行了面對面交流。事實上，就對荀子政治思想的影響而論，秦國政治的影響力也遠大於其他各國。人們有必要認真了解荀子對於秦國政治的評說，以及根據秦國政治而得出的諸多政治思考。

荀子思考秦國政治的結論是，強力之術、強權政治是行不通的，而仁義之術、禮義政治是行得通的。為什麼這麼說呢？荀子的解釋依然是起點宏闊，充滿說服力。

荀子說，要論威強之力，即以武力打擊他國的能力而言，秦國與當年商湯王和周武王的力量差不多；要論已經占領的地域之廣大，秦國與當年的舜帝和禹王不相上下。當然，這兩方面的長項都是一國的外在指標。讓荀子憂慮的是，儘管秦國外在指標很高，甚至高過了古代聖王，但是，秦國卻並沒有得到真正安寧，而是經常處在深深的憂慮之中，即唯恐山東六國聯合起來進攻自己。那麼，應該如何化解這種憂慮呢？荀子提出的答案是，「節威反文」，節制威強之外力，返歸禮文之內力。

荀子提出的「節威反文」，就是主張任用仁厚、誠信、德全的君子治理天下。具體步驟是，讓這樣的君子參與國政，端正是非，治理曲直，處理秦國國都咸陽的政治，也就是全面掌握秦國政治。順從者加以任用，不順從者加以處理。這樣一來，以秦國現有實力，即使不向各國發兵，也能夠政令通行天下。針對秦國對外政策，荀子認為，與其不斷擴張其領土，不如加強各國對秦國的信任更重要。在秦國對外擴張的過程中，很重要的一個手段就是輕諾寡信。

由此看來，荀子之所以奔赴秦國，除了考察秦國政治之外，也可能有過在秦國從政，以便扭轉秦國政治方向，甚至利用秦國力量統一天下、實現王者之政的想法。但是，透過與秦昭王和范睢的交談，荀子意識到這只能是他一廂情願的美好願望。應該是在與秦國君臣二人交談之後，荀子毅然離開了這個讓他的內心充滿糾結的國家。

荀子不是帝王將相，甚至不算是嚴格意義上的政治家，但他以自己的學識和理性思考，洞察人性，明白事理，在秦國走向最頂峰的時代，就預見到了秦國政治的結局。在荀子離開這個世界不久，秦國就統一了天下。但是，不可一世的秦王朝，存在了也不過十七年，這與范睢、李斯等秦國政治家預期的秦國政治的遠景相差何止千萬里！在秦朝滅亡之後，中國古代政治不得不走上荀子所設計的藍圖，特別是西漢的政治制度，正是走的荀子思想的路子。當然，所謂荀子思想的路子，也不是說完全遵循荀子的理想政治模式，而是指接受了儒、法共存的治世之道。荀子主張的儒法共存、禮法兼濟的思想影響，在唐王朝達到高潮。然而，隨著時間推移，隨著宋代理學對荀學的不斷排斥，禮法在治理國家、管理社會中的比重逐漸降低，中國古代政治也走上了愈發明顯的下坡路。可以這麼說，兩宋以來是荀子思想影響逐漸淡化的時期，也是中國古代社會逐漸走向衰敗的時期。毫無疑問，這個過程是相當值得後人深思的。

法治之國

人類文明肇始於文化認同、文化自覺。在諸種文化自覺中，政治文化是第一位的。此所謂政治文化，就是人類意識到自我管理以及自我管理需要一定之規。在這方面，華夏文明是相對早熟的。誠如荀子所言，先賢從遠古時代開始就認識到「群」的必要性，並由群體性的社會演進到國家。

到荀子時代，政治文明已經滲透到社會生活每個角落。在當時農耕社會經濟基礎上，政治生活高於一切。對於非體力勞動者而言，政治生活也是他們的唯一追求。所謂諸子百家，說到底都是為了參與政治文明而出現的。百家爭鳴中所有主張，都是圍繞著國家政治生活展開的。更為重要的是，如果說荀子時代之前的中國政治發展方向還不甚明朗的話，到了戰國末期荀子時代，天下歸於一統的結局已經不可避免。需要討論的是，這樣一個即將到來的一統應該是什麼樣的形態。

國家政治與政治形態

在上述時代背景下，荀子政治思想呈現出兩方面特色，一是對國家政治的肯定和重視，以及對於一統天下的展望和設想。在具體政治實踐方面，荀子分析了種種國家形態。值得強調的是，此處所說國家，是荀子時代特有的國家形態，與現代意義的民族國家有明顯區別。其中最重要的區別，一是這些國家有著基本的文化認同和價值取向，二是有著一統天下的共同願望。

也就是說，這些國家是從不同地域出發的同一類人，他們都在奔向同一個目標，而相互間所爭所鬥的，不過是誰先到達目的地而已。

對於國家政治本身，荀子有系統認知。在荀子之前，先秦時代思想家基本上都有這方面的觀點，但尤以荀子的認知最為系統。

國家是什麼?在荀子看來，國家是天下最可以利用的事物，相應地，一國之主就是天下最可利用的位勢了。換句話說，擁有一個國家是人世間最大的資源。如果能夠以「大道」管理一個國家，就會得到最大的安定與最大的榮耀，也會把世上所有的美好積聚起來。相反地，如果不能夠以「大道」領導一個國家，那就會遇到最大危險、最大累贅，有這個國家還不如壓根就沒有這個國家。在一些極端情況下，身為君主，就是想做個普通老百姓都沒有機會了。春秋戰國時代，有案可稽的極端政治事件中，身為君主，其下場還不如一個普通老百姓。春秋首位霸主齊桓公，死後無人收屍，屍體腐爛後的蛆蟲爬出了房間；武功蓋世的趙武靈王，卻落了個被困餓死的慘局。至於因為君主的無道而使國家和百姓遭殃的事件，更是數不勝數。所以，荀子不得不強調，君主雖然可以占據天下最有利的位勢，但這樣的位勢並不能自動導致國泰民安。要想實現國泰民安，君主也能安然處位，就必須遵循大道。

中國古代往往以「重器」或「大器」形容國家的重要性。器者，物也。國家是天下最大的器物，是人類生存最重要的保障。荀子說，國家是天下的大器，是重大的責任所在，一定要放置在一個合適位置上，一定要為國家選擇最佳治理之道，否則就會有危險，就會無路可走，最終走向滅亡。荀子所說的把國家放在合適位置上，並不是指得到分封的土地就萬無一失了，而是說必須選擇正確的治國之道，選擇勝任的治國之人。

荀子把國家形態分為三類，即王者之國、霸者之國、亡國者之國。如果以王者之法治國，用王者之才治國，國家就會稱王。霸者、亡國者亦然。

到了荀子時代，中國古代政治發展經歷了三種模式。第一種是早期大一統的分封制，這種制度至少興起於夏朝，到西周時代臻於完善。第二種是諸侯力政的形態，主要表現在周天子失勢，而有力量的一國或幾國諸侯左右天下政治的局面，這個時期的一個主要特徵是，諸侯間相互消滅、更加集權的一統天下的要求還沒有出現，也就是說，周天子雖然成為傀儡，但還沒有諸侯有取代其地位的意願。從時間上講，第二種模式主要存在於春秋時期。第三種模式則出現在戰國中期以後，周天子名存實亡，各諸侯國之間的爭鬥進行到了你死我活的程度，各國的兼併和統一已經成為天下政治的最終歸宿。這種政治發展的歷程，是荀子劃分三類國家形態的歷史和政治基礎。

治理國家需要持久用力，不斷更新求變。由於種種原因，國家也會出現問題，甚至破敗，但這並不是本質性的改變，只要認識到問題，下決心改正，就會保持千歲之國。荀子問道，儘管時間不能永恆，人生也不能長生不死，為什麼還會有千歲之國的存在呢？荀子自答，那是因為有千歲之法和千歲之信士的存在。王道就是千歲之法，能信守千歲之法的人士就是千歲之信士。國家交給能夠持守禮義的君子治理，就會成為王者之國；交給端正誠信之士治理，就是霸者之國；交給喜歡陰謀詭計的人治理，就會成為滅亡之國。

在當時農耕社會大背景下，人們普遍推崇人自身的能力。因為在農業生產活動中，一分耕耘一分收穫，是人們的普遍信仰。同時，農業社會規模較小，對法治的要求也不迫切，所以，對於人治的功用和效率，人們同樣也有著普遍信仰。法律和刑罰雖然能夠震懾和約束人們的行為，但在農耕經濟下的宗法社會裡，人們更相信人心與榜樣的功用。同時，法律體系並不成熟，法律條文總是需要人去執行，所以，人們還是傾向於把社會管理寄託於人治。在上述荀子的國家觀中，已經明確表達了對人治的最終寄託。一個社會走向哪裡、怎麼走，最終的決定權在人手中，當然更多的時候是在君主和當政者手中。要達到王者之國，最關鍵的因素是先義而後利。特別是在用人方面，不分親疏、不分貴賤，一律求之以真才實學。

與王者之國相反，滅亡之國採取的治國之策是先利而後義。不分是非，不辨曲直，只要是君主的親近之人就能得到提拔和重用。

那些僅能維持生存的國家，則在上述兩種情形中徘徊，一治一亂。

荀子強調，「義」與「利」的先後位置足以決定國家的前途和命運。區分義和利，核心是「禮」。

一個國家，如果不能遵循禮的要求，就不能端正自己，就不能走在正道上。堅持禮的結果，是讓人不能誣妄，不能言行失去標準，避免各行其是。禮對於一國的功用，相當於用秤來決定輕重，木匠用繩墨決定曲直、用規矩決定方圓一樣。禮就是一國的規矩，即「先義而後利」。

如同動物在自然界有它們合適的居處，人的合適居處就是國家，並且是一個不能失政的國家。國家不僅是指一塊土地，更重要的是土地上的人民。進而言之，有土地、有人民還不能說是國家，還必須是政治有道、君子治之。國家的基本要素是土地、人民、道法，君子既是道法的制作者，又是道法的推行者。國家有道法固然重要，不可或缺，但是，國家有好的法律並不能保證不出現亂局。相反，如果國家由君子治理，肯定不會出現混亂。

荀子的這種明顯理想化的結論，一方面來自當時的政治現實，一方面則是深受農耕社會性質的影響。在當時各國，從現象上看，社會動亂主要來自從政者的政治野心和貪婪，這些人普遍缺乏自我約束。另一方面，在農耕社會中，人們的生存領域相對有限，成規模的人員流動更是少見。在某個相對固定的社會區域，只要社會管理者達到一定的道德水準，就能夠有效地直接約束和影響所有社會成員。在這樣的社會環境下，人治比法治更為有效。荀子以人治為主，崇信君子的功用，把法律的功用放在從屬地位，就是自然而然的選擇。還有一個重要原因，就是當時社會發展並不能提供全方面的法治體系，更不能從制度上消除君主專制的根本弊端。

人治與法治

在治理國家和社會方面，究竟是選擇人治，還是選擇法治，自古以來就是個重要問題。當然，對於人治與法治的理解，各家各派、各個時代、各種人等，都有著非常不同的觀點。在荀子時代，這個問題相當突出。人治是各國的傳統做法，而法治是秦國的治國思想。按說，各國按照自己的情況選擇人治或法治，本不足為奇，但現實卻是，法治之下的秦國國勢強勁，人治之下的山東六國日益疲憊。在這樣的現實之下，許多思想家陷入了兩難，特別是儒家學者。儒家的人治思想確實能夠自圓其說，但嚴酷的現實卻給儒家思想提出了各種難以回答的問題。在

這種形勢下，

分析荀子關於人治與法治的思想，就非常有意義了。

(1) 人治與識人用人

儒家思想的一個根本點，就是對人和人的能動性充滿信心。孔子認為人是能夠隨著環境而改變的，孟子認為人性本善，甚至人皆可以為堯舜。荀子雖然主張人性本惡，但認為透過教化和學習，人也是能夠被改變的。另一方面，在當時農耕社會條件下，社會成員的流動性有限，社會發展程度也相對簡單，在任何一個社會管理層級上，社會管理者都能夠掌握所有具體情況，所以，只要有一個勝任的、稱職的官員在，特別是主管官員在，就能夠治理好這個層級。在這個時候，法律條文也是必需的，但法律條文本身比較死板，遠不如一個有修養、善職守的官員來得有效率、有靈活性、有人情味。結果就是，儘管荀子承認法治的功用，但在根本點上，他還是更加崇信人治的功用。

當然，荀子主張的人治並不是君主專制獨裁，更不是為所欲為。他所說的人治，是那種具備了足夠的道德修養的君主所施行的社會管理。在荀子時代，其實並不少見從專制獨裁走向腐敗滅亡的政治人物，但在荀子看來，那並不是人治的理念有問題，而是那些人的道德修養沒有達標。在他所讀的聖賢之書中，在傳說中的古往今來有成就的君主那裡，在他的道德信念和政治表現中，人治的長處無所不在，這就使得像荀子這樣的充滿理想主義和社會正氣的知識分子很難割捨對人治的鍾愛。

天下只會有昏亂的君主，不會有混亂的國家，只有君主才能從根本上決定一個國家的混亂或有序。這對於以農耕文明為基礎的中國古代社會來說，確實是說到了根本之處。世上只會有治理國家的賢能之人，而不會有自動治理國家的法律。法律是人制定和執行的，法律本身是被動的和僵化的，再好的法律，也需要有人去理解、執行、修正。

從現代政治學的角度來說，這樣的主張只具有一半的真實性。法律確實需要人的制定和執行，在這個意義上，人比法重要，甚至人可以替代法的功用。但是，社會的某個群體一旦選定這樣的一個人，就不僅要賦予他治國的權力，同時還必須對這樣的權力加以約束。這是中國傳統政治最致命的缺陷。當然，在荀子時代，現實政治的發展還不足以讓思想家們想到這一點，因為那還是家天下的時代。國家和社會是君主的私有財產。人們的善良想法是，既然是君主的私有財產，君主自然會去珍惜，所以沒有必要對他們加以任何限制。事實上，不僅是主張德治和人治的儒家，即使是主張法治的法家，在當時也跳不出這樣的觀念限制。這是時代使然，不是某個人或某種思想的問題。這樣的分析，當然也並不是苛求古人。

夏朝有名的暴君桀王制定了相當多的法律，但他本人卻半途而亡，並沒有順利完成他的統治。同樣，夏朝奉行大禹制定的法律，但夏朝最終也被商朝取代。這就說明，法令或法制並不能自行解決社會問題。在荀子看來，國家存亡、社會發展的關鍵因素是「得其人」，即有英明的君主在位。這是因為，法律來源於人。人是法律之源，法律是治國的開端。如果治國有了合適的人，法律雖然簡約，也能夠顧及一切方面。如果治國選人不當，即使法律再健全，法律在實施過程中也會出現偏差，不是先後順序失當，就是難以應對各種突發之事、法律沒有涉及的事變，最終使國家陷於混亂。治國之人應該明白法律的本質，而不必醉心於不斷修正法律條文。法律條文再複雜，涉及面再廣，沒有合適的人去執行，也是枉然。

荀子如此思想，就法律與人的關係而言，確實是個重要問題，也有一定的事實依據。但其最大的不足之處是，因為君主不受法律約束，所以，荀子和其他思想家的思想重點，就沒有放在如何用法律約束權力擁有者和執行者的問題上。因為權大於法，法律當然就顯得力不從心，甚至是相對渺小了。如果法律的地位低於權力，特別是最高權力，或者說君主的地位和權力始終能夠超越國家法律的時候，荀子的上述理論才能夠成立。這樣一來，國家能否得到治理，就完全寄希望於君主一人身上。所以，荀子政治思想的重點，就只能放在人治上面。至於人治可能導致的種種問題，全不在其考慮的範圍之內。換句話說，只要君主英明，就會任用賢人。各個官僚階層均由賢人掌控，人治可能出現的種種問題當然不必去考慮。

根據荀子的觀點，在治國的問題上，英明的君主急於得到人才，昏庸的君主則急於加強個人勢力，包括加強權力、獲得財富。很顯然，以人才為主的君主，本人不必太勞累於具體事務，國家就能得到很好治理，功績很大，名聲很美，做到最好時可以稱王，最不濟了也可以稱霸。那些不重視人才的君主，整日勞累奔波，國家卻混亂不堪，無功無名，政權也會陷於危亡之中。所以，荀子的結論是，英明君主只會在用人上操心，不會去親自處理具體事務。君主用人，特別是用對了宰相，完全不必親自處理具體政務。這是荀子人治思想的重要依據。顯然，英明君主所施行的人治，並不是專制和獨裁，而是用對人、用好人。至於如何用好人、用對人，並沒有制度上的保證，而只有君主個人能力和修養上的保證。從現代政治學的角度來看，這樣的用人是沒有任何保障的，其弊害也是無窮無盡的。

在識人和用人方面，荀子思想在繼承傳統儒家注重道德修身的思想之外，也吸取了法家在相關方面的一些主張，甚至是一些「術」的內容，即識人用人的具體方法。當然，傳統儒家的修身之道也講究方式方法，但其與法家之術還是有所不同，主要是中心思想的不同。傳統儒家主張正面教育和宣導，而新興法家則主張預防和懲戒。這其中潛在的思想觀念，還是傳統儒家傾向於人性之善，法家傾向於人性之惡。

對於現實中發生的識人用事的現狀，荀子還是有著清醒認識的。荀子五十歲之後開始遊歷天下，並且在楚國為官多年，經歷了政治上的起伏沉浮，所以，他的認識是相當銳利的。對於那些合理的處世之道、修養之道，在口頭上反對的人怕是不多，而真正能做到的也是不多。在識人用人、選賢任能的問題上，君主們通常也沒有異議，而問題的癥結是他們說得到、做不到，荀子稱之為「口行相反」。這樣的君主，因為做不到用賢才、退不肖，他們的結局也就只能是悲慘的一條路了。

那個時代所謂的識人用人，當然是政治領域裡的事情，具體來說，就是君主如何任用大臣，上級如何選擇下級。傳統儒家主張，政治上的識人用人，應該首先看人的品行，把被識、被用之人的道德特質放在最重要的位置上加以考慮和考察。

在荀子看來，那些生活在當今時代，卻對古代的聖王之道心存敬畏的人士，通常是不會為非作歹的，即使個別人也許會行為不端，但絕大多數人肯定是行為端正的，因為他們內心之中是有原則的，至少也是有底線的。所以，君主取用大臣的時候，首先要看他們的志向，也就是他們的道德追求是什麼，然後再提出具體要求。這些具體要求有三方面的內容，一是內心貪婪的人不要取用，二是行為不守規矩的人不要取用，三是言語荒誕、缺乏信用的人不要取用。對於那些有志於從政的士人，只有在確認他們的道德特質沒有問題之後，才會考察他們是不是有才能。一個士人，如果特質很差，卻很有才能，那就好比是兇惡的豺狼，是不可以接近的。

在識人用人方面，主動權掌握在君主和在上位者手中，所以，對在上位者的嚴格要求，是傳統儒家政治傳統的核心所在。儒家之所以崇尚人治，其重要的思想支點之一，就是對於以上示下的模範帶頭功用的信仰。荀子思想中同樣有這樣的觀點，堅信只要在上者的示範功用發揮到位，在下者就會隨之跟進。

荀子做過基層官吏，並且有機會周遊天下，觀察各地風土人情，交往各國政要，對於人世間的種種事物和現象，有過親歷親炙，當然也有深入思考。就各種治國制度和人的主觀能動性的關係而言，荀子更相信後者的主導功用。他舉例說，人們發明和製作了各種保證公平的手段，比如契約和度量衡器，但是，這些外在工具的公正性，與君主的模範功用相比，是不足為道的。如果君主喜歡權謀，臣下就會乘機使用欺詐手段；如果君主喜歡庇護他喜歡的人，臣下就會乘機使用偏私手段；如果君主喜歡顛倒是非，臣下就會乘機使用不公平手段；如果君主喜歡財貨，臣下就會乘機盤剝百姓。

荀子由此得出結論，那些器用手段再公平，也是治國的流，而不是源。只有治國者公平為政，那些器具才能發揮它們公平的功用。一旦君臣上下曲意求私，那些器具並不會自動制止，更不會單獨發揮它們的公平功用。在此意義上，才要說君子是治國之本源。在上位的君主養護好治國之源，端正治國理念，約束自身行為，官吏才會守護好那些治國手段，從而造福於國家和社會。

君主推崇禮義，尚賢使能，沒有貪利之心，臣下就會表現出足夠的辭讓，盡力表現忠信，謹守臣子本分。當各級官員的模範功用影響到普通百姓的時候，即使沒有那些度量衡器具，也會出現公平誠信的行為，以至於不用獎賞百姓也會勸勉，不用懲罰百姓也會服從，官吏不用勞頓也能完成公務，法令不必太多也能使社會風氣變好。結果就是，老百姓無不順從在上者的法度、遵從在上者的意願，努力完成在上者的安排，上下安樂，社會和諧。這種社會發展程度，荀子稱之為「至平」，最高層次的安定祥和。

(2) 法治與人治的關係

荀子把王政置於霸政之上，或者更為欣賞王政，也是古代政治發展史的必然。在荀子時代，權力集於君主一身，且君主是世襲制，在這樣的政治環境下，很難想像法治能夠高明或周全到什麼程度。出於對君主制的信仰，思想家們更傾向於尋找法律制度的不足。這種思想，在荀子這裡甚至表現在一些從政的細節之中。

作為在上者，或者主事者，在處理政事的時候，如果過度嚴厲，並且不喜歡聽取下屬意見，下屬就會畏懼怕事，不盡其心。這樣一來，大事小事都會難以完成。相反，如果和顏悅色，喜歡聽取各種意見，並且不加區分地接受，就會有各種各樣的意見紛至遝來，甚至奸邪之說也會出現。這樣一來，政事就會變得非常複雜難解，形成新的困難和麻煩。

荀子所說的這種情況，在具體處理政事的過程中確實是存在的，不過，荀子之所以如此強調這種情況，重點在於說明，不管法度有多嚴密，在具體執行過程中，執法者個人的好惡、性格、修養等因素，必然會影響政事處理結果。或者說，法律再嚴密，也不可能窮盡所有可能，所以，執法者必須要有一定的靈活性。在處理政事過程中，如果完全按照法律規定行事，不全面考慮，那麼，遇到法律沒有規定的事情，勢必就無法完成。同理，如果只按照職責做事，凡事不能通融，那麼，遇到職責規定之外的事情，也是無法進行。按照荀子的看法，只有依法行事的同時再加上全面考慮，遵守職責的同時再加上通融權變，才不會遺漏什麼。而如此周全的做法，也只有君子才做得到。這就是說，要用「公平」和「中和」去彌補職責不及和法律遺漏之處。法律規定了的，按照法律去做；法律沒有規定的，就需要君子的靈活處理，具體說來，就是根據同類事情的處理辦法去處理。在這個靈活處理的過程中，要堅持君子的基本原則，以避免偏見和私利的作怪。荀子的結論是，即使有良好的法律，也會出現難以處理的混亂情況。但是，如果是君子主政，什麼時候也不會出現混亂狀況。

人們當然不能把近現代社會的法治觀念強加給荀子，也不能因為荀子的法治思想沒有達到近現代社會的法治水準而去批評他。與其這樣，還不如努力從荀子的思想中分析出一些道理，即荀子為什麼會那樣去想？與更為合理的法治精神相比，荀子法治思想的不足之處是什麼？這樣分析的目的不是責備荀子，而是應該提高對法治的認識水準。

不用說，即使是在今天，法律也不能解決所有問題，法治社會也不能預測到所有可能出現的社會現象。對於這些缺憾，只能以新的更合理的立法和執法去彌補，而不能因此就用人治去填補。另外，荀子所說的君子之人，是達到極高水準儒家修養的君子，而這樣的君子不可能憑空產生，只能來自現實。但是，如果現實就是一個人治盛行的社會，這樣的君子就很難產生，更不用說要完善一個社會，需要大批這樣的君子。從邏輯上講，荀子的這種出自善良願望的想法基本上是行不通的。這不是說在現代社會行不通，就是在古代社會，在荀子的時代，也是行不通。所以，荀子的這一主張，不是被棄之不用，就是被專制制度歪曲利用。特別是在專制制度下，把人的因素放在首位，最終還是人治的社會，法律的功用、法治的精神只能被人治的現實歪曲利用。荀子思想的基礎無疑是儒家的，而過度相信人的功用，特別是君子、聖人的功用，正是傳統儒家最致命的缺憾。

整體來說，在人治與法治的關係上，荀子從根本上講是推崇人治的，但也並不否認法治的效力。根據荀子的政治理論，一個理想的國度，當然是人治大行，直到王政普遍推行，實現聖人之世、仁人之治。然而，著眼於現實，荀子明白聖人之世不可能一下子到來。要從現在做起，從現實起步，就得重視法治的功用。荀子認為，以君子的禮義之道治國，只能在治世發揮功用，而在亂世，還須使用法治的賞罰之道。在荀子的國家觀之下，其政治主張既有高遠的理想，也有現實的選擇，只有人治和法治相結合，才能最終達到聖人之世。荀子的如此主張，與他在學理上所認定的儒家思想和法家思想在治國之道上相互相容的理念是一致的。

法治與賞罰

法治的問題，或者是依法治國的問題，在中國古代一直是一個重要且敏感的話題。既是一個政治話題，也是一個學術和思想話題。特別是在先秦時代，中國的法治思想經歷了一個重要變革時期，為此後幾千年中國社會發展奠定了政治思想基礎。

在上古時代，社會結構比較簡單，並不需要複雜的法治管理，更不需要向全社會公開法律制度。生活在城市中的只有社會上層貴族和下層平民，生活在鄉野中的則是出苦力的農夫。在這種社會結構中，只要社會上層能夠約束自己，下層平民和農夫便能正常生活。占據統治地位的貴族階層，其力量足以直接管束其他階層。這個時候，社會更需要的是禮治而不是法治；而禮治的特點是，雖然也有條條框框，但卻有相當程度的靈活性，並且缺乏強制性，其基礎是守禮者的道德自覺，或者是貴族個人、家族和集團之間的各種力量的相互制衡。

從東周時代開始，上述社會結構發生了變化，其根本原因是社會生產力的提高，社會整體財富的增加，以及隨之而來的人口的增加和社會階層的日益多樣化和複雜化。在這種社會背景下，社會上層即使照樣能夠約束自身，其力量也已經不可能直接觸及其他所有社會階層，也沒有能力直接去解決各個階層的各種具體而複雜的利益衝突。

這其中的原因，一是貴族階層本身的墮落，導致其正面的影響力下降，同時也使這個階層的人數和力量不斷消減；二是隨著社會階層的增加，特別是以知識階層為代表的社會中層力量的出現，使得知識和文明在更廣大的人群中散布，各階層要求在社會發展中發揮更大功用、取得更大利益的要求越來越強烈；三是社會財富在增加的同時，社會關係更加複雜，社會矛盾更加多樣化，對抗性也更加強烈。

面對這種複雜局面，統治者依靠個人影響力，特別是道德影響力去管理社會顯然已經力不從心，更不用說在世襲制的特權面前，他們的道德自覺也是與日俱減。如果想要安定社會，保證他們的權力和利益得以繼續，必須使用更有效的手段對社會進行管理。這個有效手段就是逐漸形成的法律條文和法治精神。

法律是一種契約，有成文法與不成文法的區別。這種契約精神古已有之。但在初民時代和上古時代，這種約束人的行為的契約有若干特點。一是非文字性的，多以口頭的，以及社會成員相互默契的方式存在著，在很大程度還是要靠人們的自覺；二是非公開性的，即契約的內容並不告知全社會，甚至社會裡的某些人與這類契約無關；三是隨意性和主觀性的，即一旦出現了有違契約的人和事，社會管理者是採用人為裁定的方式，接受裁定的一方並不能預知結果如何。

儒家思想在東周中期由孔子創發，與這種特殊的社會背景息息相關。知識分子也好，思想家也罷，都在回答如何更有效更合理地管理社會的問題。在孔子看來，如果治國的主導思想是以政令法律為主，一以刑律作為行為標準，人們就只求免於受罰，但卻不會建立起內在羞恥之心。但是，如果以道德為主，人們不但會有羞恥之心，還會自覺約束行為。

荀子在堅持儒家德治為本的同時，與孔子和孟子相比，從根本上改變了儒家對法治有意無意地加以輕視的不足之處。所以，在荀子思想中，以理性精神為基礎，對依法治國予以了足夠重視。正是在此意義上，一直以來，人們認為荀子是由儒入法的思想家。但是，在更加全面地認識荀子的法治思想時，就會發現所謂「由儒入法」的說法是比較片面和輕率的。

（1）犯罪起源，公平立法

人為什麼要犯法犯罪？回答這樣的問題，涉及法律的起源、法治精神的成立、法律的走向和執行等一系列問題。

荀子批判了一種世俗說法，即認為上古時候人們都是薄葬，所以沒有人去盜掘墳墓。在混亂的當今時代，因為出現了厚葬，這才引發了盜墓的犯罪行為。荀子認為，凡是盜竊行為，都是因為盜竊者的貪取無度，並不是因為生活不能自給。聖王在世，一定要使百姓生活富足，但卻不能過度擁有。在這種社會狀況之下，不僅不會有盜賊，而且農夫和商賈都能禮讓財貨，導致社會風氣良好，男女自律，道不拾遺。荀子引用孔子的話說，天下有道的時候，盜賊最先改變其行為。這就是說，盜賊不竊不搶，是社會安定的最突出表徵。在這個時候，即使墓葬中滿是財寶，人們也不會去盜掘，因為求利的動機並不強烈，而且犯罪帶來的羞愧之感更為沉重。

然而，在混亂的時代，在上者的發號施令，在下者的行為做事，都沒有法度可言。有頭腦的人沒有機會發表意見，有能力人的沒有機會施展才能，賢良者沒有機會被任用。這等於是天時、地利、人和盡失，該做的事情做不成，致使物質財富匱乏，各種禍亂紛至遝來。社會上層發愁不夠日用，社會下層忍飢挨餓。結果就是，統治者都跟夏桀王和商紂王一樣暴虐，盜賊則肆意搶奪，危及社會，行為連禽獸都不如，盜掘墳墓就更不在話下了。即使是薄葬到裸身埋葬，也會有盜墓賊光顧，更不用說埋葬時多少有些隨葬品了。

荀子的結論是，要想制止犯罪，最根本的是建設一個和諧社會，而要建設一個和諧社會，必須保證經濟發展，同時注重道德教化。荀子的觀點中還隱含著一個結論，即法律並不能根除犯罪，而只是透過懲罰的手段在一定程度上遏止犯罪。

儘管從學理上講，法律並不能根除犯罪，但著眼於現實，荀子還是非常理性地承認法律的有效性。既然如此，當然需要嚴肅地對待法律，必須公平立法。

在荀子看來，法律規定不可能窮盡所有方面和所有事務，所以他主張，在有法律依據的事情上要按照法律行事，而在法律未及或不及之處，則「以類舉」，即依照同類或近似的判例或案例來執行。法律是本，依法而行是末；判例是左，相似之事例是右。也就是說，世上的各種事情，看上去各不相同，但卻遵循著相同的規則，並因此而相互依存。根據這樣的原理，賞罰之事完全可以分類完成，各種規定必須順應民心才可以推行。

與此相關的問題，是犯罪和懲治的關係，即犯罪輕重與懲罰輕重的關係。這個問題在荀子時代爭論得最為激烈。大體上講，一些膚淺的儒生主張重罪輕罰，期望以此涵養社會風氣，達到治世。一些比較激進的法家人物主張輕罪重罰，以期盡快止住犯罪之風，使社會快速安穩，使國家集中力量富國強兵。針對這兩種極端主張，荀子提出了自己的見解。

荀子的切入點是一些世俗學者的觀點，這些學者認為，在古代的治世，如有犯罪行為，並不如法律所規定的，一定要在人的身體上施加某種刑罰，毀傷人的身體，而只是象徵性地表示一下。比如說鼻刑，並不是割掉鼻子，而只是在面部用墨色畫出某種記號而已。

荀子從一般性的犯罪理論講起，明確反對這種說法。如果是真正的古代的大治之世，人們一般是不會觸犯刑律的，不僅是肉刑，就是象刑也不必使用。如果一定要說那時的人們也會犯法，然後去減輕對犯法者的刑罰，就等於是說，殺人的人不必被判死罪，傷害人的人也不用遭

受刑罰。特別是，犯了最重的罪，卻只受到最輕的懲罰，

那麼，普通人就不會知道什麼是罪惡，結果只會給社會造成極大混亂。

刑罰或法律的根本，是禁止暴力、厭惡罪惡，並且透過懲罰而對人們發出警告，以防患於未然。如果說殺人可以不償命，傷人可以不受刑，那就相當於告訴人們，要給暴力犯罪者以恩惠，給賊害他人者以寬免，這顯然不是厭惡罪惡的表現。

透過以上對一般性犯罪理論的分析，荀子斷言，所謂象徵性懲罰的主張，並不是產生在古代的治世，而是出現在混亂的當今之世。在古代治世，凡是爵位、官位、職務、賞罰等措施，都是與相應的行為相配合，有什麼樣的作為，就會有什麼樣的報償。哪怕是有一個錯位，都會成為社會混亂的發端。如果德行與爵位不相稱，能力與官職不相配，有功者得不到獎賞，有罪者沒有受到懲罰，那將是最大的不祥之事。

(2) 公正執法，合理賞罰

法律一旦制定出來，要在治理國家和社會中發揮功用，就必須做到公正執法，賞罰得當。

在具體執法過程中，刑罰與罪行適當，即所謂量刑準確，法律才會有威嚴，否則法律就不可能被嚴肅對待，更談不上被嚴格遵守。同樣地，作為賞慶的爵祿官職，如果與賢者的德行和才能相當，才會被看重，否則就會被鄙視。在任何一個治世，量刑都不會高於犯罪事實，爵祿也不會超過官員的賢德。父親犯罪不會累及兒子，兄長犯罪也不會累及弟弟。獎賞和懲罰都能夠恰如其分，人們對法律心悅誠服，做善事會起到勸勉他人的功用，做惡事則能夠起到讓人吸

取教訓的功用。這樣一來，刑罰儘管很少使用，法律的威嚴卻遍及天下，各項政策規定很透明，教化的功用更是如神明一樣影響深遠。

在正面闡述了執法公正之後，荀子又從反面加以強化。他說，混亂之世的情形完全不同。量刑隨意，爵祿之賞並不依據賢德。更為惡劣的是所謂「以族論罪，以世舉賢」，如果有人犯罪，他的父族、母族、妻族之人，即使如大舜一樣有德行，也都會受到牽連，比如秦國商鞅制定的「連坐之制」；另一方面，如果有先祖是賢德而有地位之人，子孫都會沾光，即使他們如同桀王和紂王那樣暴虐無行，也會世世享受尊榮。完全可以想像，這樣治理的國家必定混亂無序。

荀子時代的法律主要是指刑法，當時稱為法、刑罰，所謂執法，也主要是體現在懲罰之上。但是，在荀子法治思想中，與他的霸道與王道並重、法治與德治並行的思想相一致，強調了賞和罰的同等重要性。

荀子認為，如果獎賞不能合理執行，賢能之人就不會得到進用；如果懲罰不能恰當執行，不肖之徒就不會被黜退。這樣一來，有能力和沒有能力的人都不會待在適合於自己的官位上。更嚴重的結果就是，萬物都難以處在合適的位置，任何事物的變化都難以得到合適的回應，以至於天時、地利、人和都會失調，天下之人都會不滿現狀，如同在烈火上受煎熬一般。施政者一旦不能依照法律嚴格執政，不僅會影響個人從政者的政治前途，以及一國一地一時的政治清明，還會使這種消極和負面的影響播撒到社會和人間的各個方面、各個角落，會影響到所有的人和事。

在當時的政治制度之下，人治的思維和方式依然占據主導地位，在現實中，任何法律法規又不可能顧及所有賞和罰的具體情況，這就會導致賞、罰的尺度不容易掌握，不容易恰如其分地落實。對於這種令人沮喪的情形，荀子的主張是，從賞與罰的本意來說，獎賞不應該過度，不應該超越本來的規定，刑罰也不應該氾濫無際，不應該傷及無辜。獎賞過度有可能讓小人獲利，刑罰氾濫會讓君子受害。但是，著眼於現實，賞和罰都存在著過度過量的問題，荀子的態度是，寧可獎賞過度，也不要刑罰氾濫。這樣做的理由是，與其因為刑罰氾濫而傷及善良，還不如獎賞過度而惠及不守規矩之人。這是典型的儒家政治倫理或立法精神，而在這方面，法家的主張正好相反。荀子如此堅持儒家的主張，其倫理前提是，傷害善良對社會的危害遠遠大於獎賞不良。其實，這種觀念固然很寬容，但是，在很多時代，實際情況卻並不像荀子想像得那麼簡單和直接。

那麼，如何能夠合理而順利地施行賞和罰，如何使賞、罰失當的狀況得以扭轉，並最大限度地造福於社會呢？循著儒家以德治國、以上示下的原則，荀子提出一些具有創新意義的主張。

荀子以先王和聖人為說，認為君主要有必要的手段，滿足耳目之娛、口舌之味，讓他治下的人民知道君主也需要滿足物質生活享受，這樣一來，君主的獎賞手段才能吸引人民。這其中的道理是，要讓人們都知道，必要的生活享受是合理的。君主是人，普通人也是人。人們的基本欲望，君主也喜歡；君主的享受，人們也能得到。普通人要想得到與君主同樣的享受，就必須思想向善，行為端正。同時，君主還要增加勞動人口，讓官職齊備，使賞罰嚴明、刑罰嚴格，看重法治的功用。這樣一來，讓老百姓都知道君主對法治也有敬畏之心，知道遵紀守法的必要性，從而使刑罰能夠發揮其應有功用。

一旦賞、罰得行，賢能之人就可以得到進用，不肖之徒就可以被黜退，能力不同的人就都可以得到適當的官位。在這種合理而清明的政治狀況下，社會方方面面的發展無不順暢，物質資料生產自然不在話下。荀子相當誇張地描述說，社會財富如泉水一樣源源不斷，如同大山一樣堆積無邊，甚至因為沒有足夠的地方收藏，只有付之一炬。顯然，到了這種田步，人們還有必要擔心沒有足夠的財貨滿足人們的生活需求嗎？

從荀子的整體主張來看，他所說的應該得到各方面滿足的君主，是指那種稱職的君主。也就是說，並不是所有的君主都有資格獲得全方位的滿足，更不是說讓君主滿足的目的是讓他們恣意揮霍。相反，只有稱職的君主，或者是英明的君主，才有資格讓社會滿足其所有的個人欲望。

所以，荀子強調滿足君主欲望的目的，是著眼於全社會的合理需要，著眼於社會發展而提出的，並不是為了滿足君主的個人需求而提出的。

國家經濟

荀子生活在戰國末期，中國上古以來的政治發展，特別是周朝的政治過程已經基本結束，有條件在政治上有所總結。春秋戰國時代的百家爭鳴，說到底還是各家各派都想使自己的思想學說左右現實政治運作。在這個過程中，有得勢的，如法家、縱橫家、兵家等；也有不得勢的，如儒家、墨家、名家等。荀子的思想發展時期處在百家爭鳴之末，正介乎得勢與不得勢之間。所謂得勢，是指荀子思想中的那些具有強烈現實針對性的內容；所謂不得勢，則是荀子思想中的理想主義成分。這種思想上的雙重性，集中體現在他關於王道和霸道思想的論述中。

先秦時期的王道和霸道思想，有著非常複雜的政治內容和演變過程。「王」在字面上指周王，即周天子；「霸」即是「伯」，「伯」的本義是首長、首領，而所謂春秋五霸（伯）就是諸侯的首領。西周時代，周王權威通行天下，「周禮」是天下人普遍遵循的政治原則。東周以來，周王權威掃地，成為霸主傀儡，霸主依靠軍事實力，成為天下政治主導者。王道和霸道逐漸脫離了它們的字面意義，分別專指以仁義道德和強力手段主宰天下。王道與霸道思想的提出和比較，是戰國以來的事情。當時的人們總結以往政治經驗，認為天下政治非王即霸，王道與霸道不可調和。在先秦儒家內部，孔子本人沒有王道和霸道的說法。孔子在宣導恢復以周天子為首的天下政治秩序的同時，對齊桓公稱霸的歷史功績也有所肯定。整體上講，孔子是肯定王道的，霸道充其量也是對王道的補充而已；可是，到了孟子那裡，卻獨遵王道，力排霸道。

荀子認為仁義道德具有更強大和持久的力量，在終極意義上，荀子依然是王道論者。這既是儒家學者的良知所在，也是反省歷史、思考現實的結果。從歷史上看，齊桓公和晉文公的霸業雖然轟轟烈烈，卓有成效，但終究還是人亡政息，曇花一現；至於現實中的秦國，戰場上的勝利充滿了血腥，比如在與趙國的長平之戰中，用坑殺降兵的做法削弱敵國的士氣，這必然激起更大的仇恨，難以讓人口服心服。這就說明，要想實現天下統一並要長久保持下去，必須以王道為根本。

不過，荀子的成長經歷和思想歷程既不同於孔子，也不同於孟子。孔、孟生活在魯國，受傳統周禮影響很深，理想主義傾向嚴重，都強調王道的唯一性，主張以王道一統天下。荀子生長在三晉地區，深受三晉法家思想和戰爭文化影響。中年之後，荀子又在齊、楚、秦這樣的軍事大國之間遊歷，特別是秦國的對外爭勝和國內的井然有序，使荀子深深感受到了霸道的現實有效性。所以，荀子不僅沒有從根本上反對霸道，而且還關注霸道之術，比如研究兵法戰策，形成一套戰略戰術思想。

荀子在肯定了霸道的現實有效性的同時，也提出了對霸道的修正和制約。荀子主張發展經濟，以國力的全面提升作為實行霸道的基礎。荀子還強調守信在推行霸道過程中的重要功用。對本國的人民講究信用，可以有效調動各方面力量，對他國講究信用，可以牢固控制天下局勢。

總而言之，王政是荀子心目中最高的政治標準和政治理想，霸政又是荀子不得不肯定的有效的現實政治，而荀子最終的選擇，則是王政與霸政的結合和平衡，在中心思想上，則是儒家思想與法家思想的結合。儒家主導政治方向，法家應對現實政治；儒家道德高於一切，法家賞罰行之有效。

王政裕民，王道經濟

所謂「王政」就是「王者之政」，「王道」就是聖王之道，用一句話來說，就是孔子以來儒家集群逐漸形成的理想政治模式和政權原則。不過，在荀子之前，孔子、孟子等大儒對王道和王政的闡述多集中在政治領域和道德層面，其他方面雖有提及，但並沒有深入論述。只有在荀子這裡，王道和王政才最終成為一個全面的政治理念和政治過程，特別是荀子王政思想對於經濟的重視，對於普通人利益的重視，使儒家的王政思想具有更加明確的現實性。

在荀子的王政之中，經濟問題得到了多方面關注，被視為王政的重要基礎。荀子思想的這一特色，與他的整體思想是一致的。之所以說這是荀子思想的特色，是說在先秦儒學中，沒有其他思想家能像荀子這樣，不僅重視一國經濟問題，而且把經濟發展與社會發展的關係在學理上做出了方方面面的探討。從荀子的整體思想看來，他能夠理性對待一切問題，總是能夠結合社會現實提出他的主張。

孔子並不否認經濟和民生問題的重要性，但他基本上不認為這是儒家學者應該特別關注的事情，他們的職責不在於此，因為國家自有專門負責經濟問題的人員。孔子也不排斥經濟利益，雖然他認為過度注重經濟利益會有礙於良好社會風氣的養成，但如果君子能盡其責，在社會道德建設方面取得預期效果，社會風氣不會有太多問題，經濟建設也自然會走上軌道。這其中不管有多少理想成分，孔子終究是沒有否定經濟問題在治國理政方面的功用。

相對來講，孟子對「利」的反感甚至排斥更為強烈和明顯一些。孟子思路是沿著孔子思想下來的，但由於道德問題在他的時代更為突出，使孟子對經濟問題，特別是對個人的經濟利益的訴求更為敏感。他雖然有「有恆產者有恆心」的著名論斷，但這個論斷更多的是針對普通民眾而言的，而他心目中的君子或大丈夫是要超越類似利益訴求的。不過，縱觀現實，正是社會中上層人物的物質欲求才是決定社會穩定與否的最重要因素。在這個問題上，孟子基本上是文不對題的，他的「義利之辨」也更容易成為社會中上層貪婪之徒的口頭文章。

荀子主張人性為惡，是說人們總是把個人利益擺在首位，並且多半時候是自然而然的，下意識的。即使是有修養的社會中上層人物，絕大多數也無法超越私利。與其漠視其存在，還不如直面現實，想辦法疏導，更重要的是加以限制。理性地來看，荀子的主張更具有現實合理性。但是，在政治專制的時代，這種思想的危險性卻勝過孔子和孟子的主張。在個人權力無限膨脹的情況下，荀子的主張更容易滑向助紂為虐的境地。

在荀子「王者之法」的理想政治中，經濟原則占據基礎性地位。荀子強調，王者之民並不是生活在純粹道德原則之下，而是必須在必要的和優渥的物質條件下生活，這個方面是孔子、孟子的思想中相對薄弱的一面。這就說明，當荀子考察各國狀況時，特別是考察秦國發展進程時，注意到了生產和生活對一個社會、一個國家的重要性。在韓非思想中，特別強調獎勵耕、戰之士，其中的「耕」，就是農業生產，也包括人民生活。農業生產有進步，人民生活有保障，是「戰」的根本保證。秦國士兵的戰鬥力超強，原因是秦國士兵不僅紀律嚴明，而且體格好，兵器好，而這些都有賴於高水準的農業生產和有保障的物質生活。在山東六國都在力保上層社會享受的同時，秦國卻非常在意所謂「耕戰之士」的生活。這樣一來，最終的勝負其實早就有結果了。荀子雖然沒有看到秦國一統天下的最終結果，但在現實的考察和理性思考之下，他清楚地認識到了「王者之法」的基礎是經濟，這在那個時代是非常可貴的思想。

王者富民，王者生民

整體的早期儒家確實注意到了經濟問題對於國家和社會的重要功用，甚至是基礎性功用。只是他們同時也意識到了經濟利益的負面功用更是巨大，所以寧肯把他們的思想重點首先放在道德教化上，也就有意無意地盡量避免談及經濟問題。但是，在這方面，荀子確實是個例外。他的理性主義精神讓他有勇氣面對現實。從其思想大方向上講，荀子甚至可以說是明確了經濟利益的基礎性功用，因為他以經濟利益為基礎，劃分出了各種類型的君主、各種類型的政治模式。

聚斂之君。如衛國的成侯和嗣公，只是想方設法從民眾手中聚斂財富，而並不在意民心向背，荀子認為這種君主遲早是要亡國滅身的。

取民之政。如鄭國著名政治家子產，注意發展生產，保障人民生活，很得民心，但卻沒有在政治方向上多做文章，荀子認為也只能做到使民心安定，社會不出現大的動蕩，國家也能保證平穩無大事。確實，在子產當政的年代，鄭國是小國，本來夾在晉、楚兩個爭霸的大國之間，日子並不好過，但由於鄭國能夠很好地發展生產，有一定的經濟能力進貢大國，子產本人又有足夠的智慧，使得子產治理下的鄭國保持了三十多年的安定狀態。這一結果的基礎是子產注重經濟，保障民生，以至於當他去世之時，孔子稱他是「古之遺愛」，一個對百姓有愛心的政治家；但是，子產離世後，鄭國很快就陷入了往日的緊張和混亂之中。這是為什麼呢？荀子認為是缺乏對政治方向的調整，沒有進行政治改革。

為政之政。如春秋中期齊國的管仲，在政治上進行大刀闊斧的改革，直到輔佐齊桓公稱霸天下。但在荀子看來，管仲的政治改革力度有限，方向也不明確，並沒有走上儒家禮治道路，所以，齊國也只是在齊桓公的時代成為強國，而當管仲和齊桓公相繼去世後，齊國就一蹶不振了。

修禮之政，也就是王者之政。可惜在荀子時代還沒有出現這樣的政治，當然也就不能列舉出這樣的政治人物。

再從經濟建設的角度去看，荀子認為，王者是讓老百姓富裕，霸者是保證士卒的經濟收入，那些勉強生存的國家則是富了當權者，而走向滅亡的國家則是富了君主一人。

荀子強調，一個國家到底是走向貧困還是走向富裕，從一些現象當中是能夠看出來的。導致國貧民困的原因當然有很多，但荀子在其列舉中，君主的功用是第一位的。君主的好大喜功、貪財貪利是首要原因。其他則是政府機構過於龐大，吃財政的官員太多，再其次則是從事工商業的人數太多，減少了農業勞動力，最後則是政府的稅賦沒有一定之規，隨意收取。

在說到一國之主對於國家經濟發展和人民生活的首要功用時，荀子強調了一個非常重要的傳統儒家的主張。這一主張，源於孔子弟子有子與魯哀公的一場著名對話。

這一年，魯國農業收成不好，魯哀公的稅收大減，日常用度都有了問題，就請教有子有沒有好辦法。有子是孔子前期弟子，以見識卓越聞名。對於魯哀公之問，有子反問：「為什麼不採用十取其一的稅制呢？」這是說農民把收成的十分之一交給土地的主人，在此就是指魯哀公。魯哀公聽後當然大吃一驚：「我現在用的是十取其二的稅制都不夠日用，為什麼你反倒讓我十取其一呢？」也就是說，十取其二不就更捉襟見肘了嗎？

這時候，有子才明確地說出了他真正想說的話，真正想表達的思想。有子說：「如果百姓都富足了，君主怎能會不富足？如果百姓不能富足，君主怎麼能夠富足呢？」這一思想，乍聽上去有些書生氣，其實是道出了一個根本的治國理政之道。

魯哀公的看法是基於一年一時的情況，有子的主張則是治事當國的長久之策。魯哀公認為，他的日常不足，是因為自然災害影響了稅收。但在有子看來，正是魯哀公多少年來一直收稅太重，致使百姓收入太少，缺乏勞動積極性，沒有足夠積累，沒有能力抵禦自然災害。

荀子說，在下者貧困，在上者也會貧困，在下者富足，在上者就會富足。所謂小河有源，大河才會有流。能夠生長莊稼的田野，才是天下財富的源泉。百姓勞動積極性高，把必要的勞力投入到田地之中，國家的收入才會有保障。國家倉庫充盈，是莊稼豐收的結果。英明的君主，必定是要想方設法激勵百姓的勞動積極性，開源節流，增加勞動者收入。當勞動者收入有餘之時，在上者自然就不會發愁收入的問題了。在下者與在上者都很富足，相互不用算計得失，到了這個時候，治國大計就到了極致之處了。

荀子的這一思想，既不是單純的經濟考慮，也不是完全的政治考慮，而是政治思想與經濟思想的有機結合。這個道理並不難懂，但只有高瞻遠矚的政治家才能付諸實施。一個國家，田野荒蕪而國庫充實，百姓家中空虛無物而君主倉庫爆滿，可以稱作為「國蹶」，即已經開始跌蹶傾覆的國家。這樣的國家猶如根基受損的樹木，好比源頭已經枯竭的泉水，雖然看上去葉子還很茂盛，下游也還有流水，而其主人卻渾然不知根本處發生了什麼，這樣的國家，滅亡就在眼前了。對於這樣的國家及其君主，荀子是真為他們著急。荀子接觸過他們，觀察過他們的國家，所以才深切地說，以全國之人都不能養活君主一個人，這樣的君主真可以說是世上最貧困的人，也是極端愚昧的人主了。這些君主的本意是求富求利，結果卻是喪國危身。這可不是危言聳聽。荀子說，在他的時代之前，曾經存在過的諸侯國有千千萬萬，但現在卻只剩下十幾個。原因就是一個，即沒有把百姓的利益作為立國的基礎去鞏固。講到此，荀子不無感慨地說：「那些做人君的，應該可以覺醒了吧！」

在中國古代政治中，老百姓處於一個相當尷尬和矛盾的地位。傳統儒家充分肯定了普通百姓在社會和國家中的基礎功用，所謂「能載舟，亦能覆舟」者也。如果得不到老百姓擁護，一個政權或王朝是不可能安定，不可能長期存在的。這基本上是歷代統治者的共識。但是，在具體治國理政中如何落實上述理念，透過什麼樣的途徑讓百姓發揮功用，如何讓民意影響、功用甚至主導一國政治的走向，卻是相當複雜的問題。

要理解中國古代百姓的功用和地位，事實上必須以那個農耕時代的基本狀況為討論的基本點或出發點。即使是親民的傳統儒家思想，也只是立足於傾聽民意、為民服務這一點上，歸結為一，就是盡量滿足百姓需求。儒家的基本思路，還是把百姓放在一個較為被動的位置上的，即英明的君主、稱職的官員一定會為百姓考慮好需求，並積極地滿足他們。在農業社會，農民只是經營著土地，他們居處分散，見識不高，不可能盡情地表達願望。城市裡的平民也是各為自己打算，不會發表共同主張，不能集中表達利益訴求。至於政治上的要求，在儒家看來，聖王先哲已經規劃好的藍圖，不僅是百姓，就是官員，也不能隨意改變。

這樣一來，在中國古代，百姓的地位和功用只能透過他們對政府提供給他們的服務的滿意與否來表達。他們沒有主動選擇，也不必要有主動選擇、不應該有主動選擇。更為重要的是，無論是在政府聽取和滿足民意的過程中，還是在民意反過來表達他們的滿意不滿意的過程中，傳統中國的政治思想中都不太注意途徑和方法，更談不上將這類途徑和方法加以制度化，並強調其操作性。這方面的不足，就為相關方面的衝突埋下了禍根。

生民有道，以政富國

在荀子禮、法治國的政治思想中，禮在終極意義上講是居於主導地位的。但是，荀子講禮法之治意義上的禮，並沒有輕率地認為禮是自然而然的、無須證明的先驗之物，而是源之於經濟利益的。這樣一來，荀子不僅把禮和法統一了起來，還把禮的產生和發揮功用置於一個合理而堅實的基礎之上。既然經濟利益是禮的產生和發揮功用的基礎，那麼，注重社會的經濟發展和人們的經濟利益也就成為必然之事，至少在邏輯上講就是社會首要問題了。

荀子認為，禮是一種規定，也是一種標準。表面上看，禮要達到區分貴賤、長幼、貧富的目的，但這種後天的區分是有一定之規的。那就是，有其德才能有其位，有其位才能有其祿，有其祿才能有其用。這裡提到的用，應該是物質生活方面的享用。所以，禮並不是無原則的條文，也不是什麼人想像出來的規則，而是與德相適應的經濟法則、生活法則。

與傳統儒家的理念相一致，荀子也認為對社會管理層應該用禮樂加以節制，對普通勞動者則以法規加以管制。那麼，這樣的禮樂制度是如何產生的呢？制定它們的必要性在哪裡呢？荀子指出，從上到下，先根據土地的大小設立諸侯國；在諸侯國之內，要根據耕地的多少、肥瘠和分布情況來決定人口多少；對於勞動者，則根據能力大小決定他耕種多少土地。這樣一來，就把國家政治制度與經濟基礎相聯繫，並取得了一致性。

在政治理念和經濟理念取得一致之後，荀子具體講述了他的經濟措施。他認為，只有讓勞動者的能力與他們所從事的工作相適應，才能保證完成他們應該做的事情，不管是農耕之事，還是百工之事。勞動者順利完成了他們應當做的事情，才能產生足夠的經濟效益，也才能保證勞動者的衣食所需，進而還能有一定的盈餘。荀子把這個合理過程稱為「稱數」，即與客觀需求相稱、相一致。

既然是客觀需求，荀子就自然推導出，上自天子，下至庶民，人們所從事的工作不管是體量大小，還是重要性如何，都應該遵循「稱數」規則。一個社會若以「稱數」為準則，無論是社會管理者，還是勞動者，就都不會有僥倖之心，也不會有僥倖之事，更不會有僥倖之行。作為社會基礎的經濟行為一旦走上了合理之途，政治合理性、道德有效性就不在話下了。

在荀子時代，國家經濟的主體是農業經濟，中國社會也是一個成熟的農業社會，所以，發展經濟的核心內容是保證農業經濟正常進行。歷史經驗已經證明，農業經濟更是保證專制政治正常運作的基本條件。在荀子看來，經濟政策，以至於國家政治，是「裕民」的關鍵所在。這就是，減輕農業賦稅，消除農產品流透過程中的徵稅環節，減少商賈之人的投機營利，最低限度地徵發勞役，更不要因為勞役而影響農時。很顯然，這些政策都是保證和促進農業生產的措施，包括減少商賈的數量，也是由於商人在流透過程中過度謀利會增加農民負擔、減少農業有效產出。落實好上述政策，就能有效保護農業健康發展，從而增加農業產量，達到「國富」和「裕民」的目的。

一國之政治和經濟的目的是一致的。荀子堅持「以政裕民」，強調政治的功用之一就是提高民眾的物質生活水準。荀子這一主張在傳統儒家思想中是不明確的。在與荀子思想緊密相關的法家思想中，這一思想雖然很明確，但其動機和目的又嚴重脫離荀子最初設想。荀子思想站在儒家和法家之間，本意是要彌補雙方思想的不足之處，但其合理的真意卻未能得到當時任何一國的真正理解和貫徹，這不能說不是一個絕大的歷史遺憾。

荀子「以政裕民」思想的另一個重要方面，是突出君主個人的示範功用，並且這種示範功用是那個時代其他思想家不敢想像，也不可能提出的。

荀子說，身為人民之主，一定要喜歡美飾自己、追求富厚生活，以此來統一民心，讓人們滿足物質欲求。君主過著優渥生活，耳、目、口都得到了最大滿足，就會使人們知道，追求物質享受是合理的。這樣一來，人們就會在守法的前提下努力勞作，追求最大的物質利益。在個人物質利益得到滿足的同時，社會財富也會不斷增加，以至於因為沒有足夠的地方收藏物產，不得不燒掉。荀子用這種誇張的說法是要告訴人們，統治者不可以用限制人們物質消費的方法統一思想和安定社會，而是要用必要的物慾去刺激人們的行為，讓人們明白物慾是可以透過必要的勞作而得到滿足的，這就在客觀上為社會經濟的發展找到了一個合理的根據或發展動力。荀子是在講到刑罰的功用時提出這一主張的，但同時也揭示出一個道理，即發展經濟必須選擇積極宣導的途徑，而不能片面採取過度節制的手段。君主要透過自己的消費方式做出示範，告訴百姓物質享受是合理的，是必需的。這樣一來，人們就會為了實現合理的物質欲求而努力，當然其前提是遵紀守法。站在更高視野來看，君臣上下都在一定的規矩之內勤奮勞作，就會創造源源不斷的甚至大大超出人們所需要的社會財富，而完全沒有必要擔心資源不足有、財富不夠用。也就是說，要想發展經濟，讓全社會在豐裕的物質環境下生活，君主必須採取必要的政治方式。在這裡，荀子真正想要表達的是，只要政治合理，完全可以使經濟發展走上良性循環的軌道。甚至可以說，沒有合理的政治，經濟的長久發展是不可能實現的。

荀子是理性的樂觀主義者，體現在他的「以政裕民」思想中的，就是「天下何患乎不足」。天下的財富足夠支撐天下之人的生存，關鍵是人們有沒有使用合理的方法去獲取。

正如上文所言，荀子「以政裕民」的一個重要內容，就是君主的率先垂範功用。根據傳統儒家的主張，孝悌之道的自然提升，就是忠君。荀子認為，君的本義，就是組織和領導民眾。組織和領導得恰當了，萬事萬物都得到了該有的位置，家禽家畜都能夠正常生長，人們自然就會各順其命、生生不息。只要有足夠的時間飼養，牲畜就會長成；只要按時勞作，莊稼就會豐收。更重要的是，只要國家管理得當，百姓就會心齊，賢能之人就會順從出力。這三個方面事實上是相互關聯的，是一個國家政治方向正確的表徵。

在一個有秩序的社會裡，人們的生產生活都是有規矩可循的。治理國家和社會的大方向確定之後，荀子還提出了具體的生民之道。這樣的要求，不論是經過實際檢驗的，還是荀子思考所得，都是頗為符合生產生活實際的，並且與現代人的認知水準相一致。比如說，砍伐樹木要遵循樹木的生長規律，幼小和沒有長成的樹木不要砍伐，即使它們是有經濟價值的。至於養魚捕魚，同樣要遵循魚類的生長規律，特別是在魚類的孕育期內，一定要禁捕，目的是保證魚類生長期，以便獲得更多收成。至於春耕、夏耘、秋收、冬藏等農業生產的基本要求，荀子更是不敢忘記，並且提醒人們，只有不失四季之時，才會五穀豐登，收穫有餘。最後，荀子強調，這些要求的目的，是要保證「百姓有餘用」和「百姓有餘材」，經濟目的非常醒目。

在確定了基本方向，提供了基本方法之後，荀子為人們展示了美好經濟前景，最後歸結到了「大神」社會。

荀子以淵博的知識為人們展示了當時中原地區東西南北四個方向所在地區的獨特物產。當然，荀子的深意並不是告訴人們這些具體事物，而是昭示人們，只要去努力，天下就有收穫不盡的物產。

更為重要的是，人們之所以能夠獲得如此豐富的物產，不必都是親自獲取，而是還可以透過物品交換的管道去得到。打魚的人能夠獲得樹木，砍樹的人能夠吃上魚蝦，農夫能夠用上各類工具，工匠和商人能夠吃到糧食，都是物品交換的結果。天地間一切有用之物，只要獲取方法正確，獲得管道得當，就都能夠為人所用。上自賢良有地位者，下至普通百姓，都能從收穫財物的過程中得到樂趣，並享用勞動成果。荀子把這個過程、這種境界稱之為「大神」。

所謂「大神」，就是最大的神用。這是荀子對勞動的贊美，也是對人類的信心。這裡的「神」並不是指任何一種神靈，而是指那種人類集體智慧和力量所創造的神奇。之所以說是最大的神用，強調的是這種神奇不是個別人透過個別行為能夠在短暫時間內所創造，而是人類群體發出的最深沉、最無形的力量。

節用裕民，既富且教

在荀子王政的經濟建設方面，「節用裕民」又是一個重要的方面。

荀子指出，要想使國家富足，擁有雄厚的經濟基礎，必須節用裕民。實現了節用裕民，國家財政收入才會有富餘。荀子順便強調，要妥善積藏富餘下來的資財。

對於節用，荀子只提到了「節用以禮」「以禮節用之」。根據先秦儒家的一貫主張，「節用」的主體通常是指在位者。比如孔子就有「節用而愛人」的主張，要求在位者節約開支、節省民力。

荀子「節用裕民」思想的重點在「裕民」，並且有著比較全面和系統的主張。所謂「裕民」，就是讓民眾富裕，有富裕的收入，過上富裕的生活。

節用和裕民，都要根據一定之規來進行。因為節用是針對在上者，所以要依禮而行；裕民針對在下者，所以要依照政令行事。

「裕民」的實質不是單單地讓民眾得到實惠，更重要的是讓國家有多餘的收入，這樣一來，社會便進入了一種良性循環。國家政策對頭，把民眾利益放在前面，民眾收入就會增加，民眾收入增加的結果，必然是國家稅收有保障，甚至會有多餘收入。國家利益有了保障，就會更加堅定執行既定政策，從而進一步解放生產力，民眾生產積極性也會更加提高，結果就會使國家經濟進程步入良性發展軌道。

為什麼會是這樣的呢？荀子解釋說，一旦實現了「裕民」，民眾就會富有；民眾富有了，就會把更多的人力物力投入到田地之中，使田地更方便耕種，更有可能實現高產，獲得百倍於投入的產出。由此可見，荀子「裕民」思想中的民眾，就是糧食的生產者農戶或農民，而在荀子時代，這些人，或者是至少這些人中的大部分，是擁有土地的，所以才會在土地中進行投入。

更為重要的是，如果在上者實現「節用裕民」政策，還會得到「仁義聖良」的好名聲，更不用說富厚如丘山一般的實際收入了。所以，「節用裕民」才會成為王政之經濟政策的不二選擇。

那麼，不實行「節用裕民」的政策會有什麼惡果呢？這樣的描述更是荀子所擅長的。他說，不採取「節用裕民」之道，民眾就會貧困，貧困之民的田地當然不會得到必要投入，長此以往，耕地日益貧瘠，收成日益減少。到了這般境地，即使在位者喜歡侵奪民力民財，也無從下手，難有收穫。進而言之，如果因此而採取無禮節用的做法，即不加選擇、不顧利害地要求民眾節用，必然會得到貪圖利益、強迫民眾的惡名，更不用說事實上就根本不會得到實際收穫了。

著眼於現實，既然利益是基礎，是每個人都離不開的，是當政者迴避不了的，那麼，與其避而不談，還不如直面討論，更不如合理利用。特別是對於當政者來說，充分重視和利用實際利益的功用，只有好處，沒有壞處。

荀子分了若干層次講述他的以利導民的原則。在普通層次上，當政者如果要想從民眾身上得利，可取的辦法是讓民眾也從中獲利，而不應該不讓他們有所得。此所謂從民眾身上獲利，既包括稅賦之類的直接從民眾勞作中獲利，也應該包括社會安定，即民眾奉公守法，當政者安享國運。為此，荀子主張，當政者必須讓民眾也從這個過程中得利，即至少要保證他們的溫飽和心情舒暢。這也就是荀子接下來解釋的，與其以不愛民眾的心態去役用民眾，不如懷著慈愛之心去役用他們，因為只有這樣才能真正建功立業。

在高層次上，荀子的主張也是非常明確的。當政者與其讓民眾得利之後再利用他們，還不如讓民眾得利之後，根本不要從民眾身上獲利，這樣的利益才是當政者最應該得到的利益。同樣，以慈愛之心役用民眾，還不如既有慈愛之心、又不去役用民眾所獲得的功業更為宏大。其實，國家要保證正常運轉，不取利於民，不役用民眾，顯然是不可能的。所以，當荀子宣導「利而不利」的時候，主要是強調當政者對待民眾的中心思想以及盡可能低額度的取民用民政策。這應該說是受到了《老子》「無為」政治觀念的影響，不主張當政者的過度作為。

很顯然，在荀子思想中，治國臨民的重要基礎之一就是經濟利益。如果保證了民眾的經濟利益，如果當政者如同對待自己的利益一樣對待民眾的利益，就能使國家走向興盛。這樣的觀點，在其他儒家大師的思想中是不明確的，甚至是難以推導出來的。正是有著這樣的理性思維，荀子思想才能在務實的漢唐時代受到普遍重視，產生廣泛社會影響。

當然，在主張富民，讓民眾生活富足的同時，荀子也沒有忘記他的政治思想家的使命，即以儒家道德思想教化民眾，以期造就一個理想社會。根據荀子的人性之論，性是人的本質，情是性的表現。對於民眾來說，其思想本質需要透過道德教化加以調理，而其實際表現則需要透過提高他們的物質生活水準加以調養。如果只有道德說教，缺乏提高其生活水準的辦法，就無法從根本上改變人性之惡、節制人情之放縱。當然，如果只強調物質生活，不進行教化，也無法實現民性、民情的改變和提高。從邏輯上講，富民與教民應該同時進行，二者同等重要。但從實際操作層面講，荀子還是主張富民放在前，這從他的文字表述中就能看得出來。

因為必須富民在先，荀子主張，普通人家應該有五畝大的宅院、百畝大的耕地，還必須保證其勞動時間，當政者不能用太多的勞役影響農時，這才是富民的正確路徑。做到了這一點，才能設立各種層次的學校，用禮樂教化導引人們由富走向善。值得強調的是，荀子的真意並不是說富了之後再去教化，而是說必須在民眾的基本生活得到保障後，教化才能發揮其真正功用。

總之，要想治理好一個國家，不論是理想中的王政，還是現實中的霸政，必須注重發展經濟，提高民眾生活水準，這其實是法家的基本主張。但是，法家人物，比如荀子的弟子韓非，認為只要解決了民眾的物質生活問題，就不需要刻意進行道德教化。在儒家思想傳統中，孔子早就提出了所謂「先富後教」的思想。不過，孔子以及隨後的儒家人物所主張的「先富後教」，是將富作為教的手段和過程，教才是最崇高的目的。荀子的高明之處是把富也作為不可或缺的目標。也就是說，其他儒家大師們有意無意地認為只有教才是天經地義的，而荀子則認為，既富且教才是合理的現實選擇。

君臣關係

在中國古代君主專制政治體制下，君主和大臣的關係是最重要的政治關係。整個先秦時代，這個專制體制正在形成之中，舊有的以封建制為背景的相對分權的君臣關係，到了戰國中後期正在向著高度集權的階段進發。在這個過程中，君主和大臣都在尋求和定位各自新的位置。

無論是從君主專制的體制來看，還是從儒家重視政治人物的道德修養的角度來看，在君臣關係中，君主無疑居於主要地位，所以，荀子把大量筆墨放在了對君主的要求和批判之上，當然，對大臣也有各方面的要求。事實上，所謂君臣關係的問題，換個角度來看，也是如何做君主、如何做大臣的問題。

在儒家政治理想中，君臣關係應該是「君使臣以禮，臣事君以忠」，君主根據周禮的要求對待大臣，大臣則以忠誠作為回報。這是孔子在與魯定公的一次對話中，回答魯定公所問「君使臣，臣事君，如之何」時的答覆。這場對話看似簡短，其實政治內涵相當豐富。魯定公時，孔子在魯國做官，官至司寇，甚至有記載說孔子代理國相的工作，而魯君當時雖然已經不再大權在握，但尚未完全失勢，所以，魯定公與孔子進行這場對話的時候，還是代表了春秋末期君臣關係中的一個重要時期。

從這次君臣對話中可以看出，當時的君臣關係是相當緊張的，不僅魯國如此，其他國家也一樣。在魯國，主要政治資源已經掌握在「三家」（季氏、叔氏、孟氏）手中，據稱魯君只有「國之十一」，即只有國力的十分之一。完全可以想見，在這種情勢下，身為大臣的三大家族的權貴，對於魯國君主的忠心和服從是相當有限的。但是，作為對於「周禮」的遵從，對於魯國作為周公之後的周文化的遵循，魯定公還是把君主放在前面，大臣放在後面，因為這是周禮文化下必須有的政治等級。

孔子的回答雖然也是君在前、臣在後，但顯然已經超越了等級的重要性，而是把君主的典範功用放在首位。也就是說，只有君主以禮待臣，大臣才可能以忠事君。反過來講，如果君主不能守禮，就很難指望大臣表忠。孔子不能這麼明說，但實際的蘊意應該包含這樣的內容。所以，在孔子的這個經典論斷中，既有儒家的精神，即禮、忠，也有對法家的啟迪，即大臣的忠君是有條件的。

對於孔子思想的上述內容，荀子是有著深刻認識的，並且結合他遊歷各國政治所得，特別是與各國君臣的交往，應該說認識是有進步的。更重要的是，荀子在楚國做官多年，雖然沒有做到後世所謂廟堂之上的高官，但在與春申君的往來中，不能不實際體會到君臣上下關係的種種態勢。

荀子是儒生，也是以儒家思想為基礎的王政宣導者，他當然認為君臣關係應該建立在雙方都有著足夠的道德修養的基礎上。但是，由於他也十分強調君臣以禮相處、治國不能離開法制，所以，在他的學生韓非那裡，就發展出一套全新的政治倫理，明確認為君主和大臣的道德修養是無關緊要的。特別是在為臣的一方，治國理政、侍奉君主，並不需要具備道德修養，相反，有道德修養的大臣更危險，更易於危及自身，危及社會。

對君主的要求和批判

中國古代思想家，在明朝黃宗羲之前，並沒有人明確而系統地對於君主的家天下提出過質疑和批判，而是完全承認家族式的打江山、坐江山的合理性，並逐漸使這一觀念深入人心。在那個時代思想家的心目中，要治理天下之亂，重點並不在改變政治制度，而在於約束和改造君主本人。

在荀子時代及其以前，思想家們也是把治理天下的重點放在君主身上，並沒有想到在國家的根本政治制度上做文章，荀子也不例外。

荀子指出，天子是人世間位勢最重，身體最為放鬆，內心最為愉快的人。說其位勢最重，是說天子的意志無人能夠改變；說其身體最為放鬆，是說天子不會親自去做具體事情；說其內心最為愉快，是說天子是至尊無上之人。這正好比《詩經》中所說的，「溥天之下，莫非王土；率土之濱，莫非王臣。」天下的土地都是天子所有，天下的人民都是天子之臣。

荀子的如此政治觀念是時代使然，也是當時所有思想家都認可的。在農耕社會經濟條件下，生產力水準較低，人治更有效率，人治社會的經濟成本也最少，一個君主確實可以很快地決定一國政治的成敗。所以，荀子的理性主義也只能發揮在對於君主政治的修正上。

那麼，荀子對君主的具體要求是什麼呢？

（1）君主有智，君主有利

對君主而言，所謂取天下也好，治天下也罷，並不缺乏相應策略，而真正缺乏的，首先是君主對這種策略的認知。這樣的策略，源之於歷史教訓、思想家的思考，但要讓君主接受，卻不是件容易的事情，而君主能否接受，則決定了一個國家的政治走向和成敗。

像周文王那樣，用百里之地就奪取天下，這是可以實現的事情，但其真正的難處在於君主從思想深處認識到這一點，也就是認識到它的真正奧妙在哪裡。在荀子看來，所謂奪取天下，並不是讓人家把土地送過來，而是君主的道德修養足以讓人家心服。如果人家能夠心服於你，他們的土地還會是個問題嗎？即使你只有百里之地，如果能夠讓天下賢士獲得適當爵位，讓天下能士獲得合適官位，讓天下體力勞作的人們處於良好法制之下，那麼，天下資源就盡在你的掌握之中了。這樣一來，百里之地也能夠占盡天下優勢，忠信仁義思想足以讓天下之人服從。有勢、有人，外內盡得，那麼，天下之人，包括各國諸侯，就都會爭先恐後地趕來了。

在中國古代，逐漸形成了所謂「家國一體」的觀念和現實，而在荀子政治思想中，在他對於君主的要求中，這種觀念也表現得很明顯、很突出。荀子強調，國家的危亡混亂、國家的安定，與君主的憂愁和快樂是緊緊聯繫在一起的。荀子如此強調的初衷，是要把君主的個人利益大小甚至個人享樂跟國家的安危建立起直接聯繫，以期對君主施加最大的影響和壓力，使其走上治國之正道。有些君主，或者說那些危亡之主，把個人享樂與國家治理相分離，以為個人縱欲與國家治亂無關，或者說國家治亂不會影響其享樂，以至於無限制地享樂，而把治國放在一邊，這種行為，也太過分了。

即使是地域廣大、經濟發達的強大之國，也必須堅持不懈地走治國之道，才能保證君主身心愉悅，沒有患難，然後再享受人間各種樂事。君主的快樂之源就是他們所治理的國家，所有的快樂都建立在國家大治的基礎上，而所有憂患也是發源於國家大亂。那些急於追逐享樂而把治國放在其次的君主，並不是真正知曉享樂的人。英明的君主總是先治理好他的國家，以使種種享樂自動到來。

為了達到治國的目的，荀子想著各種辦法說服君主，以至於用個人享樂去誘導他們。但是，還是有一些昏聵之君不明白這個道理，並因此而陷於無窮無盡的憂患之中，直至身死亡國，才不得不停止片面追逐個人享樂。對此，荀子也是寄予了無限同情。本來是想得到享樂，結果卻陷入無限憂患；本想得到安逸，結果卻身處危險之中；本想得福，結果卻是滅亡。「豈不哀哉！」

當然，荀子並不是單單地同情那些君主的個人遭遇，而是他們的個人遭遇一定會影響到一國之人。在當時政治架構下，君主的作為是國家治亂、百姓禍福的最關鍵因素。但是，當時的人們，包括像荀子這樣的政治家、思想家在內，還不可能找到一種從制度上制約君主的途徑，只能曉之以理、動之以情，把個人利益，甚至個人享樂，與國家治亂掛起鉤來，以便解決君主的思想認識問題。這是不得已的辦法，所以荀子才大聲呼喊：「嗚呼！君人者，亦可以察若言矣！」那些君主們呀，一定要認真思考我所說的啊！

荀子引用了孟子的一段佚話，說的是，當年孟子與齊宣王交往時，在最初若干次面談中，孟子始終不談具體事情，即齊國如何治國理政之事，更不談他對齊宣王有什麼具體要求，而是大談哲學、大談道德。一些弟子們對此迷惑不解，懷疑老師是不是錯過了向齊宣王說事的機會。對此疑問，孟子道出了相當具有震撼力的名言，他說：「我先攻其邪心。」意思是說，我先要改變齊王的思想、轉變齊王的態度。「攻」是治理之意，「邪心」則是指不正確的思想。這就是說，如果齊王的思想態度有問題，說多少事情也沒有用；如果改變了齊王的思想，讓齊王思想轉變到正確道路上，好多事情不必孟子主動去說，也能順利進行下去。荀子引用這個故事，說明荀子雖然不認可孟子的某些觀點，比如性善論，但整體上對孟子的思想和為人還是相當了解，相當贊成，甚至是相當敬重的。當然，更重要的是，荀子力圖以孟子思想為證據，說明改變和確定君主思想認識有多麼重要。

（2）君主有責，君者能群

在荀子看來，不僅社會各個階層有其職分，而且社會中的各色人等也有其職分，包括君主。君主之職分，就是君主的職責所在。社會管理者，君主、宰相、官員、普通公務人員，都有各自職責，不要去追求職責之外的公務。只有這樣，老百姓才能安分守己，使國家實現有效治理。那麼，具體到君主，他們應該做的是什麼呢？

君主能夠管好身邊的人和眼前能見到的事，抓住國家發展的大方向，其職責就算是完成了。在當時君主專制的政治體制下，君主並不需要處理具體事務，也不需要到處跑著去了解情況，更不需要去管理基層官員和職員，不需要去追究人們做事的動機和原因。君主管好身邊的親近之人，這些人不胡作非為，朝廷就會正氣壓倒邪氣；君主任用稱職的宰相，宰相就會選任稱職的部門負責人，這樣一級一級走下去，各級官員就不會失範；管理好了各級官員，君主當然不用操心具體事務。正是在此基礎上，荀子才批評那些企圖兼聽天下的君主，批評他們儘管忙到時間不夠用，卻把國家治理得一塌糊塗。他們的動機不錯。遠近、明暗、大小之事都想知道、都想處理，但實際情況卻並不允許，反而是方方面面都出了問題。荀子稱之為「過」，過度管理。這正如孔子所批評的「過猶不及」啊！過度和不及，其錯誤和危害是一樣的。至於不能管好身邊的人，卻去要求其他官員的君主，以及連暴露出來的問題都看不到，卻去探求深層次問題的君主，還有那些連國家大方向都把握不住，卻去干涉無窮無盡事務的君主，荀子直斥其為「悖者」，即與常理、常情相背離的人，完全沒有可能治理好一個國家。

荀子說，英明的君主喜歡抓住要害，「暗昧」的君主則喜歡事無巨細都要過問。但實際情況卻是，越是擅長抓住要害，越能把所有事情都管理好；越是想過問所有事情，越是容易把事情荒廢。這是因為，任何人的時間和精力都是有限的。君主不過是肉身一人，如果所有事情都要過問，那麼，所有事情就只能都等著他來親自處理。但事實上卻是他根本不可能有那麼多的時間和精力顧及所有事情，所以，所有辦事的人就只能等待，而不能去處理，也不敢負責任。就這樣等來等去，最終什麼事情也辦不好、辦不成。正是因為有這樣的事實存在，荀子才說，所謂君主，就是任用一個宰相，堅持一個原則，明白一個方向，並以這樣的思想去明白一切、掌握一切，最終讓事情得以完成。所以說，君主定好規則，用對人，就等於有了一切，而不必親自去做任何具體事情。只有這樣，那些無窮無盡的具體事情才能順利完成。

根據傳統儒家觀點，加之荀子的細化要求，君主要想盡其責，關鍵環節是選任稱職的宰相。所以，對於宰相，荀子也提出了要求。那就是，宰相是百官之長，俗稱「一人之下，萬人之上」。宰相是各級官員的首長，他要了解和掌握朝廷中重要事情，以管理和監督大臣們完成本職工作。年終歲末，宰相要論功行賞，以表明對君主的效忠。如果宰相不稱職，君主要馬上廢黜，以保證行政系統正常運行。

荀子主張君主確定國家體制的基礎、抓社會發展大方向，反對君主插手和干涉大臣的具體事務，這是做君主的大體。強調這個大體，並不是說君主就可以無所事事，也不是說君主在確定了大方向、選定了宰相之後，就可以百事不問、高枕無憂了。事實上，君主的職責和應該做的事情，應該是人世間最繁重的。特別是在君主專制的家天下時代，國家命運更是與君主身家性命息息相關，君主是沒有任何理由置身國事之外的。所以，在強調了君主主導國家大方向之後，荀子從君主職責入手，進一步細化觀點。

諸子百家都講「道」，都把「道」的理念放在思想首位，都認為自己所定義的「道」是天下大道。作為政治思想家，荀子的主張也很明確，認為「道」就是君道，因為人間所有的「道」都不及君道來得更高、更具體、更有力，並且對天下的影響更為直接。荀子說「道」就是「君之所道」，可以理解為君主所走的道路，當然是思想上的道路，也可以如通常所言，「道」字與「導」字通假，理解為君主所宣導的思想和行為。

要理解君主宣導什麼，君主走什麼樣的路，首先要釐清楚君主是什麼？荀子在此的答案是，君主是能夠組織社會、帶領社會發展的人。「群」的觀念在荀子思想中占據重要地位。在荀子看來，「群」是人區別於自然界和動物界的最基本標誌，那就是人類社會。人類要在群中生活，要依靠群獲得生存和發展機會。「群」之所以能夠成立，就是因為有「君主」存在。

為什麼有君主存在，群才能存在呢？因為君主有四大功用，或者說是四大擅長，荀子稱之為「四統」：

一是生養人們，使人們獲得基本生存和發展環境。具體說來，就是解決人們基本生計問題，使社會生產者各安其事，使作奸犯科者受到懲罰。這樣一來，人們就會親近君主，進而服從君主。荀子重視手工業勞動者和商人的功用，並把他們與農夫並列，這種觀點在後來並沒有被社會完全接受。

二是管理人們，安排他們的工作，確定他們的社會地位，並要求各個職位上的人們依照法度行事，以求得公平公正的社會環境。這樣一來，人們就會在君主那裡獲得安全之感。

三是任用人們，根據德行和才能，使人人有事，各盡其職，在職位上表現出色，出人頭地。這樣做的結果，人們就會從君主那裡、從君主安排的工作中獲得快樂。

四是使人們在工作之餘，還能充分享受生活，獲得精神滿足。結果就是，人們從所作所為中獲得了足夠的榮耀，活得很體面。

很顯然，「四統」已經包括了社會生活的各個方面，所以荀子才說，能夠使「四統」全面落實的君主，天下人就會歸其所有，這可以稱之為「能群」。一旦「四統」名存實亡，天下人就會離開這樣的君主，並且只能稱之為「匹夫」，即無所作為、格調低下的普通人。

「四統」之道存在，國家就會存在；「四統」之道亡失，國家就會滅亡。立足於人的本性，荀子以他一貫的邏輯，強調了遵循「四統」的重要功用。上自天子，下至庶民百姓，都有共同心願，即發揮才能，實現志向，做事有規矩，並從工作中得到樂趣，衣食無憂，安居樂業。但是，如果去追求過度享受，那就是多餘的了。一個英明君主的功用和職責，就是要求人們去除過度追求，明辨什麼是不應當得到的東西。透過表揚賢良之人而讓人們知道什麼是高貴、什麼是低賤，透過強調長幼之序而讓人們明白了什麼是親近、什麼是疏遠。無論是在上位的王公世家，還是在下位的普通人家，都知道守規矩、明職分，才能達到天下大治，保障萬世太平。具體說來，就是天子、諸侯不要有奢靡費用，士大夫不要有過度行為，各級官吏不要怠慢工作，庶民百姓不要作奸犯科、行為怪僻，全社會的人都把行義作為普遍行為準則。天下大治之時，老百姓都會受益；天下大亂之時，王公大人都不能保全。

由「四統」構成的治國大道，荀子稱之為大形，即世間最大的「形體」，無邊無際，沒有比它再大，也就是說，沒有比它更偉大的政治原則了。這個原則就是，儒家之禮與法家之法並重，使國家政治運行在永恆軌道上；推崇賢良有才能之人，讓老百姓知道什麼是規矩、什麼是方圓；法令公開透明，讓民眾不再有疑惑；獎賞勤勉、懲罰苟且，讓民眾不再怠惰；兼聽各方意見，讓天下之人盡數歸來。然後，這個國家呈現出的景象就是，社會成員明白職責和地位，盡心盡力完成好工作，各行各業井井有條，公道大行，私門去除，有德者被任用，無德者被制止，貪婪財利者被黜退，廉潔奉公者被起用。

荀子政治思想之所以能夠影響秦王朝之後的中國傳統政治，就是因為荀子政治思想不僅有著高超的理論闡述，而且與現實問題又聯繫緊密，兩個方面不脫節，便於指導一國之政。特別是就君主的地位、功用和職責而言，荀子繼承和發揚了孔子思想的基本精神，並加以系統化和具體化，其影響之深遠，非當時其他思想家可以比擬。

（3）選賢任能，用人有道

在確定了治國之道後，用人的問題就是根本問題了。在先秦儒家傳統的政治觀念中，用人的問題始終是國家和社會的根本問題。荀子強調的君主在國家政治的首要功用，本質上也是用人的問題。對於英明君主來說，用人的問題也是其治國之策的根本問題。

羿和逢（ㄈㄥ）門是古代有名的射手，王良和造父則是有名的駕車好手，而聰明君子則是公認的管理社會的高手。君主雖然有占據權位優勢，但是，如果沒有賢能之士負責社會管理，這種優勢是不可能保持的，所以，要想稱王於天下，必須任用賢能之士進行合理的社會管理。普通人都知道，要射遠中微，必須得找到像羿和逢門這樣技能高超的射手；要想駕車平安致遠，必須得有像王良、造父這樣的技能高超的車把式；那麼，要想制服像秦國和楚國這樣的大國，就一定得有聰明君子，即合格的人才。要治理好一個國家，甚至稱王於天下，對君主的智力要求並不繁雜，而是相當簡約，那就是用人、用人、再用人，只有這樣，君主才能獲得最大功名，直到享受極致快樂。這樣的原則，英明君主視之為寶，愚暗的君主則視為艱難不堪的畏途。

在當時家國一體的政治制度下，國家安危榮辱其實就是君主的安危榮辱。荀子深明這一點，當他面對君主時，經常從君主利益出發，勸諫君主遵從王道。這乍看上去關乎策略，其實是掌握了君主專制體制的根本。

君主若想國家強大、江山穩固、自身安樂，最好的途徑就是關注民眾；若想讓民眾一心，就要搞好政治；若想政治清明、風俗美善，就得選擇稱職官員。那樣的人才肯定是有的，歷朝歷代也都出現過。他們生活在當代，但其政治志向卻在於古代聖王的治國之道。對於古代聖王治國之道，當政者和普通百姓都沒有當回事，只有賢人才會用心掌握，即使為此而陷於貧困、處於不得志之中，他們也不會有絲毫放鬆。只有他們才明白先王之政的得與失，知道國家為何處於安危、善惡之間。正因為他們達到了如此境界，當君主重用他們的時候，就能夠一統天下，讓諸侯稱臣；就是不很重用他們，也能夠讓鄰國敬畏；即使不任用他們，如果讓他們安安穩穩地留在國內，這個國家也不會出現大的問題。總之，一國之主，如果愛護民眾，國家就會安定；如果喜歡士人，國家就會顯榮。如果這兩者都做不到，就只能亡國亡身了。

君主如果想找好的射手和車把式，肯定會用貴爵重賞招徠那些能夠射微中遠、一日千里的人才，甚至是那些隱居在遙遠地方的人，也要想辦法找到他們，而不會隨隨便便地照顧自己的子弟。這難道不是說明，君主一定是要得到真正的人才嗎？可是，令人驚詫的是，當國家需要治理、民眾需要管理、社會需要上下協調，以實現內部團結、堅強對外的時候；當國家需要法治，混亂的局面需要改變的時候；更重要的是，當需要稱職的宰相和大臣輔佐朝政的時候，君主卻放棄了尋找射手和車把式時的公正、公平做法，反而去任用身邊的人、無原則諂媚君主的人。對此，荀子不僅表示這是一種過度和過分的做法，而且不無痛心地描述了種種本不應該發生的政治現象。

上古時代，天下曾有過上萬的諸侯國，現在卻只剩下十幾個。之所以出現這種現象，荀子認為沒有其他原因，就是因為君主在用人問題上犯了錯誤。凡是英明君主，可以在私下裡把財寶賜給寵愛的人，但卻不會把官職和事業留給他們去做。這是為什麼？因為這樣做肯定會害了他們。

君主喜歡的那些人沒有真才實學，卻得到了任用，就說明君主是昏聵之主；這些人確實無才無能，卻在君主面前謊稱能夠勝任，他們就是使用了詐騙手段。這會形成昏君在上、詐臣在下的局面，結果只能使國家很快走向滅亡。國家滅亡了，君、臣都會受害，所以才說是君主害了那些他偏愛的人。

回顧歷史，荀子從愛人的角度講述了周文王任用姜子牙的著名故事。以周文王的地位和才德，周圍肯定也有不少他喜愛的人，但他並沒有把他們中的任何一人放在一人之下、萬人之上的位置上，而是把姜太公從一個普通船夫提拔為宰相，這難道是出於偏私之心嗎？顯然不是。

那麼，周文王提拔姜太公，是因為姜太公是周文王的親戚嗎？事實上，周文王是姬姓，姜太公是姜姓。是因為姜太公是他的故舊之人嗎？實際上，他們以前根本不認識。難道是周文王看上了姜太公的外表了嗎?可那時的姜太公已經七十二歲，連牙齒都掉光了!這只能說明，周文王就想樹立起他看重的大道，就想推崇他看重的名聲，以便讓天下人受惠，所以才不會胡亂主張。

在當時，除了姜子牙，沒有任何人能夠勝任，周文王才作了那樣的提拔任用。周文王的這種做法，才是對子孫後代真正的愛。愛護子孫，不是把那些他們根本把握不住的好處給他們，更不是把所有利益都給他們，而是讓他們做力所能及的事情，否則就等於是害了他們，害了大家。然而，只有那些英明君主才能真正愛護所愛的人，昏聵君主只會危及所愛之人。

面對現實，荀子政治思想並不追求太多的理想主義，更沒有去空想。荀子承認君主特權，同時又希望把這種特權限制在合理範圍內。可惜的是，在那樣的時代，人們還不可能發明出可操作的制度去限制這種特權，而只能對君主曉之以理。這是荀子的長項，也符合他的理性主義精神。所以，荀子在此娓娓道來，既講公義，也講私利，並且努力把公義和私利一致起來，真可謂用心良苦啊!所謂君主私利，從小處講，無非是讓自己和親近之人享受到福祉;從大處講，則是江山穩固，甚至萬代永續。但是，荀子強調，君主要想實現這樣的私利，必須任用有德有能的官員，特別是宰相，而這就是公義了。

(4)選擇良相，無為而治

既然君主的一舉一動，甚至他們的個人享樂，都與國家治亂興衰直接關聯，而治亂的根本原則又是用人，任用賢能之人，那麼，君主治國的首要用人原則，荀子認為就是「擇相」，選擇後世所稱的丞相或宰相，居於君主之下、臣民之上，全面負責政府日常工作。

作為一國之主，一定不要獨攬朝政。國家的強大和榮辱，與任用良相息息相關。君主有能力控制大局，也能任用有才能的宰相，這個國家就能稱王。君主缺乏操控大局的能力，並因此而恐懼，於是任用有才能的宰相，這個國家就能保持強大。那些沒有能力，又沒有因此而恐懼，當然也不去任用賢能宰相，而只會任用左右親信的君主，他的國家只能會日漸削弱，最後滅亡。

君主適當選任宰相，就會取得天下，如果宰相選擇不當，政權就會出現危亡。如果連這個最重要的人選都不能確定，還說接下來要選擇更多的人管理政治和社會，那就是根本不能成立的說法了。反過來講，如果選擇好了宰相，君主還需要做什麼事情呢？什麼事情也不用做，輕輕鬆鬆地就可以安定天下了。

商湯王任用伊尹做宰相，周文王任用姜太公，周武王任用召公，周成王任用周公旦，都是歷史上的王者著名的成功案例。即使是霸者，也有這方面的例證。荀子舉的是天下公認的管仲輔佐齊桓公成就霸業的例子。儘管齊桓公極盡享樂，天下人也不覺得怎麼過分，因為他成就了「九合諸侯，一匡天下」的霸業，成為五霸之首，而其成功的關鍵，就是對管仲的完全信任。任何一位君主，如果他還有頭腦的話，就不應該輕視或放棄這一原則。根據耿振東《管子學史》研究，《荀子》中不斷出現管子輔佐齊恆公稱霸天下的記載，說明荀子對管仲的霸業持肯定態度，也證明瞭君主選相的重要性。

荀子在齊國時，曾經與一位齊國宰相（相國）有過交流，討論如何做一個合格宰相的問題。

《荀子》雖然沒有給這位宰相留下姓名，但荀子對於宰相的嚴格要求還是表明了荀子在這個問題上的觀點。更重要的是，從荀子對他的面對面的嚴厲批評來看，這位宰相並不是出色的政治家。

在荀子看來，身處高位之人，無非有兩個最大優勢，一是勝人之勢，能夠克制、壓制，或者說勝過他人的優勢地位，特別是政治地位；二是勝人之道，勝過他人的思想、途徑和辦法。面對這種優勢地位或做法，被克制的一方肯定會有反應，有可能接受或服氣，也有可能不接受、不服氣，甚至程度不同的反抗。荀子的結論是，商湯王和周武王身處最高的勝人之勢，推行合理的勝人之道，天下人都能接受；相反，暴虐的夏桀王和商紂王，雖然身處勝人之勢，但卻沒有合理的勝人之道，所以，即使貴為天子，到後來只想做一個平民百姓都沒有機會。這就說明，有了勝人之勢，並不見得就能掌握勝人之道。更重要的是，勝人之道的重要性遠勝於勝人之勢。

身為宰相，肯定是獲得了勝人之勢。那麼，宰相的勝人之道應該是什麼呢？荀子認為，是非分明，能夠辨別能人和無能之人，去除私欲，堅持公道，持守通義，就是宰相的勝人之道。

面對這位齊國宰相，荀子指出，他已經上得君主信任，下得主宰一國之政的權力，可以說是得到了充分的勝人之勢。但是，這位宰相並沒有盡到合格的宰相之責，因為他並沒有充分發揮勝人之勢，以求得勝人之道。最重要的一點是，沒有去求得仁厚、明理、通達的君子之人，並把這樣的人才推薦給齊王，讓他們參與國政、糾正是非。

舉薦賢才是傳統儒家政治的核心內容之一。在君子的典範功用下，君臣上下，老少貴賤，甚至普通百姓，都會循義而行，直到天下人都用義來約束自己。在這種風氣帶動之下，賢能之士都願意到齊國做官，本性好利的民眾也都高興以齊國為最佳歸宿，到了這個程度，也就是齊國統一天下的時候了。令人遺憾的是，現在的相國，卻捨棄了上述正確道路不走，仍然行進在世俗老路上，即只求勝人之勢，不求勝人之道。必然是君主亂於宮中，偽詐之臣亂於朝堂，貪官汙吏亂於官場，老百姓則以貪圖財利、肆意爭奪為風俗。很顯然，主持國政的宰相是要負主要責任的。

荀子替這位齊國之相分析了齊國形勢。齊國雖然東面臨海，實際上也是四面受敵。在北方是燕國，西方是魏國和其他國家，特別是秦國，南方和東南方則是楚國。荀子不無憂慮地指出，只要三國之中有一國有所圖謀，其他國家就會乘機而上，所以，齊國沒有任何理由高枕無憂。從歷史上看，比齊國更強大、更有勢的王朝，莫如夏朝和商朝。即使到了亡國之君夏桀王和商紂王的時候，這兩個王朝還是有著強大的勢力。他們都是聖王之後，是合法的王者；他們都擁有千里之地、億萬之眾。可是，為什麼突然之間全天下的人都離他們而去，都去投奔商湯王和周武王了呢？荀子認為，原因很簡單，就是亡國之君的所作所為都是人們厭惡的，而興國之君的所作所為都是人們喜好的。

作為有理想、有使命感的思想家，荀子明知眼前的這位宰相與其他絕大多數在位者一樣，都不是實現儒家王政的合適人選，但道理講到這裡，荀子還是會照例迸發出一種豪情，不得不強調和重申其政治理想。

從大的原則來看，凡是能夠得勝的人，必定是有人來給他出力的，即有得力的追隨者、參與者，這就要求必須「得人」，得到得力的人。而要得人，就必須遵循大道，即禮義、辭讓、忠信之德。在此大原則之下，荀子舉例說，如果已經有了四五萬人的戰鬥力，或者有了數百里之地，並借此強大的力量獲勝，看上去是人多勢眾之力，但荀子卻認為應該是崇尚信義、修治國政的結果。事實上，歷史上和現實中確實不乏數萬之眾、數百里之國的在位者，但卻由於思想汙漫、行為突盜而招致失敗，這顯然是因為拋棄長項而去爭取弱項，減損已經不足的東西而重複已經多餘的事情。荀子不無可惜地指出，如此做下去，還想求得湯王、武王那樣的功名，就好比是趴在地上想接觸到上天、救助上吊的人卻去拉人家的腳一樣，真的是背道而馳啊！

說到這裡，荀子又回到了與齊國之相討論的主題，即做宰相的「道」。那就是，身為人臣，如果不在意行為是否妥當，只求謀得私利，就好像是駕著一輛巨大戰車，不去攻城，卻用於跑路謀利一樣，這是有頭腦的人羞於去做的事情。不用說，人最看重的莫過於生命，最快樂的莫過於平安。要想保護生命、保證平安，最重要的途徑就是遵循禮義。一個看重生命、樂於平安的人，卻棄禮義於不顧，就好比一個追求長壽的人卻去刎頸自殺一樣，真是最大的愚昧無知了。荀子的結論是，一個合格的管理人民的當政者，必須做好兩件事情，一是愛護民眾，讓他們安居樂業；二是喜好士人，讓他們顯榮有功。這兩件事情連其中的一件都做不好的話，就只能讓自己和國家走向滅亡了。

荀子的主張，後來又受到了秦國政治的影響。荀子考察秦國政治，與秦國君主和宰相有過深入交談。根據考察所得，荀子對於秦國政治的有效性和先進性了解甚深。秦國日漸強大的主要原因之一，就是實行宰相制，秦王掌控大局，任用宰相處理事務，政府機構日常工作完全由宰相負責。與此同時，山東六國還是沿用千百年來的政治模式，君主獨攬大權，一個人說了算，若干大家族明爭暗鬥，爭取在君主面前的主動權。在君主失去威權的時候，或者某一個大家族掌權，或者各個大家族輪流執政，到最後，則是某個或某幾個大家族篡權，然後再繼續上述模式。總之，山東六國從來不曾有效集聚起本國政治資源和社會力量，以圖一邊發展自身，一邊向外擴張。秦國與山東六國不同的政治模式和發展走向，不管原因如何，終於分出了強弱高低，並使得秦國式的所謂「宰相負責制」政治模式成為此後中國社會的選擇。這樣的選擇，與秦國的政治成功有關，與荀子的理論分析和政治總結也有著密不可分的關係。由於荀子對秦國「宰相負責制」模式的重視和分析，使得後世政治人物和政治思想家及早認識到這種制度的合理性和有效性，進而把它選擇為一種最為理想的政府結構。

（5）以身作則，垂範天下

先秦儒家政治思想的一大特色是對君主的嚴格要求，甚至是嚴厲要求、首要要求。根據孔子和孟子的思想，君主以禮使臣，臣才會以忠事君。君主視臣親同手足，臣下則忠心耿耿；君主視臣如走狗，臣下則視君為普通人；君主視臣為無物，臣下則視君如仇人。君臣關係如此，治國之道亦複如是。君主以身作則是一切治國之道得以成功的保證。

在這個問題上，荀子也是繼承和發揚了傳統儒家的剛直精神。

在追求功業和享樂等方面，君主和臣民的想法是一致的，那麼，為什麼有這種追求的君主和賢能之士從不缺乏，而雙方卻很難一拍即合呢？荀子認為，是因為君主不能持守公道，致使臣下不能盡忠。

君臣之間如此不能相合，荀子認為主要原因在君主一邊。君主如果排斥賢才，偏信偏舉，臣下就會為爭取職位而嫉妒賢臣，以求迎合君主心意。但是，荀子並沒有去思索，或者沒有徹底思考清楚君主為什麼會如此行事。這種缺憾，是時代使然，不僅是荀子，那個時代的其他思想家也未能解決這個難題。所以，荀子只能萬分遺憾地發出浩問：身為人主，為什麼不能廣納賢才，不能在用人問題上不偏袒親近、疏遠貧賤呢？如果人主能夠不偏不倚地用人，臣下就不會過度看重職位，而是讓位於賢才，安於追隨賢人。這樣一來，古來聖王創造過的業績就會復興，人主也會美名傳萬世。荀子反問：世上還能有比這更美好的事情嗎？可惜君主們從來都不會認真看待這樣的言論啊！

荀子引用哲學前輩楊朱的名言說：「此夫過舉跬步，而覺跌千里者夫！」這就是越過一小步，就會錯過千里之外的事情啊！楊朱說這話的背景，是他最有名的舉動，即「遇衢途而哭」，每遇到四通八達的路口就會痛哭，因為一旦選擇錯誤，就會走上不歸之途。個人的行路如此、人生如此，人主治國也是如此。荀子雖然沒有楊朱那麼過敏，但還是提醒君主，能否任用賢才，就相當於人生路上的衢途。但是，縱觀歷史，荀子也不無悲觀地意識到，對於這個道理，君主當真是「千歲而不覺」，永遠難以覺醒。不過，正如上言，君主為什麼不能覺醒？這是荀子時代的思想家們想不通的事情。

既然荀子不可能去懷疑當時的政治制度，不能從根本上認識到「君人者千歲而不覺」的原因，他也就只能盡其所能地從正面提醒君主如何作為了。荀子指出，任何一個國家都有治國之法和亂國之法，有賢能之士和無能之士，有純樸之民和兇悍之民，有美好風俗和惡劣風俗。通常情況下，治國之法、賢能之士、純樸之民和美好風俗等「四上」，與亂國之法、無能之士、兇悍之民和惡劣風俗等「四下」是共存於一個國度的。這個時候，就需要英明君主做出選擇。偏於「四上」，國家就會安定；偏於「四下」，國家就會危難。選擇「四上」則稱王，選擇「四下」則滅亡。「四上」齊備，國家就能達到不戰而勝過對手，不攻而得到土地，不用武力也能讓他國服從。荀子舉出商湯王和周武王的正面例證，以及夏桀王和商紂王的反面例證，強調「四者齊」和「四者無」的相反結局，所謂「百王之法不同若是，所歸者一也」，所有的王者，很可能具體做法不同，但「四上」齊備的大方向是一致的。

身為君主，以身作則是關鍵。當有人請教他君主如何治理國家時，荀子甚至回答說：「聞修身，未嘗聞為國也。」只聽說過君主必須修身，沒聽說過君主還需要去治國。

君主好比儀仗，民眾就是儀仗在陽光下形成的影子；君主是盛水的盤子，民眾就是盤中之水。君主的所作所為直接影響和決定著民眾的所作所為。楚莊王喜歡細腰宮女，致使有的宮女過度絕食，不慎餓死。這就說明，君主是水之源，民眾是水之流，在正常情況下，水源的清濁，直接決定了水流的清濁。

擁有社稷的君主，如果不能愛護民眾，不能為民眾謀利，反而要求民眾愛戴自己，這是不可能的事情。一個不能被民眾親近和愛戴的君主，還要求民眾隨便聽自己使喚，必要時還要為自己獻身，這也是不可能的事情。一個民眾不肯為他所用，不肯為他獻身的君主，還想著軍隊強悍、城池堅固，這也是不可能的事情。這樣的君主治下的國家，軍隊不強悍，城池不堅固，卻還不想讓外敵入侵，同樣是不可能的事情。敵人來了，又無力抵抗，卻還想著不被侵略，不被滅亡，也是不可能的事情。這樣推斷下來，荀子最後的結論是，已經到了這般危險地步，還想求得安樂生活，這樣的君主可以說是「狂生者」，狂妄之人啊！這樣的狂妄之主，不用多久就會失去最後光芒，走向滅亡。

（6）奉行禮法，依法治國

從歷史角度看，荀子政治思想的進步之處，是其在遵循孔子政治理念的同時，與時俱進，充分吸收了現實政治中行之有效的新的政治理念和舉措，特別是法家的一些合理思想，使得他的政治思想不僅視野更加廣闊，而且也更具合理性。具體說來，荀子在主張以德治國、君主以身作則的同時，明確強調禮與法共治的必要性。這顯然是吸收了法家思想的合理性，更是受到他本人所親見的社會現實的深刻影響。荀子把法家依法治國的觀念融入他的政治思想之中，從而使他的政治思想從漢代開始成為歷代統治者不得不認真考慮、切實履行的治國方略。從這個意義上講，真正全面影響中國社會歷史進程的，荀子是中國古代的第一人。荀子的政治思想固然有其理想性的一面，但其現實針對性來得更為強烈。他的儒法相容、德治與法治並舉，是歷朝歷代所謂「陰法陽儒」治國之策的最早、最全面的思想基礎。

荀子的依法治國思想，與他的整體思想是一致的，特別是他的關於社會職分、社會分工的思想，更是法治社會的有機組成部分。更為重要的是，所謂禮法相容的治國之道，是一國之主必須明瞭的指標。

君主在確定了治國方略，選定了合適的宰相，並能夠嚴格約束自身之後，自然而然地就會去愛護百姓，而愛護百姓的最適當辦法，就是「制之以禮」，用禮法加以管制。這聽上去似乎有些不夠現代，但在當時社會歷史條件下應該說是不二選擇。因為，「制之以禮」的前提是君主對待百姓「如保赤子」，就好像家長養育剛出生的嬰兒一樣，必須百般呵護。呵護的具體措施，就是制定政令制度，讓百姓都能夠循理而行，即使是鰥寡孤獨這樣最弱勢的群體，也要納入制度範疇，不去輕視他們。

荀子強調的管制百姓的政令制度是有前提的。最大的前提是君主必須是英明之主，必須視百姓如赤子，切實為百姓著想，最低的前提則是所有百姓必須服從法制約束。這種思想，從現代政治的角度去看，似乎是把百姓置於過度被動的位置，沒有給予百姓自主選擇的權利，然而，在當時社會條件下，如果在位者果真能做到荀子的要求，無疑就是最大的政治進步了。

如果君主能做到上述要求，百姓就會視君主如父母，即使讓他們去死，他們也會順從君主。君臣上下，不論長幼貴賤，都視法令為最高要求，然後去努力做好職分之內的事情，農夫耕田，商賈販貨，百工做事，士大夫勤政，諸侯守土，三公議政，到了這個時候，天子也就只有恭敬自身，享受生活了。對於這種理想的過程和境界，荀子認為是所有王者的追求，更是禮法治國的必有過程和必然結果。

在荀子看來，世間之事，出與入、付出與獲得，是非常公平的，古往今來都是如此，對於禮法來說，這也是一項根本原則。禮法的具體內容，涉及社會生活的所有時間和所有方面，達到衣服有定制、宮室有制度，直至各種人員配備、喪禮祭禮等的舉行，以及所有事務，都有各自的等級和規矩。萬事萬物，長短大小，都按照既定的規則和數量加以落實。不管是什麼樣的具體事務，都由負責的官吏去處理，而不必事事請示大君子，即掌握國家發展方向的當政者。至於君主，更是不必過問。

另一方面，君主不遵循禮義行事，就會傷害國家，對此，荀子有明確的觀點。以下三種行為，都是「傷國」的表現。一是身為一國之主，不為國家謀大利，卻喜好個人小利；二是一味喜歡個人享受，而且還要變本加厲地攫取；三是不是做應該做的事情，守護好應該守護的東西，而是老想著攫取他人的東西。以上行為，荀子稱之為「三邪」。君主一旦「三邪」在胸，並且在處理國事之時還喜歡權謀，不循禮義正道，就一定會喪失權威、名聲受損，進而危害社稷，傷害國家。

貴為一國之主，一旦不尊崇本該走的正道，對於已有禮法不能做到心存敬意，而且喜歡用偽詐手段行事，那麼，就會影響到朝廷群臣也不行正道、不尊崇禮義，只喜歡邪門歪道。一旦朝廷之上形成這種作風，老百姓中間也會流行不尊崇禮義的風氣，只想貪得利益，不想付出，更不想為社會和國家做貢獻。在這樣的社會風氣之下，一個國家，地域廣大，也不會有什麼影響力；人口夠多，也不會有強大的軍隊；刑罰很繁苛，政令也不會通達。這是因為，國家機體內部已經受損嚴重，成為一個極度危險的國家。而這一切的發生，根源就在於君主是個「傷國者」。

對大臣的要求和批判

在中國古代傳統政治人治特色的背景下，做君做臣都不是件容易的事情。在君主集權、世卿世祿、裙帶關係、權大於法等等政治現象之下，政治人物的自主性看上去無邊無際，但事實上卻經常相互牽制、舉步維艱。正是在此背景下，在傳統政治中才會堂而皇之地出現君臣術之類的規則，以及對此類規則的無窮無盡的研究。這既是人類文明進步的過程和標誌，也是人類文明的一種悲哀。

荀子是大儒，又是深入研究法家思想的思想家。儒家重視從政者個人修養和德行，法家則強調服從和約束。這樣一來，在荀子的思想中，必然要出現大量的對於從政者個人品德、素養和才能的論述。

（1）大臣的分類

荀子的政治主張以嚴謹、周詳而著稱。對於大臣，荀子有泛泛而言，也有非常具體和詳細的分類，以便讓人們全面認識這個獨特的政治群體。就大臣的品德、才能和建功立業方面而言，荀子把大臣分作四大類，即「慝（ㄊㄜˋ）臣，篡臣，功臣，聖臣」。

慝臣。「慝」字是奸邪、陰險之義。荀子對「慝臣」的描述是，在國內沒有能力團結民眾，對外沒有能力抗拒災難。國內百姓不想親近他，其他諸侯不願意信任他。這就說明，這種大臣的才能和品德都有很大問題。然而，「慝臣」的最大能耐是善於獲得君主信任，因為他們反應快、口才好，能夠讓君主歡心。不過，荀子一針見血地指出，如果君主信任這樣的大臣，並委之以重任，只能使國家滅亡。荀子時代，在齊國從政的蘇秦，在秦國得勢的張儀，楚國的州侯，就是標準的「慝臣」。張儀和蘇秦是有名的縱橫家人物，張儀主張連橫政策，蘇秦主張合縱政策，此二人曾經讓東方六國不斷陷入戰爭災難之中。荀子說他們使國家敗亡，也主要是指對六國的損害。至於州侯，則是楚頃襄王身邊的佞臣，頃襄王在位時，楚國國勢徹底不振，與州侯的諂媚誤政很有關係。

篡臣。荀子定義的「篡臣」，是那種有才能但沒有品德的大臣。他們不能忠於君主，但卻善於籠絡民眾，不在乎公道和大義，而是著力結黨營私。國家一旦被這種大臣左右，就會陷入深深的危難之中。比如韓國的張去疾、趙國的奉陽君、齊國的孟嘗君，都是善於結成利益集團，而不在乎國家利益，在那時，國家利益與君主利益基本上是統一的。這三人之中，齊國孟嘗君最為有名，是著名的戰國四公子之一。與其他三位戰國公子一樣，孟嘗君也是門客盈門，一般人認為他是齊國的能臣，但在荀子看來，他更多的是謀取個人利益，並不是那個時代所需要的真正的大臣。

功臣。所謂功臣，就是能夠為國家建功的大臣。他們既能團結民眾、管理國家，又能解決與周邊國家的矛盾和衝突，民眾喜歡親近他們，士大夫信任他們，他們是尊君愛民的典範。荀子所舉例證，是齊桓公時代的管仲、晉文公時代的咎犯、楚莊王時代的孫叔敖。這三位大臣，與他們的君主一道，創造了一國歷史上的輝煌，建立了不朽功業。三位霸主與三位功臣一直是歷史上的美談。在荀子看來，大臣做到這個程度，應該是值得肯定的。國家有這樣的功臣，君主肯定會獲得榮耀。

聖臣。聖臣無疑是做大臣的最高境界。與功臣相比，聖臣不僅能夠完成職責，還具有創制性。在聖臣努力下，國家的法令和教育工作都能得到落實，遇到突發事件也能很好地處置，對於其他不測事件同樣能夠應付裕如。在聖臣治理之下，國家能夠得到其他諸侯的遵從，直至稱王於天下。荀子心目中的聖臣，就是商朝的伊尹和周朝的姜太公，他們不僅為商、周二朝的得江山立下大功，而且這兩個王朝最初的立國和發展，也有賴於他們的才德。

不用說，功臣和聖臣是荀子政治思想中做大臣的典範，而態臣和篡臣則是受到批判和否定的大臣。這四類大臣，有最好的，也有最壞的，君主對此要心中有數，以便做出恰當選擇。欲榮欲尊，就選擇功臣和聖臣；欲危欲亡，則選擇篡臣和態臣。

同樣是大臣，其政治表現卻迥然有別，現實和歷史對他們的評價自然也有不同。荀子如此用心地對大臣的高低做出區分和劃分，應該說是受到了法家賞罰觀念的影響。

（2）大臣的特質

根據傳統儒家思想，身為大臣，除了必須完成的職責和一定要遵守的禮法之外，必須具有過硬特質，包括個人修養和政治特質。在個人修養方面，傳統儒家對於士大夫的要求基本上是一致的，而在政治特質方面，則身居不同官位，要求不盡相同。反過來講，具有什麼樣的政治特質，也是做到什麼程度大臣的必要條件。在這方面，由於荀子政治思想相對更為全面，提出的要求也更多、更詳盡。

荀子把大臣的政治特質，從正反兩方面加以分析和比較。

大臣正面的政治特質表現在順和忠，反面的政治特質表現為諂和篡。這兩方面截然不同的特質並不表現在是不是表面上順從君主，而是表現在是不是實際上有利於君主。至於那些既在表面上不尊重君主，又在實際上對國家造成損害的大臣，他們不過是只顧個人利益的「國賊」而已。

荀子指出了兩種政治表現方面的缺點或惡習，即「昧」和「妒」。昧，是損害公家利益，滿足私欲；妒，是明知賢良之人卻不推薦給當政者加以任用。荀子說，有這兩種不良政治習慣的人，可以稱是「狡譎」之人，即狡詐奸險之人。狡譎之人是國家的汙穢和妖孽。荀子還特別對「妒」的惡習做了更明確和具體的批判，認為如果有士人與妒人為友，賢人就不會來親近；君主如果重用了妒臣，賢能之人就不會來做官。

從後世逐漸形成的儒家思想來看，作為大臣，忠君是第一要義。臣不忠，何以為臣？當然，孔子說過，「君使臣以禮，臣事君以忠」，為忠君提出了先決條件。儘管如此，忠君還是必要的，否則，君臣關係就無法正常建立和維繫。或許正是慮及這層關係，荀子對大臣之「忠」做了進一步分層，以使臣之忠道更趨合理和完善。

忠君有高中低三個層次，而於君不忠者，則不必分層，總括之為「國賊」。

所謂大忠，是說能夠以德行感化君主，使君主思想發生質的變化，致使國家全面走向大治。荀子舉的例子是周公旦之於周成王。周成王繼位時年少，周公旦精心輔政，以德治國，最終把周成王培養成一代明君，成就周朝早期的「成康之治」。當然，有德之大臣從本質上感化君主，並不是件簡單事情，客觀來講，應該是所謂天時、地利、人和的綜合結果。

大忠之後是次忠，是說有德行的大臣有能力改變君主，特別是改正君主的一些重大失誤，不至於使君主在錯誤的道路上一去不回。荀子所舉例證是管仲之於齊桓公。管仲輔佐齊桓公成就一代霸業，這是包括孔子在內的傳統儒家所肯定的一面。但是，從孟子開始，也批評管仲並沒有很好地利用他對於齊桓公的影響力，未能完成一統天下的王者之業，或者至少沒有認真恢復周天子的權威。當然了，這樣的觀點也有許多可商榷的地方。客觀地說，管仲應該沒有這個修養和能力，有些儒者在這個問題上不依不饒，也有一定的合理之處。

忠君的最低層次是下忠，是指大臣勸諫君主的不妥之處，君主未予接受，致使大臣發怒，甚至在衝動之下做出不得體的事情，比如伍子胥之於吳王夫差。因為吳王不接受伍子胥的意見，導致公開衝突，最後伍子胥被吳王錯殺。伍子胥不僅因為衝動而送命，也使吳王擔負了殺死忠臣的惡名。不用說，下忠之臣如何把握好與愚君甚至昏君相處的分寸，也是君主專制體制下的典型難題。

忠君者有各種各樣的表現，其實不忠君者也有各種類別的表現。也許是這種大臣太容易識別，或者是荀子認為不值得為這類人多費筆墨，就把他們統稱為「國賊」，即對國家的賊害者。這類人極其自私，談不上任何道德修養，當然也不在乎君主和國家的榮與辱、好與壞，只求博得君主歡心，以便從君主那裡獲得利益，進而結成利益集團。荀子以商紂王時代的曹觸龍為例，強調像商紂王式的亡國滅身，就與這種國賊的投機鑽營有著必然關係。

荀子思考大臣的特質，重點在於如何讓大臣稱職，處理好與君主的關係，所以，其重點必在那些有資格做大臣的人們的身上。

大臣是不是聽從君主命令，是不是有利於君主，這是個非常複雜的問題，並不像說起來那麼簡單。荀子討論了大臣與君主關係之間、相處之中的種種具體情形，並對此類情形做了明確定義，然後把它們上升到政治特質的高度。這些政治特質包括：

諫。君主做出的決定、做出的事情，就要危及國家，甚至到了隕滅社稷的地步，大臣或君主的近親中有人會向君主進言。君主如果能夠接受那是最好，一旦不接受就會辭職而去，這種表現叫作「諫」，勸諫。荀子認為，商朝早年的伊尹諫太甲王，商朝末年的箕子諫商紂王，就是最好的例證。

爭。在上述情形下，如果向君主進言之後，君主接受了當然可以，可一旦君主不接受，就以死抗爭，這種表現就叫「爭」。與「諫」相比，「爭」並沒有選擇躲避或逃避。此二者的共同之處是沒有向做錯的君主屈服，更沒有選擇同流合汙。商朝末年的比干，春秋末期的伍子胥，都是與君主抗爭的典範。當然，「爭」的結果都是悲劇。比干被商王剖心而死，伍子胥實際上也是死於吳王之手。

輔。當君主犯錯的時候，有些大臣並不選擇個人勸諫或抗爭，而是運用智力，說服並率領群臣，以大家的力量強迫君主接受。這時候，儘管君主心裡不舒服，但最終卻不能不聽從眾人的意見，結果證明大家是正確的，當然也就解除了國家面臨的大問題，或者消除了國家的大害，使君主和國家都得到尊榮和平安，這就是「輔」，用實際行動輔助君主和國家走出困境。荀子認為，趙國的平原君是當之無愧的輔臣。

弼。最為極端的一種情形是公開與君主對抗，不聽從君主命令，甚至假冒君主的命令和身分，做出君主反對的事情，但結果卻是使國家走出危險境地，去除了君主受到的侮辱，功勞至上，為國家帶來了最大利益。「弼」也是輔佐之義，但在荀子的使用中，顯然比「輔」的程度更加直接，甚至更加強烈。比如魏國的信陵君，不顧魏王的命令，竊符救趙，還殺死了魏王的大將晉鄙，結果大敗秦國，不僅救援了趙國，也安定了魏國，其中的驚心動魄，真是非普通大臣敢於擔當。

荀子對於具有諫、爭、輔、弼這四種政治特質的大臣給予了高度評價，認為他們是社稷之臣、國君之寶，是英明君主應該尊重和厚遇，並加以獎賞的對象。與明君相反的是「闇君」，即所謂的暗主，昏聵之主，其做法與明君正好相反，當然是荀子嚴厲批判的對象，前文已經多有敘說。

另外，荀子又從言行是否合格、是否一致的角度分析了具有不同修養和政治品格的大臣。言與行都合格的，荀子認為是國之寶物，即可以全面管理國家的大臣。言語不行，但有實際才能的，是國之重器，即具有某一方面治國才能的大臣。言語能行，但才能不足的，是國之物用，即在某個時候、某件事情中可以發揮功用的大臣。很有口才，但行為惡劣的，則是國之妖孽，是會為害於國家和社會的大臣。不用說，要想治理好國家，必須敬重國寶，愛護國器，使用國物，剔除妖孽。

（3）大臣的靈活性，事君之義

在中國古代傳統政治關係中，有一個死結是非常引人注目的，這就是，儘管一個大臣特質高尚、才能卓著、責任心強烈，但在現實政治中卻並不能保證其必能發揮應該發揮的功用，更不用說建立其應該建立的功績了。在荀子時代，政治制度是君主制，君主與大臣是主人與僕人的關系，或者說，江山社稷是君主的私人財產，大臣是為君主維護其江山社稷而服務的。僕人再好，再能幹，卻始終存在著主人是否認可、是否接受的問題。在當時，人們並不能認識到問題出在這裡。思考和研究政治的人們，不管是站在君主立場上，還是站在大臣立場上，都只能在君主專制的政治體制下思考如何處理好君臣關係。即使是荀子這樣的大學者、大思想家，在大臣如何侍奉君主的問題上，也只能要求大臣掌握靈活性，在「事君之義（宜）」上做文章。

荀子首先強調大臣在國家政治中的功用。他說，有堅持正義的大臣在位，朝廷就不會出現偏頗之政，不會從國家的決策層發出邪曲的決定。如果有上述諫、爭、輔、弼四種大臣能夠發揮功用，君主即便有過錯，也不會走得太遠。以上是文的方面。在武的方面，荀子認為，君主身邊有勇士，有仇恨的敵對之人就不敢對君主本人做什麼。如果守衛邊疆的武將很稱職，就不會受到別國侵擾。

一國之主如果能夠任用上述四方面的人才，就說明這是個喜歡「同」的君主，能夠做到尚賢使能，讓各方面的人才共同出力、共同發揮治國理政的功用，並且為他們的成功而歡欣鼓舞。這樣的君主，就是荀子心目中的英明之主。與此相對，那種昏暗之主則喜歡「獨」，喜歡做獨裁者，或者如孟子所說的「獨夫」，大權獨攬，自己逞能。這樣的君主必然妒賢畏能，生怕大臣建功立業，更有甚者，還會找各種藉口懲罰忠臣，獎賞賊人，荀子把這種君主稱作「至闇」，即最昏庸「暗昧」的君主，糊塗到不行的人。像夏桀王和商紂王這樣的君主之所以滅亡，就是因為他們是「至闇」之主。說到這裡，問題就來了。既然君主有明有暗，那麼，大臣面對不同君主時，應該如何思考和行事呢？不用說，應對這個問題的大前提是，無論是明主還是暗主，大臣都不可以取而代之。所以，重點是如何對待不同類型的君主，而不是改易君主。

君主都是什麼類型的呢？從荀子整體思想來看，以實際政治成就為標準，荀子大體上把君主分為三類，即王者、霸者和亡者。從大臣的角度來看，則是相應地劃分為聖君、中君和暴君。

對於聖君，即聖明的君主，大臣只能聽從命令，不會有機會去諫爭，因為聖君整體上講是不犯錯誤，至少是不犯大錯的。這樣一來，大臣只能恭敬聽命，謹慎執行，不敢自行更改甚至改變聖君之命。這種表現，就是把順從君主作為工作志向，甚至人生嚮往。

對於中君，大臣不能完全聽從，而是要保持一種諫爭之態，因為中君時常犯錯誤。但是，因為中君能夠接受諫爭，所以也不能對中君阿諛奉承。這也就是說，對中君要堅持一種剛強而不退讓的態度。大臣要忠於君主，但面對中君時，要做到是就是是，非就是非，以此保證不讓君主墮落為暴君。

對於暴君，大臣則一定要講究精細的策略，以保證自己的人身安全，一旦失去人身安全，一切就都無從談起了。對待暴君的策略，其核心是，可以對暴君之政的某些方面做些修修補補，而不是選擇公然對抗的方式方法。荀子設想了一種比較極端的狀況，比如適逢亂時，大臣無處可去，只能處在某國暴君之下。到了這般田地，就要在公開場合多說君主的優長之處，避免談及君主的短處，並把這當成一種常態，以靜觀事態變化。這就是說，對於暴君，要調整心態但卻不能流於俗氣，溫柔但不屈從，寬容而不亂法，堅持最高的道德原則，不細究某些細節，以求逐漸影響暴君，使其改邪歸正。總之，要做一個荀子眼中的合格大臣，必須是德才兼備，既要有儒家定義的政治美德，還要有法家認可的治國才能。儒法相容，才是合理的、有前途的政治走向。

（4）大臣的現實性，以術事君在處理具體事務，特別是日常政務方面，合格的大臣也要講究適當的方式方法，以實現各個層次的政治目的。對於從政之「術」，孔子是非常重視的，除了強調從政者崇高政治追求之外，孔子並不反對適度的政治智慧。孔子稱讚衛國大夫寧武子，國家政治清明時就積極表現其聰明才智，政治昏暗時就裝糊塗，盡量不發表當權者不能接受的政治意見。孔子不無羡慕地說，表現聰明才智並不難，難的是本來清楚，卻要裝糊塗。同時，在一些細節上，孔子本人也很注意自己的表現，《論語》記載了大量孔子從政時的日常言行，甚至君主緊急召見時，等不及備好馬車，孔子便徒步而行了。事實上，事情再急也急不到這種程度，馬車備好之後也能夠追上徒步行走之人，但孔子就是要表現出對君主之命的極度重視，不能說沒有「術」的味道。不過，與後來法家人物，比如申不害和韓非的「帝王之術」相比，孔子是依禮而行，有擺樣子的嫌疑，但並沒有與君主鬥智鬥勇、相互克制的意思。

荀子探討以術事君，秉承了孔子以來儒家君子的傳統，認為大臣想要長久保持受寵的高位，就需要相應的方式方法。

一位大臣，如果被君主尊敬和看重，就應該表現出恭敬和謙卑；如果受到信任和寵愛，就要越發謹慎和謙讓；如果大權獨任，就要更加小心，並注意細節；如果經常在君主身旁，就要表現出足夠的親近之態，但不要有邪惡之念；如果被疏遠，也要忠誠如一，不要有背叛之舉；如果被降職，就要更加警惕，但不要怨恨。整體來說，尊貴的時候不自傲，被信任的時候不得意，委以重任的時候不專權。面對財貨時，雖然喜歡，也不必隨意獲取，而是要盡量辭讓，符合大義的時候再去獲取。有好事的時候要以平和心態對待，有禍患的時候也要以安靜心態對待。富有的時候要廣為施惠，貧窮的時候則生活節儉。貴賤貧富都無所謂，關鍵是要有節操，寧可被殺死也不做奸邪之事。

如果上述幾項是初級之術，如下所述就是中級和高級之術。

對於中級之術，荀子說，做大臣的當然要學會善於身處國之大位、完成治國大事，同時還要受到君主的寵信，避免後患無窮。為此，要與賢人相處，與賢人取齊。大權在握，要任用賢才，博施恩惠，以此消除人們的怨恨，使自己的政治主張能夠順利貫徹執行。

荀子與楚國春申君交往較深，春申君黃歇是著名的「戰國四君子」之一，長期左右楚國朝政。所謂「戰國四君子」共有的特點之一，就是廣納賢才，博施恩惠。只要有一技之長，「四君子」便把他們招致門下供養，能任用則任用之，不能馬上任用的，對他們也沒有任何要求，讓他們在門下安逸地生活，有任用他們的時候再說。這種做法，有法家弄權的一面，也有儒家看重賢才的一面。

在荀子這裡，就是要把儒、法的用人觀念結合起來，發展一套實用主張。如果能夠做到推舉賢人、讓位給能人，那麼，位高權重的大臣，在得到君主寵信的時候會榮耀無限，而一旦失寵也不會獲罪，因為有賢人在位或繼任，既不會給君主造成損失，也不會恩將仇報，不會加害於當初推舉他們的人。荀子的這個思路是能夠自圓其說的，所以他認為這是侍奉君主的法寶，也是身為人臣的必要的自保之術。

在中級之術的層面，荀子欣賞智者的作為。這個智者之「智」，在荀子這裡是正面意義，因為先秦時代的許多思想家對「智」是有異議的，即把過度的巧技甚至心計置於「智者」的定義中。荀子的智者是智慧之人，特別是在政治領域，智者既有儒家道德修養，又能明白各種情勢，並做出適當對應。

智者的做事原則是，志盈願滿之時要設法謙讓，一切平順時要考慮可能的艱險，安穩的時候要想到危機。就是做了這麼多的考慮，還是擔心禍患的發生。只有這樣，才能做事不出偏差。雖然有巧妙的心思，也要把握好分寸，這樣才能找到事物的關鍵；雖然有能力，也要盡力在差異中找到共同點，這樣才能保證必勝；雖然有智慧，也要把謙讓放在首位，這樣才是真正的賢者。荀子是理性主義大師，講任何道理時都很周詳，所以他強調，做事如果把握不好「度」，就容易陷入機巧之中。他的學生韓非的政治思想之所以成為「帝王術」，就是荀子理性主義思維的發展結果。

在論述了中級之術後，就是高級之術了。其實，所謂高級，並不是說比中級或低級更高一籌，而是站在不同的角度照察君臣關係而已。高級之術是在最一般的意義上論述君臣關係，當然主要是為臣之道。

具體說來，做大臣的，儘管有時不被君主所知，也沒有怨恨之心。在古代君主專制體制下，因為是家天下，君主一人說了算，所以，做大臣的，特別是沒有家世背景的知識分子，要想在現實政治中有所作為，首要問題是獲得君主知用。到了荀子時代，除君主而外的世家大族左右一國政局的情形已經少見了，士人從政已經成為政治常態，這就更凸顯出了君主知用的關鍵功用。

在得到君主知用以後，做大臣的必須嚴格自我約束。因為有君主的知用在先，所以，有功必賞已經不成為問題，容易出現的問題是大臣的矜功之色，誇功的表現。既然是自誇，就不免誇大。誇大了自己，其他人，有時甚至是君主之功，就會在無形之中被貶低。可想而知，這肯定是從政大忌，既有礙於團結同僚，又會招致君主反感。

那麼，正確的態度應該是什麼呢？荀子認為，即使是功勞很多，也要盡量少地向君主要求什麼。因為功勞是和君主的賞賜聯繫在一起的。在古代，這種賞賜在君主那裡還是比較隨意的，並沒有十分明確的制度安排。這樣一來，就存在著受賞賜的大臣是否滿意的問題。無論賞賜合理與否，或者是大臣自己感覺合理與否，在接下來的工作中，都還應該視工作為愛和敬的對象，不敢有絲毫懈怠。

上述三項高層次要求是有反有正的，是相互扶持的。對於這三項原則，首先要以恭敬之心去看待，然後從內到外深信不疑，並在行動中謹慎遵守，老老實實地堅持執行。長遠來看，如果這樣做了，就不會有不通順的時候。侍奉君主必會通達，修身為人必會達至聖人的境界。

第四章　教育家：傳述儒家經典，終老回歸學術

從政楚國，著述蘭陵

荀子遊歷天下各國，到達秦國的時間當在秦昭王中後期。范睢在秦昭王四十一年（西元前二六六年）任秦國之相，至秦昭王四十八年（西元前二五九年）辭去宰相，荀子訪秦應該在這個區間之內，也就是說，荀子最晚在西元前二五九年離開秦國。這一年是楚考烈王四年。荀子離開秦國，當然主要是因為與秦國君臣政治理念不同。之所以選擇楚國，一是因為其他各國荀子都有過考察，同樣不適合荀子久留；二是因為當時主政楚國的春申君黃歇有禮賢之名，荀子有結交之意，當然也不排除春申君邀請過荀子。加之楚國與秦國相鄰，荀子就到了楚國，沒想到一直生活到終老，使楚國成了第二故鄉。

投奔春申，從政楚國

《史記．春申君列傳》說：「春申君為楚相八年，……以荀卿為蘭陵令。」楚考烈王元年春申君開始做楚相，楚考烈王八年就是春申君做楚相八年，這就是說，荀子在到達楚國的若干年之後才得到了蘭陵令的職位。

不管時間上是什麼時候，荀子終究是離開了秦國，到達了楚國，並最終在楚國蘭陵地方作了行政長官，即「令」。這主要是因為，根據在秦國所聞所見、所遇所談，荀子意識到，秦國雖然算不上傳統意義上的霸政，比如遠不及齊桓公、晉文公時代，但秦國依靠其有效的國家建設和社會管理，必定能夠統一天下，而山東六國成為「亡國」只是個時間問題。荀子及其追隨者當然改變不了這樣的大勢，所以，荀子最後決定，放棄近乎無效的遊仕，去尋找一個能夠養老的安穩之地，就這樣，荀子來到了楚國。

荀子在楚國的經歷與著名的春申君黃歇有著密切關係。根據《史記》記載，戰國中期以後，七國政治中逐漸出現了著名的「戰國四公子」，他們是楚國的春申君黃歇、齊國的孟嘗君田文、趙國的平原君趙勝和魏國的信陵君魏無忌。《史記》都有給他們專門傳記，足見司馬遷對於「四公子」的重視程度。「四公子」共同的手段或特點是：招攬四方賓客，特別是優待士人，並形成相互爭奪人才的局面。「四公子」如此作為的目的只有一個，即壯大力量、保持權力，而保持權力的目的是使國家安定繁榮。正是因為「四公子」有著上述特點，像荀子這樣的思想家才能充分利用他們的思想學說描述和衝擊那個時代。

「四公子」有上述相同之處，也有一些不同之處。除了所在國家不同，還有一個明顯不同，就是四人之中只有春申君是平民出身，並不是傳統意義上的「公子」，而其他三人都是真正的諸侯世家出身。所謂「公子」是一個習慣說法，指的是諸公之子，即各國君主的後人。從〈春申君列傳〉來看，春申君是楚國人，姓黃名歇，顯然不是楚國的國姓熊姓，他之所以得志於楚考烈王，並在楚考烈王去世之前的二十五年一直占據著楚相之位，是由於他具有戰國縱橫家的才能和膽識。戰國縱橫家是那個時代最有想像力、最有創新精神的一批人才，而這種精神與荀子思想比較契合，這也許是春申君能夠任用荀子的內在原因。

荀子之所以在秦國受到思想「重創」之後去楚國，應該是與春申君有關。在《荀子．成相》中，荀子說：「世之愚，惡大儒，逆斥不通孔子拘。展禽三絀，春申道輟基畢輸。」這顯然是把春申君歸於大儒行列，並且與孔子和魯國賢人展禽相並列，這應該是對春申君很高的評價了。春申君黃歇以布衣賢士的身分，能夠在楚考烈王在位的二十六年間從始到終地做國相，這在古代史上也是相當少見的，並且也只有具備了高深的儒士修養的賢人才能做到這種田步。所以，荀子以他高超的見識，毅然投奔春申君，應該說是自然而然的事情。

荀子到了楚國後，被春申君賞識，在西元前二五五年（楚考烈王八年、齊王建十年）擔任楚國蘭陵地方的行政長官。蘭陵在楚國東南邊陲，與齊國鄰近，應該說是楚國應對齊國的重要地區。荀子在蘭陵的政績，後人知之甚少，但從他能夠長期擔任此職來看，至少也是相當稱職的。

有一則故事說，看到荀子在蘭陵治政有方，春申君的一位門客就對春申君說，荀子很有才能，很危險，如果長期給他一方土地，他就會建立商湯王和周文王一樣的功績，從而對春申君的地位形成威脅，於是，春申君就將荀子辭退，迫使荀子不得不離開楚國，回到家鄉趙國，並成為趙國上卿。然而，當另一位門客又以歷史事件為例，認為像商湯王的宰相伊尹和齊桓公的佐臣管仲一樣的賢人是安定國家的必有人選時，春申君同樣認可，於是又派出使者，要把荀子請回來。很顯然，春申君做楚國宰相二十六年，卻在任用一位賢人時如此缺乏主張，是不合情理的。所以，這樣的故事是不可靠的。這類故事透露出的真正資訊應該是荀子在楚國做官並非一帆風順，而讓荀子這樣的胸有濟國救世之志的政治家長期待在遠離楚國政治中心的地方，顯然不能讓荀子滿意。或許，就在荀子於春申君為楚相的第八年做蘭陵令之後，直到春申君為楚相的第二十六年被謀殺，這十八年期間，做蘭陵令的荀子有過思想上的彷徨，甚至有可能暫時離開過這個職位。

有關荀子的類似逸事，在漢代廣泛流傳，這主要是由於荀子的學說在漢代很受推崇。這類故事的出現，最大的可能是，荀子的追隨者或荀子後學，只是為了給荀子的懷才不遇尋找的若干原因中的一種。

失去官職，著成《荀子》

楚考烈王去世後，陰謀家李園謀殺了春申君。這一年是西元前二三八年（楚考烈王二十五年，秦王嬴政九年）。春申君死後，荀子就失去了蘭陵令的職位，但還是在蘭陵安家，生活在那裡，直到去世。這樣一來，荀子五十歲離開家鄉趙國，直接到達齊國，後來被迫離開齊國後，遊仕中原各國，可以確知的有趙國和秦國，最後到了楚國，直到壽終。

從西元前二五五年至西元前二三八年，荀子一直擔任蘭陵令。由於不可知的原因，春申君主政下的楚國一直沒有委荀子以重任，大概也不願意承擔無視人才的名聲，才一直任用著荀子。但是，這樣的情狀，既讓春申君尷尬，也讓荀子尷尬。荀子對於楚國政治多有尖銳批評，對於天下士人的政治遭遇也多有慨歎，這應該都與荀子在楚國的複雜政治經歷密切相關。

大概在蘭陵生活日久，晚年荀子就在蘭陵安了家，並沒有回到戰爭連綿的三晉地區。一直在身邊的弟子李斯，看到老師在現實政治中已經無路可走，也離開了荀子，到秦國去謀求發展了。荀子認識到他所處的世間政治混亂而又腐敗，各國君主多半昏庸無道，不遵循大道，把國家政治的興盛寄希望於各種迷信手段，同時，鄙陋的儒生目光短淺，還有像莊子一樣的士人逃避現實，於是，荀子就擔負起了矯正世俗思想弊端的責任。荀子此時應當是在七十歲八十歲左右，不可能親身在各國之間奔走，就選擇了著書立說的形式，寫下了幾萬言的著述，也就是現在看到的《荀子》十萬言，或者至少是其中的主要部分。荀子生逢戰國之末，既有條件和才能總結先秦學術，也以自己的不懈努力為後世學術樹立了獨一無二的榜樣。在先秦諸子中，荀子的學術成就最為豐富，也最為多樣。

《荀子》最早成書，是出於西漢學者劉向之手。劉向（約西元前七七年至西元前六年），字子政，是西漢著名經濟學家、歷史學家和文學家，其一生的主要貢獻是奉命整理古籍，《荀子》是重要的一種。當時的書名叫《孫卿書》，全書三十二篇，是把幾百篇雜文輯集而成。總之，現存《荀子》三十二篇基本反映了荀子及荀子之門的學術面貌。自劉向校定《荀子》以來，這本書變化並不大，這不僅說明其校讎和編輯有著相當的合理性，更說明了以《荀子》為代表的荀學思想在歷朝歷代都有著廣泛而深刻的影響力。

在漢代，著名的《禮記》和《大戴禮記》有多篇完全使用《荀子》的文字；在唐代，學者楊倞注《荀子》二十卷，這是對《荀子》最早也最權威的注釋；在宋代，《荀子》刻本很多；到了元代，《荀子》刻本依舊多有；在明代，各方面都相當看重《荀子》；有清一代，由於乾嘉之學的興盛，先秦古籍得到了學界的全面整理，《荀子》也不例外，並最終由王先謙（一八四二年至一九一七年）集成，形成《荀子集解》，為近現代的荀子研究奠定了堅實基礎。

荀子思想及其著作對周邊受中國傳統文化薰陶的國家也有影響。在日本和朝鮮均有《荀子》古刻本。宣揚軍國主義的日本靖國神社內有「遊就館」，得名於《荀子．勸學》：「君子居必擇鄉，遊必就士」。

《荀子》從成書到現在，在篇章文字方面流變不大。從現存內容看，《荀子》書中既有荀子本人所著，亦有其後學甚至荀門之外人士撰作和編輯的痕跡。到劉向校書時，發現有重複的內容，方才進行整理，成為流傳至今的《荀子》模樣，至於書名的變化，當然是最不重要的事情了。

綜合來說，漢代以來，因為荀學更多的影響是在實際政治領域，而未能在思想界和學術界持續成為顯學，也就沒有更多的學者關注或利用《荀子》之書，這反倒是很大程度上保全了《荀子》的基本內容。這本巨著，從荀子撰文，到後人輯成，是其第一階段；到劉向校輯整理，是第二階段；到唐人楊倞作《荀子注》，是第三階段；到清朝中期以來學者們考校整理和研究，是其第四階段。從文本的角度來看，以後也不應該會有很明顯的變化。更全面更深入的思想研究，是未來的《荀子》和荀學的發展方向。

《荀子》文辭犀利而有規法，既有力度，又不乏所謂「現代」意識。《荀子》文章以論說體為主，但也兼有其他各種文體，比如長短句的語錄體，夾敘夾議的文學體，容易上口的辭賦體，還有通俗易懂的詩歌體。《荀子》的體裁和寫作風格在《韓非子》中有所回應，但是，與《荀子》相比，《韓非子》的文章雖然更具戰鬥性，但因此也顯露出了獨斷性，並且在言辭上不太講究，在文學表現力上遠不及《荀子》。可以說，荀子思想總結了先秦學術成就，啟發了漢代一大批思想家，如賈誼、司馬遷和王充等，而《荀子》的文章則達到了諸子百家的頂峰，促進了漢代文學的發展。漢代學者的著述多稱引「孫卿」，證明了荀子在漢代的巨大影響。漢代以降，《荀子》的影響則更多集中在其思想內容方面。

教育思想和教育成就

荀子是中國古代偉大的教育家。荀子有博大精深的教育思想，也培養出了震撼歷史的弟子。荀子的教育思想和教育成就是人類史上罕見的。

荀子是學者型政治家，即使他有過從政經歷，也是以學者身分做官。學者的特點是不僅明白去做什麼，還要弄明白為什麼要這麼做。

荀子是儒家思想家。他的思想歷程相當複雜，與孔子和孟子相比較，思想內容更為豐富，涉獵思想面更為寬廣，但他始終離不開儒家思想這個核心。特別是在晚年，當荀子離開官職，專心在蘭陵講學的時候，更是以豐富的閱歷和廣博的思想，回歸儒學領域。這樣的回歸集中體現在他關於「學」的思考和論述上。

先秦時代的思想家們都有遠遠近近的追隨者，但並不是每一位思想家都能把這樣的追隨轉化為成功的教育。在向教育的成功轉化方面，儒家有著行之有效的方式方法，並從孔子開始就逐漸形成獨特的教育傳統。更重要的是，儒家教育在注重現實的同時，還有鮮明的教育思想，而到了荀子這裡，教育思想更為全面和系統，並深刻影響了他身後的中國歷史。凡是受過教育的人，無不記得荀子的著名論斷：「青，取之於藍而青於藍；冰，水為之而寒於水。」這句話來自《荀子．勸學》，而這篇著名的文章同樣是每個求學者的必讀之文。

荀子身為教育家的另一項成就是教育出了歷史上兩位著名的法家人物，即法家思想家韓非和法家實幹家李斯。韓非是公認的先秦法家思想的集大成者，中國古代「帝王術」的全面創制者；李斯則是秦始皇統一天下過程中的秦國丞相，為秦國一統天下、建立秦王朝立下了不可或缺的大功。

刻苦學習，尊師重教

看重學習是先秦儒家的傳統，孔子自稱「好學」，孟子「好為人師」，都強調了學習的重要性。但是，對學習做出系統而全面的不朽論述的，還是荀子。更為重要的是，荀子關於學習的闡述，也一直是歷史上的經典之論。此後各個時期的學者們，但凡論及學習的，無不必須面對荀子的論學觀點。

談到荀子論學，有一點是必須強調的。那就是，荀子之學既包括學知識之學，也包括學道術之學，既有學問，也有學術或學說。這兩方面的內容既不能相互替代，還又相互有關聯。有學問未必能夠走向有學說，但是，好的學問必然有助於好的學說，好的學說必須包含好的學問。在荀子的論說中，學問與學說在多數情況下是揉在一起的，但有時候也有分開或有所側重的時候，這是後世學習者必須注意的一個方面。

(1) 學習不可停息：學習的態度和方法

《荀子》開篇就是〈勸學〉。把勸勉人們積極主動求學的內容放在首篇，應該是後人編排過程中的想法，並不見得就是荀子認為論述學習是他的思想的第一要義。不過，這篇文章中的許多觀點和名言警句卻一直為後人津津樂道，甚至可以說是荀子學說中唯一沒有讓後世學者產生思想分歧的內容。

〈勸學〉開頭就說：「君子曰：學不可以已。」這應該是荀子對於學習的總態度，就是學習不可以停止，不可以中止，必須持之以恆，甚至不可以有暫時的停歇。孔子說，學習就像追趕在前面奔跑著的人，就算不停地追趕，還怕趕不上，更何況是停下來呢？而荀子說「學不可以已」，「已」是停止的意思，更為直白。這是他對世人的要求，應該也是他的學習原則，甚至是人生準則。

在學習方法上，荀子首先要求日積月累。有了相當程度的量的積累，才會出現實質性的變化和提高。「積善而成德，成德而神明得，神明得而聖心備」，人的成長是一種不斷上升的過程，這個過程由多個階段組成，每一階段的進步都有賴於上一階段的積累，正所謂「不積跬步，無以至千里；不積小流，無以成江海」。不斷的積累，鍥而不捨的努力，是學習成功和人生進取的必要保證。

其次，學習還要有始有終，不能半途而廢。學習成功的要訣之一在於「不捨」，也就是「不已」。事實上，做成任何一件事情，都需要「不捨」和「不已」的精神。一時的熱情或激情，相對來講比較容易達到，經年累月的堅持則非有強大的精神支持不可。凡事總是開頭容易，堅持到底就太難了，但是，要想成功，必須堅持到底。

要做到有始有終，必須專心一致，戒絕浮躁。同時看、聽兩樣以上的事物，必然得不出清晰的印象。以人生經歷而言，總在岔路口上徘徊，肯定到達不了目的地；總在多個君主之間奔波，肯定不會被任何一個君主容納。荀子的結論是，君子之人，必須把思慮集中在一處，持之以恆，直到成功。

可以說，學習是一項終身事業。學習要想有所成就，必須堅持不懈，終身不怠。荀子引用了當年孔子弟子子貢與孔子的一場對話，用來說明這個道理。

子貢很聰明、有頭腦，孔子對他的要求也格外嚴厲。終於有一天，子貢向孔子請求說，在您這裡求學讓我太累了，我想改行，去侍奉君主，在從政之際稍做休息。孔子回答說，正像《詩經》裡所說的，「溫恭朝夕，執事有恪」，對待君主，時時刻刻都要保持溫良恭順的態度，做事更是不敢有絲毫鬆懈。侍奉君主太夠了，怎麼可能讓你有休息的機會呢！

既然侍奉君主無法休息，子貢就希望在奉養親人的過程中獲得休息。可是，在孔子看來，奉養親人也是一項艱難的事業，同樣不會得到休息。子貢接著提出，在妻子、朋友那裡，甚至去做個農夫，能否得到休息呢？對於這些想法，孔子的回答也都是否定的。子貢困惑了，我就找不到一個可以休息的地方了嗎？孔子的回答是，當然有啊，對於想有所成就的人來說，只有躺在墳墓裡，才能得到真正的休息。

透過這場偉大的對話，荀子想要告訴世人的是，人生是不可止息的，而伴隨人生的學習同樣是不可須臾停止的。只要是一個活著的人，特別是一個想對這個世界做些什麼的人，學習就是一項終身事業，甚至是連稍做休息的地方和機會都難以找到。

（2）學習改變人生：學習的功用和重要性學習可以改變一個人，可以改變人的命運。學習的重要內容之一是學習所謂「文學」，即典章文物、禮儀法度，這也是傳統文化的重要組成部分。在荀子看來，「文學」對於人生，猶「琢磨」之於玉器一樣重要。璞石要經過不斷打磨加工，才能成為玉器。比如楚國卞和發現的著名的和氏之璧，本來就是一塊普通石頭，只是經過了玉工精心加工，才成為貴重寶貝。如果說以人的成長為例，孔子弟子子貢和子路，他們本來都是普通人，可是，透過在孔子門下的不斷學習，深受文學和禮義的教育和薰陶，最終卻成為有影響的士人。

荀子說：「青，取之於藍而青於藍；冰，水為之而寒於水。」這是荀子最著名的關於學習的論斷，但也有可能是當時的俗語，意指後人總是能超過前人，社會一定能夠進步。其中的「青」和「藍」是當時的兩種顏料，青比藍的顏色更深更重。

荀子把這句話用在學習上，意義更加深邃。不過，結合荀子整體思想，他真正想要表達的是，如同青勝於藍、冰寒於水一樣，人透過學習，就可以超越人性之惡，達到善的境界。同樣一個人，不學習就是藍和水，學習之後就是青和冰。不學習只是一個普通人，學習之後就是不同尋常的人。學習可以提升人的素養和思想境界，學習可以改變人生。

一段木頭，經過木匠加工，可以把它做成直木。再經過必要工序，也可以把它做成車輪，讓它不再回復原來的樣子。這就是說，任何天然事物都可以透過適當加工，比如木頭的刻削、金屬的磨礪，使其改變原有狀態或屬性。任何人，只要經過合理而必要的學習，比如不斷的博學和反省，就能去掉本性中惡的東西，變得明理而不犯大錯。

不同的人，其自然屬性相同，但社會屬性卻千差萬別，荀子認為這是「教」的結果。教與學是同一事物的兩個方面，正是後天的學習，才使人與人之間產生了明顯區別，甚至本質區分。孔子說：「性相近也，習相遠也。」人的本性是相近的，只是不同的習染，即不同的生長環境使人相區分。此所謂生長環境中，學習是最重要環節。

根據學習經驗，荀子強烈主張，哪怕是短時的學習，也勝過成天的思考。更重要的是，學習並不完全是個人努力的事情，必須有所憑藉。個人踮腳遠望，不及登高所見；駕車之人，即使行路不便，也能到達千里之外；搖船之人，即使不會游泳，也能渡過大江大河。這些事例都說明，君子之人並不是在生理上與其他人有什麼不同，而是在智力和思想上有所差異，他們明白，人必須透過利用外物的長處拓展生存空間和提高生活品質。要實現這個利用外物的過程，人必須學習。

(3) 為什麼要學習：學習的動因和目標

一個人會不會選擇學習，是內因和外因共同功用的結果，有時甚至是難以區分內外的。靶子搭起，就會有箭射來；綠樹成蔭，就會有鳥來棲；食物變質，就會有腐蟲生出。對於人來說，身處何地，言行如何，就決定了他的生存狀況和生活方向。

人的生存環境真是太重要了。在其他環境下隨處蔓延生長的荒草，如果生長在麻稈中間，不必特別扶持，也會正直地生長；白色的沙土，如果跟黑色的染料摻在一起，一定也會變成黑色。只有身處良好環境，獲得良好的學習榜樣，才能走上正道，否則就會同流合汙。

人為什麼要學習呢？君子的學習如同蟬蛻一樣，學成之時，人就會煥然一新。他的行走、站立、坐著，甚至是表情和說話的語氣，都會表現出蟬蛻一樣的效果。

有人問道：我想由卑賤到達高貴，由愚鈍變為智慧，由貧窮轉為富有，如何才能實現呢？

荀子的回答是：只有透過學習才能實現！那些真正的求學之人，如果嚴格按照學習的要求去做、去行，就會成為士人；如果對學習表現了十足的渴望，就會成為君子；如果學通學成，就會成為聖人。荀子在此所說的學，主要是指某種思想學說，嚴格說來，就是指孔子儒學。對於孔子儒學的三種態度和做法，決定了做人的三個層次或高度，當然都是積極的層次和高度。透過學習，上可以做到聖人，下可以做到士、君子，這完全是憑藉自身努力就可以實現的，是任何人都無法阻止的。

以前是一個渾然無知的普通人，透過學習，達到了堯、舜一樣的思想認識，這難道不是由卑賤到達高貴了嗎？以前連家庭瑣事都分辨不清，透過學習，卻釐清楚了大仁大義是怎麼回事，能夠分清是非，看待天下大事如同分別黑白那麼容易，這難道不是由愚鈍者變為智慧之人了嗎？以前只是個普通勞動者，透過學習，能夠把治理天下的本領學到手，這難道不是由貧窮轉為富有了嗎？有這麼一個人，家中藏有千金之寶，即使去乞討而食，人們也會認為他是個富人。儘管他所擁有的財寶不能當衣服穿、不能當糧食吃、不能當東西賣，人們依然認為他很富有，這是為什麼呢？難道不就是因為他擁有足夠的購買能力嗎？

作為思想家，荀子更認可精神財富，因為真正的精神財富是外力剝奪不去的，是有著無窮無盡的創造力的，而這種力量的基礎，就是學習。那麼，學習的目的和動因，在荀子看來，就是要獲得這樣的精神財富。

（4）如何完成學習之一：學習之「術」荀子所重視的學習的內容是什麼呢？荀子說，如果認識不到比你更高明的東西，你就只能有退無進。具體到人的學習，一項重要的學習內容就是「先王之遺言」，也就是以儒家思想為核心的傳統文化。

針對學習內容，荀子提出了學習方法，也就是「數」，或者稱之為「術」。荀子主張，從外在方面來看，學習開始於誦讀經典，終了於知曉禮制。當然，所謂誦讀和知曉，並不是淺層意義上的閱讀和了解，而是指對於經典和禮制的通曉和掌握。透過「數」或「術」的學習和鍾鍊，經典和禮制中的精神貫注到人的頭腦中，人的思想和行為就會發生變化。荀子認為，這個變化過程，最初階段是士人的表現，最終階段則是聖人的表現。

人們能不能實現這樣的學習過程，能不能達到學習的成功呢？荀子的回答是肯定的。如果真下功夫，日積月累，每個人都能進入這個由始到終的進程，但從整體上講，這樣的學習是沒有止境的，荀子甚至直截了當地說，學習只能停止於離開人世的那一刻。另一方面，即使「誦經讀禮」的外在活動有完結的時候，言行守義、處世做人卻也一刻不能捨棄。因為人活著就要做人，做人就要奉義行事，所以荀子才會不客氣地說，守義則為人，捨義即為禽獸。

既然學習在形式上必須起始於讀經，荀子就很具體地道出了他所說的「經」是什麼經典，這些經典的主旨是什麼。

《詩》、《書》、《禮》、《樂》、《春秋》是荀子為人們的學習之始提供的經典。荀子認為，《書》，即後世的《尚書》記載的是古來的政事，即歷史上發生的重大歷史事件；《詩》，後世稱《詩經》，既有廣博的內容，又能使人從詩篇的音樂中體會音聲的和諧節奏；《禮》，即後世的「三禮」（《周禮》、《儀禮》、《禮記》）之類，可以規範人的儀表和行為；《樂》應該是指後世失傳的所謂《樂經》之類的書籍，可以使人的內心達到平和的境界；《春秋》，即《左傳》、《公羊》、《穀梁》春秋三傳，可以調節人生的細微之處。

從荀子對於學習之起始的要求來看，荀子對於儒家經典的重視是不言而喻。更重要的，荀子認為這些經典是人生修養的最高標準，並囊括了世間的所有美好。正因此，《荀子》中不僅處處體現著這些儒家經典的思想和精神，而且經典原文也不斷地被引用來闡述和證明荀子的觀點和思想。

（5）如何完成學習之二：學習之「義」

學習的具體步驟是始於讀經，終於學禮，而實際目標則是始於做士人，終於做聖人。這就說明，荀子認為的學習的終極目的並不是掌握某種具體知識，而是做人、做聖人。換句話說，學習之「術」只是手段和途徑，學習之「義」才是真正的目標和目的。

從學理上講，人的本性是有認知能力的，是有學習能力的，這是人的自然本性，或者說是生物特性。另一方面，人之外的自然界，或者說人之外的萬事萬物，它們之所以那樣存在，是有其存在原理的，並且這樣的原理是可以被人所認知的。

人有認知能力，事物有被認知的特性。這樣一來，至少從理論上講，人只要想認識事物存在的原理，或者人只要想認知事物，就可以不斷地認識，在數量上和程度上都是沒有限制、沒有窮盡的。不過，一個人認識的事物再多也是有限的，而事物的數量是沒有窮盡的。要想認識事物的普遍原理，必須透過學習，從對個別事物的知識加以提升，達到一般性認識，得出一般性結論。如果想透過認識一件件事物，最後達到認識所有事物，最終掌握事物的一般原理，這顯然是一種很愚蠢的想法，因為任何人都不能以有限的生命去認知所有事物。明知這樣做不現實，卻還不知道適可而止，那就是「妄人」，虛妄之人。

既然一般意義上的學習既是對人的認識的提高，又是對人的認識的限制，那麼，學習的真諦究竟是什麼呢？荀子提出的答案是，學習，就是學習「止」。

「止」的本義並不是停止，而是走到某個地方。一旦走到了那個應該到達的地方，當然就可以停止了。所以，「止」的全部含義，是說走到那個應該停止的地方。那麼，這個地方是什麼呢？荀子說是「至足」，即最高的滿足，那就是聖人的高度、聖王的境界。

什麼才是聖王的「至足」境界呢？荀子的解釋是「盡倫」和「盡制」，並斷言此「兩盡」是天下的至極之處。

荀子所說「盡倫」之「倫」和「盡制」之「制」，指的就是事物的一般規律，而不是具體事物的性質和原則。「倫」是類別的意思，「制」是規則的意思。倫和制相結合，就是指一類一類的事物、一層一層的事物的一般性規則，直到大道和天理。

荀子之學，是透過學習之「數（術）」，達到學習之「義」，即在學習和認知具體事物的過程中，從「倫」得「制」，透過效法事物之法則，求得對事物的一般規律和普遍規則的認知。

（6）向老師們學習：老師的資格和形象

荀子指出，學習的重要途徑之一是「近其人」，即向那些比自己更強更好的人學習，以他們為師。在向老師學習的時候，還要注意禮儀，把學習和實踐結合起來。按理說，學習傳統經典主要是學習者個人的事情，為什麼還要向其他人學習，向老師學習呢？荀子指出，《禮》、《樂》之文正統規法，但缺乏面對具體情況時的具體指導；《詩》、《書》記載的都是過往之事，對現實沒有直接明示；《春秋》意義隱約，不能很迅捷地引導現實。這就說明，要想讓這些經典指導人生，必須在學習經典的過程中，向那些學成在先的君子之人靠攏，學習他們的思想學說。經典是古代的，君子是當代的。古今結合，一個人才能得到普遍尊重，暢行天下。

學習禮法，向老師學習，是學習的正道。學習是學什麼呢？從根本上講是學習禮法，學習做人。因為老師在學習上先行一步，並且學有成就，有資格為人師表，為人正儀。無法，則不知道學什麼；無師，則不知道跟誰學。失去了這種最基本的學習原則，反而喜好自作主張，那麼，一個人就只能妄亂其所作所為了。

向老師學習，並不是因為老師這個人，而是因為老師擁有特別的知識和智慧，荀子稱之為「師法」。

從求知或成人的邏輯順序來講，無所聽聞不如有所聽聞，聽聞所得知識又不如親眼所見獲得的知識，而僅憑目見所獲知識又不如有所探索、對其原理有所了解的知識。當然，最好的知識，是那種經過實踐檢驗的知識，特別是經過親身實踐、能夠有益於行為的知識。學習某種知識，或探求某種思想，最終目的應該是能夠指導言行，有助於生活。能做到這個程度，荀子稱之為「明」，即思想和心靈的通明，這就是荀子心目中的聖人所達到的學習境界。聖人之所以能夠做到以仁義為本，是非分明，言行一致，沒有其他奧妙之處，就是把學而行之放在了首位。

反過來講，一個人，一個學習的人，只憑聽聞，不親自去見識，即便很廣博，也一定是謬誤多多；親自見識之後，卻不做深入了解和思考，即使有深刻記憶，也一定會陷入妄亂之中；有了深入了解和思考，卻沒有實踐和體驗過程，即使了解和思考得很厚實，也會出現困惑。同樣，只注重實踐，而缺乏必要的聽聞和見識，即使行動沒有問題，因為沒有達到像仁者那樣的通達，到最後也會出現錯誤。

求知和實踐是一個整體，無法分開，也不能分開。向老師學習和自己思考、實踐，也是一個整體。如果不向老師學習，不接受已有規則的約束，就會作奸犯科、犯上作亂，比如說，有小聰明的人就會去盜竊，有勇力的人就會去做賊寇，自認為有能力的人就會擾亂社會，善於觀察細微之處的人就會發表奇談怪論，善於辯論的人就會提出怪誕言論。所有這一切都是有害於社會的。相反，如果一個人有老師、講規則，那麼，有智慧者就會很快成為通達之人，有勇力者就會很快樹立威嚴，有能力的人就會很快成就業績，觀察入微的人就會很快完成要做的事情，善於辯論的人就會很快把道理說清楚。由此可見，有老師、講規則就是人生的一大寶藏，反之，就是人生的禍殃。

沒有老師、不講規則，人的本性就會放縱；有了老師、講求規則，人的後天所獲就會不斷積累。從老師那裡得到東西，以及按規則行事，是後天所得，不是先天具備，因而也不能自然生成。根據荀子的人性論，完全順從或依據人的先天所得去生存，就會走向自私自利，產生無限禍害。人必須約束和改造先天之性，在社會生活中不斷學習，獲得社會所允許的正確行為規範，以此造就完善的人性，並且有利於社會發展。

發表言論的時候不強調老師，這叫作叛逆；從事教學的時候不稱道老師，這叫作背離。像這樣的背叛者，英明的君主絕不會接納，更不用說重用，而朝中的士大夫即使是與其偶遇在路途上，也不會跟他有任何言語。由此看來，「師」就是思想學說的正當來源。有師承，才會有思想學說的健康發展；個人重視師承，才能約束和要求他獻身於思想學說的傳承和發展。

一個國家要想興盛，必須看重師傅、尊崇師長，只有這樣，國家才會有法度、有規矩。相反，在一個行將衰亡的國度裡，師傅和師長肯定沒有崇高社會地位，這會直接導致人們完全按照自己如何快意的原則去行事。每個人都隨心所欲，法度自然就會被踐踏，社會也就走向混亂無度了。

要向老師學習，當然對老師本身也要有明確要求，即什麼樣的人才有資格做老師。荀子主張有四類人可以為師，但是，僅有廣博的知識，而沒有做老師的特質，是不可以稱作老師的。做老師的四項特質是什麼呢？

一是有尊嚴，言行有所忌憚，有所不敢為；二是年齡要達到五十或六十歲以上，並且講求信用；三是能夠誦讀和解說經典，並且個人能夠履踐經典的要求；四是能夠明於事物的細微之處，能夠區分事物的類別。

以上四項要求，應該是同時發揮功用的，不能說達到其中一條就可以做老師。水達到了一定深度才會出現漩渦，樹葉落到樹根處才能化為肥料，弟子被培養成通達便利之人才能思念老師的恩德。不具備上述四項要求的老師，就如同不夠深度的水、無法歸根的落葉一樣，無法把弟子培養成才，當然也就不能得到弟子的擁戴。

荀門弟子，李斯和韓非

在教育事業方面，荀子的情形與孔子、孟子相似。與那個時代幾乎所有學者和思想家一樣，這些儒家大師的首要追求也是從政，以其思想學說指導現實政治，以期最有效地為人世間造福。在此過程中，他們必須傳播思想學說，這勢必會吸引一些人的注意力，更會引起一些年輕人的興趣。他們會集聚在這些思想大師周圍，在聆聽其思想學說的同時，形成某種形式的團體。這樣的團體，既有思想學術追求，也有政治追求，從教書育人的角度看去，也是教育事業的追求。對於孔子、孟子和荀子來說，他們的教育事業嚴格說來是其政治事業的副產品。如此定性並沒有貶低之意，而是強調他們的教育成就與他們的政治追求是息息相關的。

既然可以把以孔子和孟子為首的團體稱作孔門和孟門，也就可以把荀子及其追隨者組成的團體稱作荀門。荀門的人數不及孟門，更不及孔門。從學生特質來說，即使不能說荀門一定強於孔門和孟門，至少荀門也是很有特色，並且是光芒四射的。

一位名叫李斯的人，曾經是荀子弟子，後來做了秦國相國。

李斯是楚國上蔡地方的人，年輕時做郡中小吏，看見生活在廁所中的老鼠只能去吃不潔之物，卻還不斷受到來來往往的人和犬的驚擾，過著恐慌的日子，而糧倉中的老鼠卻是優哉遊哉地吃著上好糧食，如此鮮明的對比讓李斯大為感慨，「人之賢不肖譬如鼠矣，在所自處耳」，人的賢與不肖，很大程度上取決於所處位置和生活的層次。為改變處境，李斯跟隨荀子學習。學成之後，李斯認識到楚王不足以成就大事，而山東六國日漸衰弱，同樣無法讓人建立蓋世之功，於是，他就打算西入秦國，參加到秦國統一天下的大業中。

李斯跟隨荀子學習所謂「帝王之術」，一直到學成後入秦，這期間只有一個時間節點，即李斯入秦之時，適逢秦莊襄王去世，秦王政繼位，這一年是西元前二四六年（楚考烈王十七年）。根據上一章分析，荀子最晚在西元前二五九年到達楚國，這距李斯奔秦還有十多年的時間。所以，李斯在荀門學習「帝王之術」，最有可能就在這段時間。

不用說，人們更關心的是李斯表白離開師門的理由。李斯的人生總則是，一旦看中時機，就必須毫不懈怠地去努力、去爭取，直至獲得成功。那麼，李斯看中的時機是什麼呢？他認為，各國君主此時此刻都在爭取壓制甚至消滅他國的機會，並因此而對「遊者」格外重視。所謂「遊者」就是遊說之人、遊仕之士，即非本國世家大族的有真才實學之士。李斯認定，最有資格吞併天下的是秦王，而歷代秦王最為看重出身布衣的遊說之士。另一方面，李斯深深感受到，身處社會下層的人士，如果不以自己卑賤的社會地位和窮困的生活為恥辱，就只能算是長著人的面孔的行屍走肉一般。這樣的人本來沒有地位，生活無著落，卻還喜歡議論長短、空談世事，甚至號稱厭惡利益，自認為是無為之人。在李斯看來，這並不是士人內心的真實想法，而是懈怠之心在作怪。李斯完全不贊成這樣的思想，也根本不想做這樣的人，所以，他毅然決定起身西去，說服秦王，成就功業。李斯其人及其堅定的政治立場和鮮明的政治觀點，在歷史上影響深遠。上述李斯之語，是他告別老師時的自白，鏗鏘有力，不容辯駁，很有震撼力。事實上，荀子相容儒、法的政治思想並沒有被所有弟子接受，這就很自然地出現了宗儒與宗法的兩類弟子。宗法弟子以李斯和韓非為代表，宗儒弟子則以包丘子為代表。堅守儒家仁義的書生，與推行法家法制的現實主義者們，在更多情況下是難以相容的。但是，在實際政治上，二者必須相容，才是實現切實可行的治國安邦之策，儘管這種相容經歷了艱難過程，也不斷出現起伏。

在兩千多年前的西漢昭帝始元六年（西元前八一年），朝廷專門召開了歷史上著名的鹽鐵會議，名義上是討論經濟政策，實際上是要統一政治思想，即如何使儒、法思想在實際政治中並行不悖。參會者是朝廷主要大臣和各地著名儒家學者，共計六十多人。他們就治國之道和理政之策展開對話，後由著名學者桓寬將會議記錄整理成書，即《鹽鐵論》對話的雙方是「大夫」和「文學」，前者主張以霸道治國，後者主張以仁政治國，這顯然是荀子政治思想的主題。對話的雙方還屢次提及李斯和包丘子，顯示出荀子的思想和李斯的功業在西漢時代的廣泛影響。

官員們肯定和仰慕李斯的功業，瞧不起儒生包丘子的窮途潦倒，而學者們則是直指李斯的慘痛結局，讚揚包丘子的氣節。最為難得的是，同出於荀子之門的兩位弟子，立場和結局是如此不同，幾百年後還讓立場完全不同的人們一起提及，並拿來證明完全不同的政治主張。

對於李斯，官員們認為他不僅身居高位，權傾天下，而且功業可以與輔佐商湯王打江山的伊尹和輔佐周武王奪天下的姜太公呂望相提並論。可是，學者們卻認為，李斯雖然深得秦始皇的信任和重用，卻讓他的老師荀子一直擔心他的不幸結局。李斯最終受刑而死，就是因為身無仁義修養，卻享受了高官厚祿。

對於儒家學者，官員們極盡其嘲諷之能事。他們引用李斯的說法，認為學者們思想並不正確，卻自認為是正當的；嘴上說沒有欲望，實際上並非如此。他們對內無力奉養家人，在外沒有名望，身處貧賤之中，卻聲稱喜好大義。這樣的人，即使能夠言說仁義，又有什麼可貴之處呢！但是，學者們卻大聲辯護，認為學者確實有可能生活很窘迫，但這又有什麼關係呢？因為堅持仁義而過不上富裕生活，當不上權力赫赫的高官，這只能讓學者的內心更坦然。他們不會像現實中的那些在位者一樣，見利之時就不去考慮害，貪婪而不顧廉恥，直到因為牟利而丟掉性命。

事實上，《荀子．議兵》就記載了李斯與荀子的一番針鋒相對的對話。這段對話的意義，不僅可以作為荀子與李斯存有師生關係的鐵證，也證明了師徒二人在思想上的分歧。由於本書的主旨和篇幅所限，不能深入討論李斯的思想，不過，從結局上看，李斯在思想上與老師分道揚鑣，與荀子對法家治國之術的重視，以及荀子對秦國政治的某種程度的肯定，也有著一定關係。荀子堅持儒家主張，認為講求仁義的目的，或者說仁義的功用，就是要使國家政治更為合理。國家政治走上了正確軌道，民眾就會親近在上者，愛戴君主，甚至會毫不猶豫地為君主而死。以治軍為例，如果能以仁義治國，將帥的功用就不會是第一位的。反觀秦國，由於無視仁義，雖然不斷打勝仗，但卻始終處在恐懼之中，就怕天下人集合起來一起攻擊他，所以，荀子認為秦國之軍缺乏思想道德基礎，是末世之兵。事實也證明，秦國統一天下之後，強大的軍隊竟然經不住陳勝、吳廣這兩位農民起義軍的振臂一呼，確實是被荀子不幸而言中了。

在那個時代，如果沒有深厚的學術修養和精准的政治洞察力，確實難以認識到秦國政治的不足之處，所以，李斯難以接受荀子的上述看法也是很自然的。

從結果上看，荀子並未阻止李斯，或者是阻止未果。李斯最終踏上了赴秦國之路。在秦國，李斯一路披荊斬棘，做到秦國最大的官，即丞相，並為秦國的統一天下和秦朝早期法制建設做出了巨大貢獻。但是，秦朝的迅速滅亡也與李斯一味以強力統治天下的做法大有關係，可以說李斯發揮了推波助瀾的功用；至於李斯本人，最終死在奸臣趙高手中，也從一個側面證明了秦國政治的缺陷和像李斯這樣的政治人物的短視。

李斯還有一位同窗，即韓國的韓非。韓非是韓國公室後人，貴族出身，與李斯同學於荀子門下。韓非有口吃之疾，不方便與人交流，就把時間更多地用在學習上，以至於壯志雄心的李斯也得自愧弗如，並在後來的關鍵時刻把這種「學不如人」轉化成了報復行動。

韓非後來成為最傑出的法家思想家，思想史上認為他是法家思想的集大成者，集傳統法家的「法、術、勢」為一體，提煉出不折不扣的「帝王術」。在韓非之前，法家思想已經在思想界廣泛存在了，而韓非則為傳統法家思想找到了真正歸宿，即「黃老」之學，一種假託於黃帝和老子的唯我獨尊、專制獨裁的思想取向。這些思想看似與荀子思想毫無共同之處，但是，荀子是真正能夠讀懂法家思想的人。荀子對儒家思想的信仰、對聖王的崇敬也很具有獨斷性的，這是荀子之學真正能夠吸引韓非的地方。更重要的是，荀子的理性精神也完全映照在了韓非思想中，而《荀子》之文和《韓非子》之文在文氣上是息息相通的。

韓非對儒家思想有過許多極其辛辣刻薄但也不乏中肯的批判，這就說明，韓非對儒家思想是相當了解的。對於已經成了名的儒家人物，韓非對孔子和子夏尚存好感，對子思（孔子之孫）則持批評態度，這與荀子對這幾位的態度是一致的。韓非對於儒家思想和人物的了解，與荀子有著很大的關係。

思想成熟之後的韓非完全瞧不起他那個時代各家各派的學者，對於儒家主張的以道德約束政治的觀點也嗤之以鼻，這可能也是受到荀子對於當時一些思想學派所持苛刻批判態度的影響，儘管荀子可能無法接受韓非否定人的道德修養和道德品格可以在政治社會領域裡發揮功用的觀點。不過，對於韓非鋪陳在他的犀利文章中的極端法家思想，秦王嬴政（後來成為秦始皇）卻極度欣賞，並把韓非請到秦國，當面求教。秦王和韓非都是帝王術的學習者，而對帝王術深有心得並能嫺熟使用的，卻是韓非的同窗李斯。李斯恐怕受寵中的韓非取代自己的地位，便聯合朝中大臣進讒言，最終把老同學害死在了獄中。可憐的韓非，雖然他把君臣之術講得頭頭是道，本人卻慘死在了脫不掉的書生氣之中。在這一點上，韓非與老師荀子倒是相差無幾。

結語：人生尤重身後事

凡是在傳統文化深厚的民族和國家，人們尤其看重身後的名聲和影響。孔子斷言「仁者壽」，認為仁義之人的長壽，不僅在於生前壽數，更在於身後在世人記憶中的地位。

儒學是入世的學問，儒家君子不僅重視在世之時的成就和口碑，更重視離世之後對人世的影響以及後人的評價。如果身後沒有好的名聲傳世，對君子來說是疾憤至極的憾事。當然，這樣的影響和名聲並不是僅靠主觀願望就能獲得的，而是由生前所作所為決定的。

對於身後之事，荀子是不必擔憂的。儘管他在世之時懷有政治思想和政治願望未能付諸現實的遺憾，但他的思想成就和教育成就，以及他的人格力量，足以讓他流芳百世。當然，更令人欣慰的是，荀子在世時是長壽者，離世之後更是長壽者。

荀子身後，弟子推崇

荀子去世的確切時間已無法得知，秦始皇在西元前二二一年統一天下，荀子著述中未談及與此有關的事實，說明荀子的壽數應在這一年之前。有人認為他可能活過百歲，本書也認為他應該達到百歲左右的高齡。那個時代人們的平均壽命在五十歲左右，能活到百歲之年，確實是超高壽的了。

荀子去世後就葬在了蘭陵，這應該是荀門弟子所為。蘭陵距荀子家鄉郇邑並不太遠，但因為中間正好有太行山和黃河等天然阻隔，而在那樣一個兵荒馬亂的年代把荀子安葬回家鄉也確實不易。如果有幸，也只能讓荀子魂歸故里了。

一代宗師荀子的去世，標誌著先秦學術的終結。對於荀子思想成就的評價，弟子們甚至認為勝過了孔子。《荀子》結尾處有一段話，可能是弟子們為《荀子》一書所作的後記：

為說者曰：「孫卿不及孔子。」是不然。孫卿迫於亂世，鰌於嚴刑。上無賢主，下遇暴秦。禮義不行，教化不成。仁者絀約，天下冥冥。行全刺之，諸侯大傾。當是時也，智者不得慮，能者不得治，賢者不得使。故君上蔽而無睹，賢人拒而不受。然則孫卿懷將聖之心，蒙佯狂之色，視天下以愚。《詩》曰：「既明且哲，以保其身。」此之謂也。是其所以名聲不白，徒與不眾，光輝不博也。

今之學者，得孫卿之遺言餘教，足以為天下法式表儀。所存者神，所過者化。觀其善行，孔子弗過。世不詳察，云非聖人，奈何！天下不治，孫卿不遇時也。德若堯、禹，世少知之。方術不用，為人所疑。其知至明，循道正行，足以為紀綱。嗚呼！賢哉！宜為帝王。天地不知，善桀、紂，殺賢良。比干剖心，孔子拘匡，接輿避世，箕子佯狂，田常為亂，闔閭擅強。為惡得福，善者有殃。今為說者又不察其實，乃信其名。時世不同，譽何由生？不得為政，功安能成？志修德厚，孰謂不賢乎！

有些人說，荀子不如孔子。可在荀子弟子看來，這種說法並不符合事實。理由是，從個人角度來看，荀子生活在亂世，山東六國沒有賢能之主，再加上秦國橫暴行徑，使得儒家禮義教化難以實行，像荀子這樣的儒者迫於時勢壓力，也是無所作為。從天下大勢來看，智者沒有機會運用智慧，有才能者得不到施展舞臺，賢者也得不到適當任用，正所謂君主受到蒙蔽，對國家混亂根本看不到，賢能之人自然就會被拒之門外。在這種形勢下，荀子儘管沒有把其他人放在眼裡，也只能胸有聖者志向，努力做到明哲保身而已。結果就是，荀子並沒有獲得巨大名聲，也沒有收受很多弟子，更沒有把他的思想光輝廣泛發散出去。

那麼，在弟子們看來，荀子的人格高度和思想成就到底在哪裡呢？他們認為，當代任何一位學習者，只要能夠得到荀子遺言餘教，就足以為天下人樹立起榜樣。荀子的人格和思想，只要是存在過的地方，就會顯現出神奇效果，只要是經過的地方，人們就會受到道德化育。仔細觀察荀子妥善的行為，是孔子都難以超過的。世人不去詳細了解，卻說荀子不是聖人，真是讓人無奈啊！

接著，弟子們又舉出了歷代賢能之人所遭受到的不公正待遇，以及禍亂天下之人卻得到良好結果的例子，以證明荀子確實生活在一個作惡者得福、行善者遭殃的時代。

可是，那些多嘴多舌之人卻相信表面現象，不去深入考察實際情況。在荀子弟子們看來，正是這樣的時代使荀子無所作為。在如此惡濁的時代，荀子憑什麼能得到榮譽？那些昏庸君主連從政的機會都不給荀子，憑什麼讓他建功立業？然而，弟子們深信，荀子的志向是那樣崇高，德行是那樣深厚，凡是對他有所了解的人，肯定不會認為他不是賢者。

這段文字的中心思想，一是認為荀子是勝過孔子的聖人，二是認為荀子具有成為帝王的品德和才能。這當然是弟子們的溢美之詞，後人可以理解。但是，弟子們對於荀子一生遭遇的描述，以及對於荀子之學的巨大價值的肯定，卻是非常可取的。與孔子時代不同，荀子時代的政治更加混亂，各種各樣的學說層出不窮，爭鳴激烈，要想在這樣的一個時代有所成就，有所作為，難度可想而知。荀子不受世俗影響，堅持自己的主張，最終成為一代宗師，就對中國歷史和思想史的影響而言，在許多方面確實不亞於孔夫子。

平心而論，上述荀子弟子對荀子的評價中，斷言荀子勝過孔子，甚至認為荀子可以做帝王，應該說有著很濃厚的對於荀子的個人崇拜甚至造神的成分在其中的。這種情況，在任何時代、任何思想大師身後都是發生過的。孔子之後，弟子們甚至認為孔子之高明堪比日月，無人能及，這同樣是對孔子的神化。神化固然有些過度，但孔子之高明，荀子之光輝，卻也是事實。

荀子之光，照耀歷史

流傳於世的《荀子》十萬言，肯定包含了各方面文字來源，這在先秦諸子著述中是常見事情。荀子弟子數量雖然不及孔子和孟子那麼多，但是，除了像韓非和李斯這樣的個性突出、謀求自我發展的弟子之外，還有一些弟子追隨在荀子左右，並能不同程度地繼承其衣缽。荀子死後，他們把老師生前的著述編輯綴合，也把他們自己的作品附在其中，這也是正常事情。比如說上引《荀子》最後一段對荀子的稱頌，顯然不可能是荀子本人所作。但是，整體上看，《荀子》中的大多數內容還是荀子本人所寫，也是後人研究荀子生平和思想的最可靠依據。

荀子的歷史影響，除了他教育出來的傑出弟子之外，就是他的著作及思想。荀子及其思想，與他的著作一道，深刻影響了秦漢以後的中國歷史。

正如本書一再強調的，荀子的兩大貢獻：一是系統化和深化了傳統儒家思想，包括對儒家經典的研習和傳承；二是從理論上證明了儒、法思想在管理社會、治理國家方面的相容性。在西漢前期，從文、景時代朝廷置經學博士，到漢武時代「罷黜百家，獨尊儒術」，都與荀子的第一項思想貢獻有著直接關聯。

至於荀子的第二項貢獻，《漢書．元帝紀》記載說，西漢元帝做太子時，與父親漢宣帝有過一次具有歷史意義的對話。漢宣帝在位二十多年，是歷史上公認的復興漢武帝之政的皇帝。當身為太子的元帝勸諫宣帝不必對大臣懲罰太重，同時應該加大任用儒生的力度時，宣帝很生氣，稱漢王朝已經形成了自己的政治傳統，那就是「霸、王道雜之」，即法家的霸道和儒家的王道兼收並用。如同荀子一樣，宣帝也批評了那種「俗儒」，他們不識時宜，喜歡肯定古代、否定當今，擅長玩弄概念、空洞說教，卻不懂得治國理政的根本之處是什麼。

漢宣武此說，乍聽上去有批評儒家的味道，但從他的整體言論來看，顯然不是沖著荀子所說的大儒、聖人而去的。宣帝批評的重點是那種「俗儒」，這樣的儒生，就是孔子、孟子和荀子都瞧不起，就更不可能被「霸、王之道雜之」的皇帝任用了。那麼，霸道、王道雜而用之、兼而任之的思想是從哪裡來的呢？不用說，就是來自荀子的著作及其思想。這一點，無論從本書的分析中，還是從歷史的事實中，都能得到無可辯駁的證明。

在漢代，荀子及其著作的影響廣泛而深入。西漢前期學者們編撰的一些重要典籍中，採自《荀子》的內容很多。如《韓詩外傳》逐字引用《荀子》有四十四處之多，清代學者考校《荀子》多依賴《韓詩外傳》的轉述。此外，《大戴禮記．曾子立事》載有《荀子》中的〈修身〉、〈大略〉等文，《禮記》的〈樂記〉、〈三年問〉、〈鄉飲酒義〉則載有《荀子》的〈禮論〉、〈樂論〉。

對於荀子其人，漢武帝時司馬遷著《史記》，專寫〈孟子荀卿列傳〉，並在〈儒林列傳〉中認為「於（齊）威、宣之際，孟子、荀卿之列，咸遵夫子之業而潤色之，以學顯於當世」，可以說是高度肯定了荀子的歷史地位；到西漢後期，著名學者劉向受朝廷指派，對《荀子》之書進行專門整理，形成流傳後世的荀子之書。劉向認為：

> 漢興，江都相董仲舒亦大儒，作書美郇卿。如人君能用郇卿，庶幾於王。觀郇卿之書，其陳王道甚易行，疾世莫能用，其言悽愴，甚可痛也！其書可比於傳記，可以為法。

劉向對《荀子》的高度評價，證明了荀子及其思想在漢代的巨大影響。到東漢時，著名學者王充在其著作《論衡．寒溫篇》中提出：「夫天道自然，自然無為。」與荀子的天道觀可以相互發明。王肅所編《孔子家語》也是多載《荀子》中的故事。《荀子》書中後幾篇所載逸事或故事，幾乎都出現在了漢代學者編撰的各種書籍之中，由此可見《荀子》的流傳之廣、影響之深。直到隋唐時代，荀子依然廣受重視。韓愈寫〈讀荀子〉一文中說：「及得荀氏書，於是又知荀氏者也。考其辭時若有不粹，要其歸，與孔子異者鮮矣，抑猶在軻、雄之間乎！」認為荀子思想不及孟子，但高於西漢另一大儒揚雄。順著這個思路，韓愈又做了一個很有名的論斷，認為「孟氏醇乎醇者也，荀與揚大醇而小疵」，孟子是純粹的儒者，荀子和揚雄在大方向上是儒生，但都有纖小的不足之處。韓愈的如此評價顯然是很苛刻的，並且由於韓愈在唐代以後影響力很大，他對荀子「大醇而小疵」的評價便開始動搖荀子作為大儒的地位。韓愈在他的另一篇重要著作〈原道〉中，甚至認為荀子的思想「擇焉而不精，語焉而不詳」，並因此把荀子排除在韓愈認定的儒家道統之外，認為「孔子傳之孟軻，軻之死，不得其傳焉」。當然，孟子不可能傳學於荀子，但認為荀子不是儒家傳統中的正宗學者，顯然是草率的結論。

不過，同是唐代人，學者楊倞不僅充分肯定了荀子思想，還在歷史上首次為《荀子》作注釋，這對於《荀子》更加廣泛的流傳發揮了重要促進功用，在《荀子》發展史上具有里程碑意義。他在《荀子．序》中指出：「孔氏之道，幾乎息矣，有志之士，所為痛心疾首也。故孟軻闡其前，荀卿振其後，觀其立言指事，根極理要，敷陳往古，掎挈當世，撥亂興理，易如反掌，真名世之士，王者之師。」這是說，荀子與孟子並駕齊驅，都是傳世之名士，也都堪任王者之師。這樣的評價，比韓愈的觀點顯然更加公允。對於《荀子》一書，楊倞認為可以「羽翼六經，增光孔氏」，是儒家經典的必要補充，「非徒諸子之言也」，在儒家史上的功用要高於其他儒家學者。所以，楊倞才為《荀子》作注，以彰顯它的本質和功用。

唐代的另一位大思想家、文學家柳宗元在他的著名論文〈封建論〉中說：「荀卿有言：『必將假物以為用者也。』由是君長政生焉。」在〈天說〉中，柳宗元認為上天並不能賞功罰禍，因為人間的福禍全是人們所為，即所謂「功者自功，禍者自禍」，這顯然是受到了荀子自然觀的影響。這都說明，柳宗元對《荀子》是相當有研究的。

可是，在宋代，理學思潮興起，孟子的心性之論開始大行其道，性善論也成為絕對真理。隨著孟子地位在思想界不斷被抬升，激烈批評孟子並與孟子思想有所反對的荀子及其思想必然會受到非議甚至打壓。理學大師程頤認為，「荀卿才高學陋，以禮為偽，以性為惡，不見聖賢……聖人之道，至卿不傳」（《二程全書》卷十《大全集拾遺》），這種論調與理學的獨斷性特點是一致的；著名文學家蘇軾在〈荀卿論〉中則說：「荀卿者，喜為異說而不讓，敢為高論而不顧者也。其言愚人之所驚，小人之所喜也。子思、孟軻，世之所謂賢人君子也。荀卿獨曰：『亂天下者，子思、孟軻也。』天下之人，如此其眾也；仁人義士，如此其多也。荀卿獨曰：『人性惡。桀、紂，性也。堯、舜，偽也。』由是觀之，意其為人必也剛愎不遜，而自許太過。」由不贊成荀子思想，甚至懷疑到荀子的性格和為人。如此過激的批評，對荀子地位的毀損是可想而知的；到了南宋時期，著名理學家朱熹也對荀子發出批評，認為荀子思想「全是申、韓，觀〈成相〉一篇可知」。以《荀子．成相》一篇而概括荀子思想，進而認為荀子思想都是如申不害和韓非一樣的觀點，顯然是失之偏頗的。

總括宋人對荀子的批評，主要是集中在荀子「性惡論」上。但是，宋代理學家對於人性的氣質之性和義理之性的區分，實際上是深受荀子人性觀的啟發和影響。只是他們的思想取向不允許他們公開承認「性惡論」的合理性，這反倒使荀子整體思想的影響力自宋代以後不斷下降。其實，荀子思想影響力下降的過程，也是中國古代社會逐漸走下坡路的過程。事實上，即使是在諸多有影響力的學者猛烈批判荀子的宋代，《荀子》一書依然擁有廣泛讀者。荀子在宋代遭到圍攻的事實也說明，在宋代之前，荀子的影響力是相當可觀的。

在明朝，受理學思想占據思想界統治地位和科舉考試完全控制知識分子人生取向的影響，荀子之學的影響力很是有限，也沒有出現專門研究荀學的重要人物。對荀學有所接觸的學者，對荀子及其思想的看法也是有褒有貶。學者黃佐說：「荀況之書，以性為惡，以理為偽，其言曰：『一之於性情則兩失之矣，一之於禮樂則得之矣。』人惟性善，故可以用禮樂，不然其如禮樂何矣？其言戾矣！」（《南雍志》卷十八）這是把荀子的性惡之說與儒家的禮樂之教對立，顯然是對荀子思想的極大誤解，說明他並沒有全面深入研習荀子思想。

不過，也有學者極力推崇荀子，代表人物就是明清之際頗具批判精神的思想家李贄。李贄把荀子列為「德業儒臣」的首位，將孟子列在其後，認為：「荀子與孟子同時，其才俱美，其文更雄傑，其用之更通達而不迂。」（《藏書．德業巨儒》）李贄是那個時代的「反叛」者，所以更能洞悉荀子思想精髓。對於《荀子》一書，文學家歸有光的評價是，「當戰國時，諸子紛紛著書，惑亂天下。荀卿獨能明仲尼之道，與孟子並馳。顧其為書者之體，務複於文辭，引物聯類，蔓衍誇多，故其間不能無疵。至其精造，則孟子不能過也」。根據對《荀子》之文辭的分析，歸有光的褒貶是頗有見地的，證明他是認真閱讀和思考過這本書的。所以，歸有光才能進一步斷言：「自揚雄、韓愈皆推尊之，以配孟子。迨宋儒，頗加詆黜，今世遂不復知有荀氏矣。悲夫！學者之於古人之書，能不惑於流俗而求自得於心者，蓋少也。」在歸有光看來，韓愈儘管認為荀學有「疵」，整體上還是推尊荀子的，只是在宋儒打壓之下，荀子才消失在流俗之中。

有清一代，由於實學興起，理學統治地位逐漸式微，人們對於荀學的關注日漸復興，甚至超過了兩漢之後任何時代。《四庫總目提要．荀子》認為，「平心而論，卿之學源出孔門，在諸子之中最為近正」，正是代表了清代之人對荀子的整體看法。近現代以來，荀學研究的復興，與清代學者的相關學術成果有直接關係。儘管譚嗣同在其〈仁學〉攻擊荀學，認為中國古代「兩千年之政，秦政也，皆大盜也；兩千年之學，荀學也，皆鄉願也」，但這種政治家的偏激之論，並沒有實質性地影響近現代以來人們對荀學日益提升的關注度。

綜上所述，秦漢以來荀子地位及其思想影響的跌宕起伏，與荀學的內在思想有關，也與時代的變化和世事的紛繁有關。荀子及其思想在秦漢之際很受學者重視，對當時政治也很有影響，直到隋唐之世，荀子還以其博識深思而受到學者推崇。最有影響的《荀子》版本就是唐代學者楊倞的《荀子》注本；兩宋以後，由於理學大盛，荀子的思想逐漸受到理學家排斥，這主要是因為荀子講求實效的學說與理學的懸浮作風格格不入；到了清代，理學開始衰敗，實學興起，荀子之學又重新受到重視。

近現代以來，荀子思想越來越引人注目，甚至被稱為「荀學」。但是，不管對荀學的褒貶是非如何，都說明荀學已經成為時代發展和思想進退的必要組成部分。隨著對於《荀子》和荀子思想研究的不斷深入，荀學的影響一定會一日高過一日，而光芒四射的荀學不僅是三晉文化的一顆明珠，也是中國思想史上不可或缺的重要篇章。

參考文獻

[1]〔漢〕司馬遷《史記》，中華書局，一九五九年。
[2]〔漢〕班固《漢書》，中華書局，一九六二年。
[3]王利器《鹽鐵論校注》，天津古籍出版社，一九八三年。
[4]錢穆《先秦諸子繫年》，中華書局，一九八五年。
[5]向宗魯《說苑校證》，中華書局，一九八七年。
[6]〔清〕王先謙《荀子集解》，中華書局，一九八八年。
[7]王志民《齊文化概論》，山東人民出版社，一九九三年。
[8]〔唐〕林寶《元和姓纂》，中華書局，一九九四年。
[9]陳奇猷《韓非子新校注》，上海古籍出版社，二〇〇〇年。
[10]孔繁《荀子評傳》，南京大學出版社，二〇一一年。
[11]高專誠《論語通說》，山西人民出版社，二〇〇四年。
[12]高專誠《孟子通說》，山西人民出版社，二〇〇四年。
[13]劉保明《荀子故里考》，載《山西日報》二〇〇八年十月二十一日版。
[14]廖名春《荀子新探》，中國人民大學出版社，二〇一四年。
[15]顧立雅著、高專誠譯《孔子與中國之道》，大象出版社，二〇一四年。

[16] 耿振東《管子學史》，商務印書館，二〇一八年。

附錄一　荀卿年表

約西元前三四〇至前三四五年，戰國晚期，出生於趙國郇邑。

約西元前三四〇至前二九〇年，主要在家鄉生活、學習。

西元前三二〇至前三一一年，在燕國求仕。

約西元前二九〇年，赴齊國。

約西元前二九〇至前二六四年，在齊國「稷下」遊學。

西元前二六四至前二五九年，在趙國，與趙國將軍臨武君和趙孝成王對話。在秦國，會見相國范睢和秦昭襄王。

約西元前二五九年，離開秦國，到達楚國。

西元前二五五年，擔任楚國蘭陵令。

西元前二四六年，李斯與老師荀子告別，入秦求仕。

西元前二三八年，失去蘭陵令職位。仍在蘭陵生活。

約西元前二三五年，百歲左右。

附錄二　荀卿傳

荀卿，趙人。年五十始來遊學於齊。騶衍之術迂大而閎辯，奭也文具難施，淳于髡久與處，時有得善言。故齊人頌曰：「談天衍，雕龍奭，炙轂過髡。」田駢之屬皆已死。齊襄王時，而荀卿最為老師。齊尚修列大夫之缺，而荀卿三為祭酒焉。齊人或讒荀卿，荀卿乃適楚，而春申君以為蘭陵令。春申君死而荀卿廢，因家蘭陵。李斯嘗為弟子，已而相秦。荀卿嫉濁世之政，亡國亂君相屬，不遂大道而營於巫祝，信禨祥，鄙儒小拘，如莊周等又猾稽亂俗，於是推儒、墨、道德之行事興壞，序列著數萬言而卒。因葬蘭陵。

（《史記》卷七十四〈孟子荀卿列傳第十四〉）

尋覓，荀祕，先秦時代最後一位大儒

即使禮崩樂壞，世界還是會照常運轉

作　　者：高專誠
發 行 人：黃振庭
出 版 者：崧燁文化事業有限公司
發 行 者：崧燁文化事業有限公司
E-mail：sonbookservice@gmail.com
粉 絲 頁：https://www.facebook.com/sonbookss/
網　　址：https://sonbook.net/
地　　址：台北市中正區重慶南路一段六十一號八樓 815 室
Rm. 815, 8F., No.61, Sec. 1, Chongqing S. Rd., Zhongzheng Dist., Taipei City 100, Taiwan
電　　話：(02)2370-3310
傳　　真：(02) 2388-1990
印　　刷：京峯彩色印刷有限公司（京峰數位）

定　　價：420 元
發行日期：2022 年 01 月第一版
◎本書以 POD 印製

國家圖書館出版品預行編目資料

尋覓，荀祕，先秦時代最後一位大儒：即使禮崩樂壞，世界還是會照常運轉 / 高專誠著 . -- 第一版 . -- 臺北市：崧燁文化事業有限公司，2022.01
面；　公分
POD 版
ISBN 978-986-516-970-1(平裝)
1.(周) 荀況 2. 學術思想 3. 先秦哲學 4. 傳記
121.27　110020427

電子書購買

臉書